광기의 실험, 시장의 반격
❶ 비정상의 정상화

文정부 부동산 정책 5년

광기의 실험, 시장의 반격

① 비정상의 정상화

심교언 지음

MBL
Books

인류에게 있어 가장 큰 비극은
지나간 역사에서 아무런 교훈도 얻지 못한다는 데 있다.
- 아놀드 J. 토인비

　이 책의 기획은 2년 전쯤 출판사 대표와 가진 소주 자리에서 시작됐다. 학계에서의 이런저런 얘기를 하던 중, 최근 우리나라 부동산시장에서 벌어지는 일들이 세계적으로 워낙 희귀한 것이어서 전 세계 학계가 아주 흥미진진하게 추이를 지켜보고 있다고 했다. 그리고 얘기는 진전되어 이를 기록으로 남기자는 아이디어로 발전됐고, 그 결과물이 바로 이 책이다.

　부동산 관련 전공자로서 최근 몇 년간 우리나라에서 나타난 현상은 과거 2차 세계대전 직후 정도를 제외하면 찾아보기 힘든 사례여서, 이 모든 과정이 어떻게 진행되는지를 기록으로 남기는 게 후학들에 대한 학문적 도리라고 생각했다. 그래서 정책이 만들어지는 과정을 살펴보고, 여론과 시장의 반응, 그리고 필자가 그때그때 기고한 글 등을 종합해 책을 구성했다.

이번 정부에서 발표한 수많은(?) 정책 자료를 하나하나 찾아서 살펴봤고, 여론의 반응을 담기 위해 대표적 우파와 좌파 언론인 조선일보와 한겨레신문을 참고했다. 문재인 정부는 2017년 5월 10일 출범했지만, 당시 앞뒤 정황을 모두 담기 위해 2017년 1월 1일부터 두 신문에 실린 부동산 관련 기사를 모았다. 원래는 단행본 한 권 분량을 예상했지만, 원고를 쓰다 보니 분량이 늘어나 2권으로 나누어 출간하기로 했다. 그만큼 부동산 관련 이슈로 사회가 떠들썩했다는 의미이기도 하다. 부득이 2권으로 책을 선보이게 된 점 양해 부탁드린다.

마침 정부 후반기에는 대통령 선거를 앞두고 더더욱 부동산 이슈가 불거졌고, 원고를 쓰는 지금도 선거가 한참 진행 중인 만큼 이를 바로 평가하는 것은 부적절하다고 판단했다. 그래서 2권은 문재인 대통령의 임기가 모두 끝나는 시점에 출간할 예정이다.

먼저 1권에서 다룰 내용은 2017~2018년 사이 발표되고 추진된 정책이다. 토지공개념과 보유세, 충분한 공급물량 등에 대한 논쟁, 시장현황 진단에 대한 시각 차이 등 중요한 것만 해도 너무 많이 터져 나왔다. 학계에서 이렇게 많은 논쟁을 단시간에 모두 겪는 것은 사실상 불가능에 가까운데, 실제 그렇게 됐다는 게 안타깝기도 하고 개인적으로는 행운으로도 여겨진다.

각종 자료와 여론의 반응 등을 다루는 원고인 만큼, 일반 독자에게는 이 책이 생각만큼 재미있지 않을 수도 있다. 그럼에도 최근 5년 사이 경험한 일을 반드시 기록으로라도 남겨야겠다는 생각에 이렇게 선보이게 됐다. 수많은 정치인과 관료, 전문가들의 발언도 되도록이면 직접 인용해, 더하고 뺀 것 없는 현장감을 주려고 했다.

그래서 조선일보와 한겨레신문 기사도 제목을 최대한 그대로 실었다. 날짜와 제목을 검색하면 바로 기사 원문을 찾아볼 수 있으니, 독자들도 읽던 중 의구심이 생기면 바로 인터넷에서 원문을 찾아볼 수 있다. 내용 역시 직접 인용이 많은데, 당시 시점의 상황을 그대로 전하고 싶어서였다. 같은 사안에 대한 두 신문의 표현 차이를 비교해보는 재미가 있을 것이다.

간혹 기사 제목만 이어지는 부분도 있는데, 이 제목들이 그 상황을 충분히 잘 대변하기 때문에 조금 따분하더라도 한번 읽어 보면 당시 시장의 느낌을 이해하는 데 도움이 될 것이다. 경우에 따라 기사가 많은 부분에서는 슬쩍 읽고 넘어가도 무방하다고 일러둔다. 하지만 굳이 그 많은 기사 제목을 일일이 인용한 것은 당시의 상황에 대해 정책 관련자들과 여론, 시장이 어떻게 반응했는지를 자세히 소개하려는 의도다.

언론 기사를 소개할 때 별다른 언급이 없으면 조선일보를 인용한 것이고, 다른 신문이면 별도로 언급했다. 이는 조선일보에서 경제면이나 섹션을 통해 부동산시장을 다룬 경우가 다른 언론사 대비 압도적으로 많은 반면, 한겨레신문은 상대적으로 빈도가 떨어져 이같이 정리했다.

또 책에서 참고하는 지수는 국내에서 가장 오랜 기간 자료를 축적해 온 KB부동산의 자료를 사용했다. 어떤 자료든 엄밀성 등에서 항상 문제가 있기 마련이지만, 장기간 자료를 구축한 곳이 KB부동산뿐이라 어쩔 수 없는 측면이 있다. 별도의 출처 표기가 없으면 KB부동산 자료로 생각해도 무방하다.

방대한 신문자료 수집을 위해 고생한 본교 대학원의 권오성 군과 이정빈 군에게 감사를 전한다. 그리고 사실상 기록서에 가까운 이 책의 출판을 흔쾌히 받아준 무블출판사 이재유 대표에게도 고마움을 전한다. 바쁜 일정에도 불구하고 열과 성의를 다해 지원해준 덕에 이 책이 세상에 나올 수 있었다.

마지막으로 원고를 쓰는 과정에서 생겨나는 여러 불편함을 묵묵히 감수하고 항상 지원해준 아내와, 코로나 사태로 어지러운 상황에서도 건강하게 잘 자라준 두 아들에게 사랑과 고마움을 전한다.

이 책을 쓰면서 참 많은 것을 느꼈다. 하나의 현상에 대해 각 신문사가 이슈를 다루는 태도가 달라 독자들도 많이 혼란스러울 것이다. 좌파적 시각과 우파적 시각에 왜 차이가 있는지, 어떤 방식으로 접근하는지를 파악하는 것도 흥미로울 것이다. 과연 무엇이 당시 상황에 적절했는지는 독자 여러분께서 잘 판단하시길 바란다.

우스갯소리로 좌파 정권이 되든 우파 정권이 되든 다음 임기에는 더 재밌는 현상이 벌어질 테니, 1~2권이 마무리되자마자 추가로 또 써야 하는 것 아니냐는 얘기도 있었다. 그건 두고 봐야 할 문제인 듯하다.

2022년 2월

심교언

신문이란 사태를 있는 그대로 보도하기 위한 것은 아니다.
사람들에게 약을 올려 그 사태에 관해 어떤 행동을 하지 않고는
못 배기게 만들어야 한다.
- 마크 트웨인

차
례

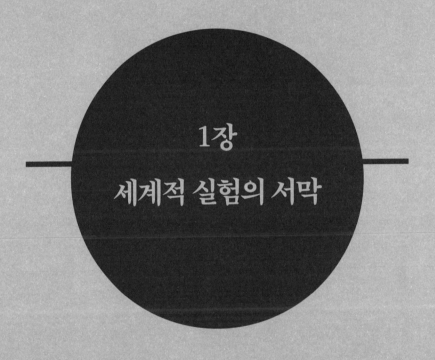

1장

세계적 실험의 서막

새로운 일에 도전하다 보면

가끔 실수를 저지를 수 있다.

자신의 실수를 빨리 인정하고

다른 시도에 집중하는 것이 최선이다.

스티브 잡스

꿈틀거리는 부동산시장

2016년 10월부터 매주 토요일 전국에서 박근혜 대통령의 퇴진을 요구하는 촛불집회가 시작됐다. 정치적으로는 극도의 혼란기였으나, 부동산시장은 비교적 안정적인 때였다. 당시 부동산시장에 대한 정부의 평가는 이랬다. 수도권은 완만하게 상승하고 서울은 다소간 높은 상승세를 보이기 시작한 반면, 지방은 조선·해운 등 지역산업 침체와 공급 과잉 우려로 보합세를 유지하는 상황으로 봤다.

우리나라는 2008년 금융위기 시절 부동산시장이 아주 이상한 반응을 보인 바 있다. 미국발 서브프라임 위기가 닥쳤을 때 선진국을 포함한 거의 모든 나라에서 부동산 가격이 폭락했는데, 유독 우리나라만 강하게 버텨냈다. 당시 모든 주택 거래를 포함하는 KB부동산 주택매매가격 종합지수는 오히려 3.11% 올랐고, 이후 2012년 유럽 재정위기가

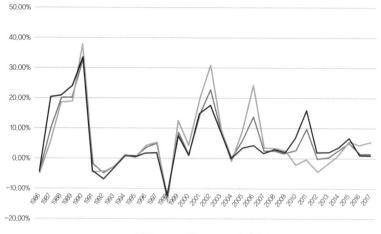

■ 아파트 매매가격지수 연간 상승률(2017년까지)

전국　　서울　　6개 광역시

겹치면서 -0.03% 하락하는 시늉(?) 정도 했다. 지방은 혁신도시 건설 등의 영향으로 오히려 2011년 12.86% 상승하기도 했다.

이때부터 지방과 서울의 디커플링decoupling, 탈동조화 현상이 나타나기 시작했다. 지방 부동산시장의 경우, 2003년부터 '기타 지방'이라는 분류로 조사가 시작돼 그 이전 수치를 살펴보기 어렵지만, 위 그림에서는 전국과 서울의 그래프를 통해 대략적인 파악이 가능하다. 전국 수치를 기준으로 서울 아파트 매매가격지수는 전국 위에 있으니 지방 아파트 매매가격지수는 전국 아래 있음을 알 수 있다. 전반적으로 2008년 이전에는 비슷하게 움직였지만, 그래프에서 보듯 2009년 이후에는 반대 방향으로 움직이면서 그 차이가 더 벌어짐을 알 수 있다.

2009년에서 2014년까지 지방 아파트 가격 폭등은 정책적 원인이 크다. 과거 정부 때 시작된 행복도시, 혁신도시, 기업도시 등의 아파트 공급 때문에 가격이 인위적으로 상승한 것이다. 지방에 대거 새 아파트가 지어지면서 기존 구시가지보다 높은 가격에 공급됐고, 결과적으로 아파트 가격이 폭등했다. 특히 혁신도시는 공공기관 지방 이전을 계기로 지방에 신도시 등을 10개 건설한 것으로, 대부분 외곽에 대규모로 공급됐다. 이는 지역 균형발전을 위해 필요하다는 의견으로 시작되었지만, 원도심의 쇠락을 가속화시켰다는 비판도 나온다. 지방의 '나홀로 폭등'은 이때가 마지막이었다. 2017년도부터는 서울과 지방 부동산의 본격적 디커플링과 양극화 현상이 나타나고 있다.

과거 국가 경제 전체가 호황일 때는 서울과 지방 가릴 것 없이 상승했지만, 최근 그 양상이 바뀌었다는 점을 눈치챌 수 있다. 경기가 좋을 때는 지방경제도 호황이니 모두 오른다. 그러나 이즈음 시작된 저성장

■ **서울과 지방 아파트 상승률**

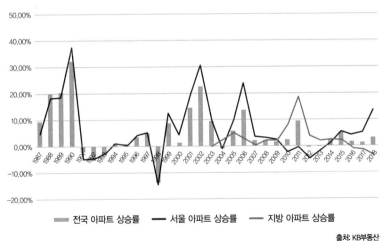

출처: KB부동산

국면에선 부동산시장이 다르게 반응한다. 보통 저성장 국면에서는 가격 상승이 억제되는 게 정상이고, 나아가 하락하는 것이 일반적이다. 하지만 최근에는 전 세계 각국이 유동성을 대폭 늘리는 정책 방향을 가져갔기 때문에 시장이 다르게 반응했다. 즉 대도시의 폭등과 지방 도시의 정체, 혹은 하락 현상이 나타났다.

아래 표에서도 드러나듯 2008년 전까지 서울이나 지방 아파트는 같은 방향으로 움직였다. 일반적인 상황에서는 서울이 지방보다 상대적으로 상승 혹은 하락 폭이 더 큰 것으로 알려져 있다. 과거에는 모든 주택을 대상으로 하는 주택 매매가격 종합지수보다 아파트 매매가격지수가 더 큰 폭으로 움직이고, 전국보다는 서울이, 그중에서도 강남 지역이 더 큰 폭으로 움직이는 경향이 있다. 그리고 관광도시는 이보다 더 큰 폭으로 움직인다. 대부분은 같은 방향으로 움직이는 게 일반적이다. 그러던 것이 2012년 완전히 뒤바뀐 상태가 됐고, 이 현상은 2018년

■ 주요 연도의 아파트 매매지수 하락폭(%)

구분	지역	1998년	2004년	2008	2012년	2018년
주택 매매가격 종합지수	전국	-12.37	-2.07	3.11	-0.03	3.21
	서울	-13.24	-1.40	5.03	-2.88	10.49
	지방	-	-0.77	1.46	3.16	-1.69
아파트 매매가격 지수	전국	-13.56	-0.58	2.30	-0.18	2.99
	서울	-14.60	-1.02	3.20	-4.48	13.56
	지방	-	2.50	2.27	3.76	-3.32

자료: KB부동산

광기의 실험, 시장의 반격

더욱 심각해졌다. 서울 아파트가 13.56% 상승한 반면, 지방 아파트는 오히려 3.32% 하락해 그 격차가 어마어마하게 벌어졌다.

2016년까지만 해도 전국과 서울, 6개 광역시와 지방의 상승률이 지나치게 높은 것은 아니었다. 서울은 약간 오르는 정도였고, 지방은 오히려 계속되는 하락의 늪에서 벗어나지 못했다. 그럼에도 불구하고 정부는 선제적으로 부동산시장 과열 양상을 막기 위한 정책을 고민하게 된다.

■ 2016년 기준 아파트 매매지수 상승률 비교(%)

구분	전국	서울	6개 광역시	기타 지방
2016년	1.50	4.22	1.08	−0.67
10년 평균 (2012~2016)	2.73	1.13	4.39	4.14
31년 평균 (1986~2016)	4.71	5.55	4.50	−

자료: KB부동산

11.3 부동산 대책:
박근혜 정부의 마지막 부동산 대책

"실수요 중심의 시장 형성을 통한 주택시장의 안정적 관리방안"

2016년 정부는 특히 서울의 '범강남권' 4개구인 강남구·서초구·송파구·강동구에서, 그리고 과천과 부산 등을 중심으로 나타나는 국지적 과열 현상을 우려하고 있었다. 이 같은 과열 원인으로 정부는 계속된 저금리와 늘어난 유동자금을 꼽았고, 거기에 재건축·재개발 추진 기대감 역시 작용한 것으로 파악했다. 이외에 2012년 2.5대1 정도이던 청약경쟁률이 2016년 14.6대1로 치솟았고, 분양권전매 거래량도 폭증했다.

이에 정부는 '주택시장 정상화'라는 핵심 정책 기조를 유지하는 가운데 실수요자 중심의 주택시장 형성을 유도하고, 주택시장의 안정적 관리 및 투명성 제고 등을 달성하기 위한 '실수요 중심의 시장 형성을 통한 주택시장의 안정적 관리방안(11.3 부동산 대책)'을 내놓게 된다. 본래 정부 문건이 딱딱하기도 하지만, 필자가 요약·정리했음에도 읽기가 불편한 건 사실이다. 물론 그냥 좋은 말이 있구나 하고 넘어가도 큰 문제는 없지만, 각각의 용어가 정책에 반영되는 논리적 연관성은 뛰어나므로 반드시 읽어둘 필요가 있다.

정책 문건의 총 분량은 21페이지. 앞으로도 다양한 대책들이 나오는

■ **11.3 부동산 대책 주요 내용**

실수요자 중심의 주택시장 형성 유도 및 주택시장 안정적 관리		

실수요자 당첨기회 확대 (국지적 시장과열 완화)	실수요자 금융지원	주택시장의 투명성 제고
맞춤형 청약제도 조정 / **과도한 투자수요 관리**	**자금지원 및 금융부담 완화**	**정비사업 제도 개선** / **청약시장 불법행위 근절**

맞춤형 청약제도 조정	과도한 투자수요 관리	자금지원 및 금융부담 완화	정비사업 제도 개선	청약시장 불법행위 근절
◈ 대상지역 • 서울 전지역, 경기·부산 일부 지역, 세종특별자치시 ◈ 택지유형 • 지역에 따라 공공 또는 민간 또는 모두 ◈ 청약제도 조정 • 전매제한 기간 강화 : 1년 연장 또는 소유권이전등기시 • 1순위 제한 : 대상 주택 청약시 2주택 이상 소유자 제외 등 • 재당첨제한 : 1~5년간 재당첨 제한	◈ 투자수요 관리 • 중도금 대출보증 발급요건 : 계약금 5~10% • 2순위 청약시에도 청약통장 필요 • 1순위 청약일정 분리 : 당해/기타 구분 • 청약가점제 비율 유지(40%)	◈ 정책모기지 지속 공급 • 디딤돌대출 등 모기지 차질없이 공급 • 적격대출의 은행별 한도 추가배정 등 ◈ LH분양 중도금 조정 • 1회차 납부시기를 4~8개월 연기하고, 중도금 비율 등 축소	◈ 경쟁입찰 확대 및 용역비 공개 • 일반경쟁 원칙, 민간 수요자 전자조달시스템 사용 의무화 등 ◈ 금융·향응 수수행위 신고 활성화 • 신고포상금 및 자진신고제 도입 ◈ 정비사업 대출보증 요건 강화 ◈ 정비사업 조합운영 실태 점검	◈ 청약시장 불법행위 상시점검팀 운영 • 정기점검 외 과열이 발생한 지역은 불시 점검 실시 • 각 호별 분양권 및 주택 거래내역 파악 시스템 구축 ◈ 신고제도 활성화 • 신고포상금 및 자진신고제 도입 ◈ 부적격 당첨자 청약 제한기간 연장 • 3개월→1년

⇨ 실수요자의 내집 마련 기회를 확대하고, 주택시장도 안정적으로 관리 → 국민경제 안정 및 지속 발전에 기여

출처: 실수요 중심의 시장 형성을 통한 주택시장의 안정적 관리방안, 2016.11.3. p.8

데, 상당수가 '정상화'라는 제목을 달고 나타난다. 이 '정상화'라는 게 좌파냐 우파냐에 따라 그 내용이 극도로 달라지기 때문에, 사람들은 당시 어떤 정부인지를 염두에 두고 개념을 해석해야 한다. 다시 말해 우파 성향 정권은 세금 인하와 규제 완화 등 친시장 정책을 '정상화'라고 명명하고, 좌파 정권은 세금 인상, 규제 강화 등을 '정상화'라 부르는 경향이 있다. 물론 그때마다 양측은 나름의 논리를 들이대며 그것이 진정한 '정상화'라 주장해왔다.

앞의 그림처럼 이 대책은 맞춤형 청약제도를 통해 전매제한 기간을 강화하고, 1순위 자격 및 재당첨 제한을 실시하며, 투자수요 관리를 위한 중도금대출 보증강화와 2순위 청약 시 청약통장 필요 등을 주요 내용으로 하고 있다.

과거 수십 년에 걸친 투기억제책이 그리 성공적인 평가를 받은 적이 없음에도 불구하고 정부는 이번에도 시장 안정화를 위해 선제적인 대책을 내놓았다. 참고로 2005년에도 분양권전매 제한 기간을 5년에서 10년으로 연장한 적이 있다. 그러나 2005년과 2006년 KB 주택 매매가격 종합지수가 전국적으로 4.0%, 11.6%, 수도권은 5.1%, 20.3%로 폭등했다. 다시 말해 분양권전매 제한은 실효성이 극히 의심스러운 정책이다.

전문가들은 11.3 대책이 그리 강한 규제가 아닌 만큼 시장에 큰 영향은 없을 것으로 예상했다. 하지만 다른 쪽에서는 수출 부진이 수십 개월째 지속되고 그나마 버티던 대기업도 힘든 상황이었기 때문에 가격 하락 혹은 폭락까지 예상하는 사람들도 있었다. 당시 집값이 싸고

광기의 실험, 시장의 반격

안정적이었던 북유럽 대도시들도 집값이 폭등하기 시작했지만, 국내에서는 일부 지역을 제외하곤 집값이 폭등한다고 상상하기 어려운 시절이었다. 그래서 일부 지역에서 과열 기미가 있었지만, (지금 기준으로는) 다소 약한 대책을 내놓은 듯하다. 그럼에도 이후 부동산시장은 안정세를 찾고 2017년을 맞게 된다. 다음 그림을 살펴보면 2016년 10월 서울 아파트 매매가격 상승률이 0.72%였다가, 11월 0.66%, 12월 0.10%, 2017년 1월에는 0.03%로까지 안정되는 모습을 보여준다. 안정화될 때도 강남구가 가장 많이 조정받고 그 뒤를 이어 서울, 전국, 기타 지방 순으로 조정을 받았다.

그러나 이런 부동산 가격 안정세를 부동산 대책의 효과로 보긴 어려울 것 같다. 11.3 부동산 대책 이후 12월 국회에서 박근혜 대통령의 탄

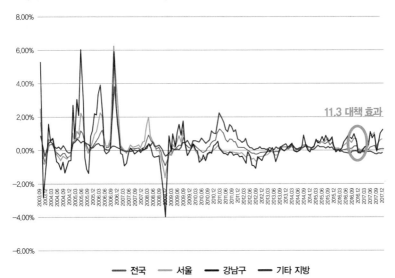

■ 아파트 매매가격지수 월별 상승률(2017년 말까지)

전국　서울　강남구　기타 지방

핵 소추안이 가결됐고, 수십 수백만 국민이 촛불시위를 하는 와중에 정국에 대한 불안감이 커졌기 때문이라는 게 더 정확할 것이다. 이후 국무총리가 대통령 권한 대행을 맡게 되면서 부동산 정책은 나오지 않게 된다. 2017년 3월 10일 대통령 탄핵이 헌법재판소에서 결정되자 시장은 다시 상승세를 보인다. 시장이 가장 싫어하는 불확실성이 제거되면서 상승을 시작하는 것이다.

2017년 새해를 맞으며

2017년 새해도 어지러운 형국이었다. 그래도 새해를 맞았으니 으레 그렇듯이 현안에 대한 진단과 방향에 대한 기사가 많아진다. 당시 부동산 관련 걱정거리로 첫 번째는 아마 가계부채였을 것이다. 가계부채 자체도 큰 문제지만, 이를 줄이는 과정에서 나타날 수 있는 부동산시장의 경착륙이 고민거리였다. 이미 2015년부터 국민총생산의 83%에 달하는 1,300조 가계부채 폭탄에 대한 우려가 터져 나왔다. 30~40대의 부동산 투자로 가계부채가 급증한 것으로 조사가 되었는데, 2014~2015년 가계부채 증가액 74조원 중 80%가량을 30~40대가 차지했다. 부동산에 대한 관심이 서서히 높아지던 시기였고, 이에 따라 가계부채 규모도 급증했다.

그렇지만 1월 한국감정원**현재 한국부동산원**은 그해 주택시장을 전망하면서 전국 주택 매매가격이 전년 대비 0.2% 하락할 것으로 예상했다. 연내 금리 인상 가능성과 경기둔화 등 국내외 경기 불확실성의 지속, 주택담보대출 기준 강화, 입주물량 증가 등을 그 원인으로 꼽았다. 당시 부동산연구원장은 "일각에서는 주택 공급 과잉과 인구절벽이 맞물려 주택시장이 장기 침체될 수 있다는 우려가 나오지만, 공급 과잉은 일부 지역에 한정된 문제이며, 공급증가분 못지않게 잠재 수요가 충분해 주택가격이 급락하거나 침체가 오래가지는 않을 것"이라고 했다.

한편 주택산업연구원에서는 그해 부동산 전망을 '보합'으로 발표했다. 결과적으로는 주택 매매가격 종합지수가 전국과 서울이 각각 1.24%, 3.68% 상승했으니 비교적 잘 맞춘 셈이다. 그렇지만 전국과 서울 아파트 매매가격지수는 1.31%, 5.28%로, 서울 아파트는 다소 상승한 해로 볼 수 있다. 아래 그림에서 알 수 있듯이 서울 아파트 매매가격

■ 아파트 매매가격지수 변화(2017년까지)

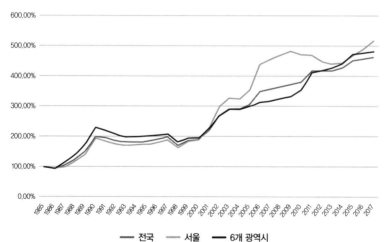

지수가 전국보다 높은 상승률을 보였다는 것은 반대로 지방 상승률이 전국 평균 이하라는 의미이기도 하므로 지방은 계속 어려운 상황임을 알 수 있다.

2017년 1월에는 서울 강북지역 4대문 안 아파트의 상승세가 두드러지며, '경희궁자이' 84㎡ 입주권이 10억 5,000만원(2014년 말 분양가 7억 8,000만원)에 매매된 사례가 나왔다. 그렇지만 1월 20일 기사에는 강남 재건축아파트가 최대 1억 5,000만원 하락한 기사가 실렸는데, 낙폭이 가장 큰 곳은 송파구로 나타났다. 한마디로 시장을 예측하기 어려운 상황이었다.

1월 말 집값을 도시별로 비교한 자료도 나왔다. 영국 부동산 컨설팅 업체 나이트프랭크가 내놓은 '글로벌 주거도시지수'에 따르면 전 세계 150개 도시 가운데 서울은 3.1% 상승해 91위를 기록했다. 1년 사이 집 값이 가장 많이 오른 도시 1~8위가 모두 중국의 도시로 난징이 43% 급등한 것으로 조사됐다. 서울이 국내에선 제법 올랐지만, 세계 기준으로 보면 많이 올랐다고 보긴 어려운 상황이다.

2017년 2월 15일에는 야당더불어민주당 의원들이 도입을 추진하는 '전월세상한제'와 '계약갱신청구권'이 부동산시장에서 뜨거운 쟁점으로 떠올랐다. 이에 정부와 부동산 전문가들은 해당 제도를 도입하면 득보다 실이 더 크다며 반대 입장을 밝혔다. 여기에 유력 대선주자들까지 서민 복지 재원을 마련하기 위해 부동산 보유세를 강화하겠다고 나서 혼란이 가중되고 있었다. 14일 기준 야당 의원들은 관련 입법 발의만 9건을 쏟아낸 상태로 이 안들은 임대인에게 최대 5% 이내의 보증금만 증액하고 4년 혹은 6년으로 계약갱신이 가능하도록 강제하는 것이 골자였다. 이에 전문가는 "전세금 인상을 제한하면 집주인들이 월세 세입자를 들이려 할 것이고 결국 세입자들은 전세를 구할 수 없게 된다"는 반론도 제기하였다 한다.

3월 22일 더불어민주당 문재인 대선후보는 부패방지 공약을 발표했는데, 그중 "병역 면탈, 부동산 투기, 세금 탈루, 위장전입, 논문 표절의 5대 비리 행위자는 고위공직 임용에서 철저히 배제해 공직 부패를 근원적으로 차단하겠다"고 했다. 부동산 투기의 정의가 모호하긴 하나 이런 항목을 다룰 정도로 부동산시장에 대한 시각이 엄격했다.

이런 상황에서 4월 초 재건축시장의 상승세로 인해 서울 아파트값이 평균 6억원을 돌파해 6억 17만원이 됐다.

제19대 대통령 선거

2017년 4월 24일 문재인 민주당 대선후보는 매년 17만호의 공적임대주택을 공급하겠다는 내용의 주거정책을 발표했다. 이때 홍종학 선대위 정책본부 부단장은 **새 정부가 들어선다고 해도 안정이 중요하기 때문에 부동산 정책에 급격한 변화는 없을 것**이라고 했다. 한편 문 후보는 광화문 정부청사에서 집무를 보겠다는 이른바 '광화문 대통령 시대' 공약 실현을 위해 광화문대통령위원회와 서울역사문화벨트조성공약기획위원회도 발족했다. 광화문 정부청사로 옮기게 되면 북악산과 청와대는 시민들의 휴식 공간으로 돌려주겠다고 했다. 보통 이런 공약은 개발 호재로 인식돼 인근 부동산 가격이 들썩거릴 법도 하지만 종로구 집값은 반응하지 않았다.

같은 날 안철수 국민의당 후보도 '안철수의 약속'이라는 공약집을 내면서 전월세상한제를 도입하고, 청년·중장년·노년층에 매년 공공주택 15만호를 공급하겠다고 했다.

4월 25일에는 국토교통부가 2016년 전국 2만 가구를 대상으로 한 주거실태조사를 발표하면서 자가보유율이 2014년 대비 1.9% 증가한 59.9%로 집계되었다고 했다. 수도권 52.7%, 지방 시·군 68.9%였다. 특히 자기 소유 집에서 사는 비율(자가점유율)은 역대 최고치인 56.8%를 기록했다. 그리고 전월세 중 월세가구 비중은 2년 전보다 5.5% 포인트 오른 60.5%를 기록했다. 내집을 장만하기 위해 한 가구가 한푼도 쓰지 않고 돈을 모아야 하는 기간은 평균 5.6년으로 역대 최고치였다. 한 집에서 머무는 기간은 평균 7.7년인데 자가 소유 가구는 10.6년, 전월세 가구는 3.6년으로 조사됐다.

제19대 더불어민주당 대통령 선거 정책공약집

그리고 2017년 4월에는 문재인 후보의 제19대 대통령선거 정책공약 집 '나라를 나라답게'가 발표됐다. 이는 4대 비전, 12대 약속으로 구성되어 있는데, 부동산 관련은 8번째 약속인 '민생·복지·교육 강국 대한민국' 편에서 주거문제 해소로 등장한다. 여기에는 6개의 공약이 실려 있으며, 그 내용은 아래와 같다.

1. 내집 없는 서민들이 싸게, 안심하고 거주하는 공적임대주택을 매년 17만호씩 공급하여 집 걱정을 덜어드리겠습니다
2. 신혼부부의 주거사다리를 튼튼하게 만들어 집 문제로 결혼을 미루는 일이 없도록 하겠습니다
3. 청년임대주택 30만 실 공급으로 취업난에 허덕이는 청년(1인 가구)들의 주거비 부담을 덜어드리겠습니다
4. 저소득 서민들에게도 따뜻한 주거복지의 손길이 닿도록 하겠습니다.
5. 10조원대 규모의 도시재생뉴딜로 노후주택 지원 및 생활여건을 개선하겠습니다.
6. 세입자들의 전월세 부담과 이사 걱정을 덜어드릴 수 있도록 집주인과 갈등 없는 사회통합형 주거정책도 펼치겠습니다.

출처: 제19대 대통령선거 정책공약집 '나라를 나라답게', p.180

이중 도시재생뉴딜은 실제 사업이 잘 진행되지 않아 나중에 비판이 일어나기도 했다. 일례로 2020년 10월 8일 자 쿠키뉴스에서는 투입예산의 10.7%에 불과한 도시재생뉴딜 사업의 집행실적을 비판했다.

그리고 집주인과 갈등 없는 사회통합형 주거정책에서 '집주인의 자발적인 임대주택 등록을 촉진할 수 있도록 일정 수준 이하 임대소득에 대한 비과세와 사회보험료 특례 부과, 임대 등록 시 재산세·양도세 등 세제 감면, 리모델링비 지원 등 인센티브 강화' 정책을 하기로 했다. 이

역시 많은 불만을 야기한 '오락가락' 정책으로 비판받았다. 사회통합형 주거정책의 세부 내용으로 들어간 계약갱신청구권제와 임대료 상한제도 후일 시장의 대격변을 일으켰다고 볼 수 있다. 당시 선대위가 말한, 부동산 정책에 급격한 변화는 없을 것이라는 장담이 실제로는 어땠는지 이제는 독자들도 판단해볼 만하다.

4월 28일 조선칼럼에는 박병원 한국경영자총협회 회장의 글이 올랐는데 **"부동산 가격 안정, 왜 공약에 없나?"**라는 제목으로, 대선 후보들의 공약에서 "부동산 가격을 안정시켜서 투기가 발붙이지 못하게 하겠다"는 것이 없다는 점을 들면서 규제해제를 통한 가격 안정을 주장하기도 했다.

광기의 실험, 시장의 반격

부동산시장은 과열이었는가?

　여하튼 대통령 선거는 2017년 5월 9일 실시되었다. 이 선거로 당선된 더불어민주당 문재인 후보의 제19대 대통령 임기는 선거 다음 날인 5월 10일 오전 8시 9분 중앙선거관리위원회의 당선 선포와 동시에 시작됐다.

　대통령직인수위원회 없이 출발한 정부라 부담감이 컸겠으나 국정 공백을 메운다는 의미에서 시장은 반응했다. 한겨레신문 5월 23일 자에는 **"대선 끝나자 아파트 분양 봇물"**이라는 기사가 실렸고, 정치 불안으로 인해 미뤄졌던 전국 7만 가구 물량이 나온다며 공급 과잉으로 인한 미분양까지 우려했다. 다른 신문들도 비슷한 기사들이 실렸다. 상당수 기사에 정치적 불확실성 해소로 인한 부동산 소폭 상승세 예상과 총 50조원이 투입되는 도시재생에 대한 기대감도 언급됐다.

5월 27일 자에는 이낙연 국무총리 후보자, 강경화 외교부 장관 후보자, 김상조 공정거래위원장 후보자의 위장전입 의혹이 잇따라 드러나자 청와대가 26일 유감을 표명했다는 기사가 나왔다. 문재인 대통령은 대선 때 위장전입을 비롯해 병역 면탈, 부동산 투기, 세금 탈루, 논문 표절 등 5대 비리 관련자는 고위공직자에서 배제하겠다고 약속한 바 있어 사실상 공약을 파기한 것이 아니냐는 논란이 일었다.

특히 강 후보자는 자녀 고교 입학을 위해 친척 집에 위장전입했다고 했지만, 알고 보니 그 고등학교 교장 집인 걸로 밝혀지며 거짓말 논란까지 불거졌다. 이에 더해 강 후보자의 두 딸 명의인 거제도 부동산에 대한 증여세가 장관 지명 이후 뒤늦게 납부된 점도 문제가 됐다.[1] 이후 5월 29일 문재인 대통령은 위장전입 논란에 대해 사과나 유감이 아니라 "양해해 달라"고 청와대 회의에서 밝혔다고 한다. 그러나 이후 서훈 국정원장 후보자도 청문회에서 서 후보자 아내가 시중은행에서 '중소기업 시설자금' 등을 대출받아 상가를 매입한 것이 논란이 됐고, 6월 14일 자에는 안경환 법무부 장관 후보자가 2014년 광주일보에 칼럼을 통해 자신의 부동산 다운계약서 작성을 털어놓았다고 했다.

이런 정치적 논란을 뒤로하고 부동산시장은 비교적 강하게 반응했다. 5월 말로 넘어가면서 **"새 정부 들어 서울 아파트값 급등"**이라는 기사와 함께, 서울 재건축아파트 매매가격이 0.43% 올라 32주 만에 최고

---

1 강 후보자는 6월 9일 자에도 봉천동 주택을 3채 팔면서 가격을 낮춰 신고하는 이른바 '다운계약서'를 작성해 소득세를 탈루했다는 의혹 기사가 나왔다.

를 기록했다고 실렸다. 이때 전국 땅값은 9년 만에 최대 폭으로 상승했다. 공시지가가 전국적으로 5.34% 오른 것이다.

5월 31일 자 기사의 말미에는 공시지가 오름세가 계속될 것이라는 전망이 있었는데, 한 부동산 전문가는 "문재인 대통령이 후보 시절 부동산 보유세 인상을 주장하다가 최종 공약에서 뺐다"며 "조세 저항이 큰 '세율 인상'보다는 '과표 현실화', 공시지가 인상을 통해 도시재생이나 공공임대주택사업에 필요한 예산을 마련하려 할 것"으로 예상했다. 이 언급은 몇 년 지나지 않아 바로 현실화된다.

이러한 상승세는 계속 이어진다. 6월 3일 자에는 서울 아파트값이 1주 새 0.45% 올라 노무현 정부 시절인 2006년 11월 이후 10년 6개월래 최고 상승치를 기록했다고 한다. 강동구 포함 '강남4구'가 최고 상승률을 보였다.

6월 5일 자에는 이렇게 가격이 급등한 원인에 대한 여러 분석이 나왔다. 전문가 인터뷰를 통해 저금리와 경기회복 등을 지적하면서 건설사 관계자의 얘기도 싣고 있다. 그는 "새 정부가 임대주택을 늘리면서 '싹 다 밀고 아파트를 대거 짓는' 기존 재건축·재개발 대신 '도시재생'을 대규모로 추진하겠다고 하자, 시장에 '당분간 새 민간 아파트 공급이 줄어들 것'이라는 전망이 나오면서 가격이 뛰었다"라고 말했다.

같은 날 신문에 최근 부동산시장이 과열 조짐을 보이면서, 정부가 조기에 대책을 내놓을 가능성이 커졌다는 기사가 실렸다. 전문가들은 1순위로 LTV주택담보 인정비율와 DTI총부채 상환비율 강화를 꼽았고, 다음으로 부동산 세제 강화를 예상했다.

동시에 정부가 선불리 규제를 남발하다간 오히려 집값을 올릴 수 있다는 지적도 함께 소개됐다. "노무현 정부는 각종 규제를 남발했지만, 한 지역을 규제하면 다른 지역으로 투자 세력이 몰리는 '풍선효과' 등으로 오히려 집값이 치솟았다"면서, "집값 상승은 저금리, 입주물량 부족, 소득 상승에 따른 주택 수요 확대 등 원인이 복합적인데 이를 제대로 분석하고 난 다음 종합적인 대책을 마련하는 게 순서"라는 이야기가 실렸다.

그리고 다음 날인 6월 6일 자에는 청와대가 부동산시장을 심각하게 보고 있다는 기사가 나왔고, 대통령이 LTV와 DTI 기준 강화를 검토한다고 전했다.

여러분은 어떻게
판단하시겠습니까?

　이번 장의 마무리로 당시 정책 담당자들이 보았음직한 아파트 가격 그래프 3개를 그려봤다. 하나는 2016년까지 연간 상승률 그래프, 다음은 2017년 5월까지의 월별 상승률 그래프, 그리고 2017년 6월 5일까지의 주간 상승률 지표다. 주간지표는 2008년 4월부터, 월간지표는 2003년부터 조사됐으므로 그래프 시작 시점이 다름을 유의해서 봐야 한다.

　연간 상승률 그래프를 보면 아파트 가격이 상승세라고 판단하기 어렵다. 오히려 수렴형으로 안정적 모습을 보인다. 월간 상승률 그래프도 안정세다. 그러나 주간 상승률 그래프는 어마어마한 폭등세를 보여준다. 여러분도 만약 당시 시장 상황을 평가해서 어떤 정책을 수립해야 했다면 참 어려웠을 것이다. 그러나 일반적으로 주간지표는 신뢰성이 상대적으로 낮고, 세계적으로도 거의 우리나라만 생산하는 자료이기 때문에 1~2주 자료를 가지고 전체를 판단하기에는 곤란한 측면이 크다.

■ 아파트 매매가격지수 연간 상승률(2016년까지)

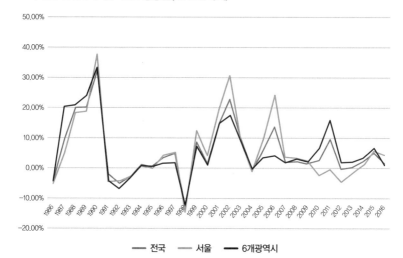

■ 아파트 매매가격지수 월별 상승률(2017년 5월까지)

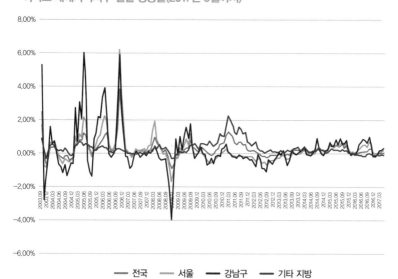

■ 아파트 매매가격지수 주간 상승률(2017년 6월 5일까지)

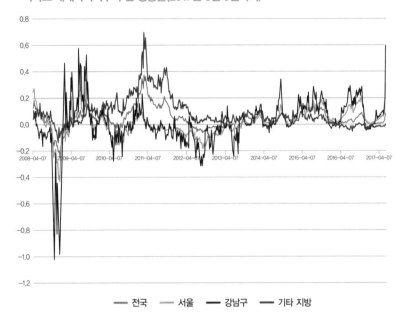

2장

첫 번째 실험,
정책에 대한 불안?

지옥으로 가는 길은

아무런 의도가 없을 수도 있고,

세간에 잘 알려진 좋은 의도로

포장되어 있을 수도 있다.

한나 아렌트

일시적 상승 vs
추세적 상승의 시작

2017년 6월 8일 자에는 전형적인 과열 논쟁이 실렸다. 한 시민단체는 "국민소득 대비 집값이 절대 금액으로 봤을 때 매우 비싸고 거품이 끼어 있다"고 주장했고, 국제통화기금IMF은 "현재 한국 집값이 장기적 관점에서 봤을 때 다른 나라보다 비싸지 않다"는 통계를 내놓았다. 전문가들은 대체로 '심각한 과열 상태는 아니다'라고 진단했다.

같은 날 기사에서는 7일 열린 김동연 경제부총리 겸 기획재정부 장관 후보자가 국회 인사청문회에서 부동산 보유세 인상과 관련한 질의에서 "종부세는 공약에서 빠져 있고, 보유세와 거래세의 균형을 잡도록 하는 문제와 함께 신중히 볼 사안"이라며 "종부세를 강화하는 방향은 현재로서는 검토하지 않고 있다"고 했다. 부동산 보유세 인상을 주장하는 여권 일각의 기류와 다른 발언을 한 것으로, 부동산 과열 대책에 대해 구체적인 정책 방향을 제시하지는 않았다.

이날 서울시는 '2017 서울 서베이 도시정책지표 조사'를 발표했다. 2016년 서울 시민 31.3%는 월셋집에 사는 것으로 조사됐다. 2005년엔 20.4%였는데 12년 만에 10.9%포인트가 뛴 것이다. 반대로 전세 비중은 26.2%로 2005년보다 7%포인트 감소했다. 자가주택 비율은 42.1%였다. 그중에서 30대의 45.6%가 월세에 거주하고 전세비율은 29.7%였다. 2005년엔 30대의 월세 비율이 19.4%에 불과했고, 전세비율은 48.6%였다. 30대의 주거비가 많이 올랐음을 엿볼 수 있는 조사 결과로, 정부는 이들에 대한 정책의 필요성을 인지했을 것이다.

6월 9일에는 이런저런 사정을 감안하여 투기 현장 점검 후 구체적인 규제방안을 논의하겠다고 국토부가 밝혔다. 관련 기사에서 LTV·DTI 강화, 투기과열지구 지정, DSR총부채원리금 상환비율 도입, 보유세 인상, 전월세 상한제 도입, 전월세 계약갱신청구권 도입 등이 논의 중이라고 했다. 그러나 전문가 상당수는 역효과를 우려했고 "가격 급등 지역은 예외 없이 공급이 부족한 지역이며, 앞으로 공급이 더욱 줄 수 있다는 우려가 가격 상승을 부추기고 있다"며 "중장기적으로 시장을 안정시킬 공급 대책을 동반해야 한다"고 지적했다. 지금도 그렇지만 정부는 전문가들의 의견을 참 안 듣는 편이다.

이에 더하여 김현미 국토교통부 장관 후보자는 6월 12일 세입자 보호와 관련해, "전월세상한제를 단계적으로 도입 추진하겠다"며 표준임대료에 대해 언급했다. '표준임대료'는 여당인 더불어민주당이 2016년

7월 발의한 주택임대차보호법 개정안에 나와 있는 것으로 '시·도지사가 표준임대료를 산정·공시하고, 이를 행정기관이 활용한다'는 내용인데, 활용의 구체적 범위는 정해지지 않았다. 정부가 뭔가 큰일을 계속해서 준비하고 있는 것만큼은 분명해 보였다.

드디어 6월 14일 자에는 **"'부동산 과열, 좌시 않겠다' 선전포고에 시장 급랭"**이라는 기사가 나왔다. 김동연 부총리가 모든 수단을 총동원해 투기를 차단하겠다고 한 것이다. 세무서까지 동원하여 불법 거래를 단속한다고 하자 강남 중개업소가 일제히 문을 닫았다. 부동산 전문가들이 "무리하게 시장을 억누르는 규제는 단기 효과에 그칠 뿐, 몇 년 뒤엔 집값이 더 오를 수 있다"고 우려하는 내용도 동시에 실렸다. 기사에 따르면 6월 13일부터 국토교통부는 부동산시장 집중 단속에 들어갔으며, 지방자치단체, 국세청과 합동으로 99개 조, 231명에 달하는 현장 점검반을 구성했다. 이에 전문가들은 "살짝 식히면 되는데… 몇 년 뒤에 집값 폭등할 수도 있다"는 반응을 내놓았다.

6월 15일 김현미 국토교통부 장관 후보자는 국회 인사청문회에서 "LTV·DTI 등 부동산 관련 금융규제는 지역별·대상별 맞춤형 규제가 이뤄져야 한다"며 "LTV·DTI를 일률적으로 적용하는 방식은 서민 실수요자에 대한 압박으로 작용할 수 있다"고 말했다. 실거주를 목적으로 부동산 대출을 받는 서민들이 일률적인 정부 규제로 피해를 받는 일이 없도록 하겠다는 것이다. 모든 규제를 언급하다가 가닥이 조금 잡혀 가는 모습이었다.

그렇지만 6월 19일 자에는 정부 부동산 대책을 앞두고 '풍선효과'가 우려된다는 기사와 함께, 재건축 시장은 숨죽이고 있지만 오피스텔 청약 경쟁이 치열하다는 기사도 실렸다.

광기의 실험, 시장의 반격

첫 번째 정책:
부동산시장 눈치 보기

"주택시장의 안정적 관리를 위한 선별적 맞춤형 대응방안"(6.19 부동산 대책)

　6.19 부동산 대책이 나왔다. 정책문건의 총 분량은 17페이지다. 으레 그렇듯 앞부분에는 시장 동향 및 평가가 나오고 이후 대책이 나열되었다. 정부는 2017년 2월 이후 부동산 가격 상승 폭이 확대 중이나, 전반적으로는 예년과 유사하다고 평가했다. 좀 더 구체적으로는 전국이 연초 보합세를 보인 이후 2월부터 월간 매매가격 상승폭은 확대되고 있으나, 5월 변동률은 예년(5년 평균)과 유사한 수준이라며, 지역별 경제 여건, 주택수급 상황, 개발 호재 유무 등에 따라 상승·하락지역이 나누어지는 등 지역별 차별화 현상 뚜렷하다고 평가했다. 서울, 부산

등에서 국지적 과열 현상이 재현되고 있고, 청약경쟁률도 높은 수준이라고 진단하였다.

그리고 대내외 경제 여건 개선과 완만한 미국 기준금리 인상 등으로 부동산시장 심리가 호전되어 투자목적의 주택 수요가 급격히 증가했고, 과열지역에서 매매시장과 청약시장이 동시에 달아오르고 있다고 평가했다.

이에 정부는 아래 표와 같은 내용의 대책을 내놓았다. 먼저 과열지역에 대한 선별적 대응을 위해 지역·주택유형별 시장에 대한 정밀한 분석을 토대로, 과열지역을 선별·추가하여 조정대상지역으로 관리한다는 내용이다.

다음으로 투기 수요는 억제하되, 실수요자는 최대한 보호하는 방향으로 조정대상지역 제도의 실효성을 제고한 맞춤형 규제를 시행한다는 것이다. 이에 따라 조정대상지역 내 청약 규제를 강화하고, 과도한 투자 수요의 유입을 차단하기 위해 조정대상지역에 맞춤형으로 LTV·DTI 규제를 연계하며, 재건축 규제도 신규로 도입하였다.

서민층 무주택 세대는 실수요자 보호 차원에서 배려하는 한편, 서민층 내집 마련을 위한 정책 모기지를 차질 없이 공급한다는 내용도 포함됐다. 항상 따라붙는 항목인 건전한 주택시장 질서 확립도 내용도 있다. 그리고 마지막에는 향후 시장 과열이 지속·확산 시에는 추가조치를 강구하겠다는 경고도 담겨 있다.

그러나 일반적으로 이런 대출 규제 강화는 저소득 가구를 고금리 대출시장으로 내몰아 고소득자보다는 오히려 저소득 계층의 피해가 더 큰 것으로 알려져 있고, 소비를 축소하는 등 경제에 악영향을 준다는 연구결과가 많다. 더구나 주택담보대출의 상당 부분은 생계형 대출인 만큼 피해를 보는 계층이 많을 수 있어 매우 주의해야 한다. 어떤 계층이 어느 정도의 피해를 보는지, 중장기적으로 경제에 어떤 영향을 미치는지에 대해 검토한 내용은 대책보고서에 나와 있지 않았다.

■ 6.19 부동산 대책 주요 내용

주택시장의 안정적 관리를 위한 선별적·맞춤형 대응방안

조정대상지역 추가 신정	조정대상지역 실효성 재고			주택시장 질서 확립
	전매제한기간 강화	맞춤형 LTV·DTI 강화	재건축 규제강화	
△ 경기 광명, 부산 기장 및 부산진구 추가 선정 ☞ 11.3 대책의 37개 지역+ 6.19 대책의 3개 지역 = 총 40개 • 맞춤형 청약제도, 투자 수요 관리 방안 적용	△ 강남 4개구 외 21개구 민간택지 전매제한기간을 소유권이전등기시까지로 강화 ☞ 서울 전 지역 전매제한기간 : 소유권이전등기시까지	△ 조정대상지역에 대하여 LTV·DTI 규제비율을 10%p씩 강화 ☞ LTV : 70% → 60% DTI : 60% → 50% △ 잔금대출 DTI 신규적용 △ 서민층 무주택 세대는 실수요자 보호차원에서 배려	△ 재건축조합원 주택 공급수 제한 ☞ 최대 3주택 → 2주택	△ 관계기관 합동 불법행위점검 무기한 실시 △ 실거래가 허위신고에 대한 신고제도 활성화, 적극 홍보 △ 시스템을 활용한 불법행위 모니터링 강화

⇨ 과열이 지속확산 시 투기과열지구 지정 등 추가 조치 강구

출처: 주택시장의 안정적 관리를 위한 선별적 맞춤형 대응방안, 관계부처 합동, 2017.6.19., p6

여론의 반응

6월 20일부터 시장 반응이 신문 지면에 나오기 시작했다. 먼저 한 겨레신문은 투기 수요를 억제하면서도 자칫 주택경기 침체를 초래하지 않도록 '완급 조절'을 시도한 것, 과열지역을 겨냥하면서도 실수요자를 보호한 이른바 '핀셋 규제'를 특징으로 들었다. 이에 대해 효과가 있다는 입장과 반론이 모두 있었다고 했다. 또 최근 주택시장 과열은 투기뿐만 아니라 양질의 새 집에 대한 실수요자 선호도가 높아진 데 따른 '수급 불균형'도 한 축을 차지하고 있는 만큼 정부의 선제적인 택지 확보 등 **공급대책 구상이 빠진 것**을 한계로 지적했다. 그리고 **"강남 과열, 잡을 수 있겠나"**라는 사설을 실었는데, 여기서 과거 특정 지역을 투기과열지구로 지정했다고 해서 시장 전체가 침체된 사례를 찾아보긴 어렵다고 했다. "정부는 과열 추세가 계속되면 투기과열지구 지정을 적극 검토하겠다고 밝혔다. 빈말이 되어선 안될 것이다"라고 하고 있다. 즉 규제가 약하니, 더 강한 규제를 내놓으라는 말이다.

같은 날 조선일보에서는 "LTV·DTI 10%포인트 줄여서는 큰 영향이 없을 겁니다. 강남은 돈 없는 사람이 대출받아 들어오는 시장이 아니거든요"라는 공인중개업소 대표의 말을 먼저 실었다.

전문가 의견도 소개했다. 최근 서울 집값 급등은 저금리와 마땅한 투자처를 찾지 못한 유동자금이 부동산시장으로 쏠린 게 주원인인데, 이에 대해 대책을 마련하지 않았다는 지적을 실었다. 그리고 "수요가 늘어 가격이 오르면 공급을 늘려야지 규제로 수요를 억누르는 건 바람직하지 않다"는 말과 "이번 부동산 대책은 맹목적인 투기 수요에 경고를 던지는 정도의 취지로 자칫 풍선효과를 불러올 수 있다"는 내용도 있었다.

이에 대해 정부는 현재 같은 과열국면이 지속된다면 투기과열지구의 지정 등 추가 규제를 펴고, 내년부터 재건축 초과이익환수제를 시행하겠다고 공식적으로 밝히기도 했다. 투기과열지구는 최장 5년 분양권 전매 금지와 재건축 조합원 지위 양도 금지, LTV·DTI 40% 적용 등 14개의 규제가 한꺼번에 적용되는 초강력 규제다.

그러나 시장에선 이번 대책이 중장기적으로 집값을 잡는 데 효과를 발휘할 지에 대해 의문을 표시하고 있다는 기사도 실렸다. "서울 등 규제 대상 지역에서 단기적으로 거래량이 줄겠지만, 장기적으로 집값이 내릴지는 의문"이라는 것과 "집값이 오른 근본 원인인 저금리나 시중 자금의 부동산 쏠림 현상을 해결하려는 고민이 필요하다"는 의견이 나와 있다.

6월 21일 자 조선일보에서는 6.19 대책 후 전문가 설문조사를 통해 집값 전망을 했는데, 10명 중 2명만 소폭 하락을 예상하고, 4명은 소폭 상승, 4명은 보합을 전망했다. 지방 부동산에 대해서는 대부분 하락을 예상했다.

같은 날 한겨레신문에서는 LTV와 DTI 규제를 강화했지만, 예외적으로 서민·실수요자 보호 차원에서 적용하지 않기로 한 주택가격 '5억 원 이하' 기준을 두고 논란이라고 했다. 서울시 KB부동산 아파트 평균 매매가격이 6억 703만 원이고, 한국금융공사의 보금자리론 대상이 6억 원 이하인 점을 고려해야 한다는 지적이었다. 정책의 혼선을 우려한 내용이다.

먹히지 않는 6.19 대책

이후 신문에는 7월부터 강화되는 대출 규제를 피하기 위해 6월 주택담보대출이 급증했다는 데 이어, 7월 중반부터 6.19 대책이 약해서 서울 집값이 다시 꿈틀거린다는 내용, 재건축 상승률은 떨어졌으나 모델하우스에 실수요자가 문전성시를 이룬다는 내용 등이 연이어 실렸다. 정부가 강력한 부동산 규제를 예고하고 있지만, 여전히 금리가 낮은 수준이고 경기 회복 기대감도 커지고 있어 부동산시장이 급격히 위축될 가능성은 적다는 시장의 반응도 실렸다. 그리고 6월 26일 한승희 국세청장 후보자는 국회 인사청문회에서 "다주택자 전수조사를 검토하겠다"고까지 발언했다.

이렇게 불안한 상황에서 6월 28일 일레븐건설은 용산의 유엔군사령부 부지를 1조 552억원에 매입해 고급 주거단지를 개발하겠다고 밝혔다. 부동산 전문가들은 3.3㎡당 분양가가 1억원이 넘을 것으로 예상했다. 정부 입장에서는 참 답답했을 것이다. 기껏 집값을 잡으려고 대책을 만들었는데, 민간에서 당시로는 상상하기 힘든 평당 1억원대 주택을 구상하고 있으니 말이다.

7월 21일 한겨레신문에는 서울 아파트값이 3주째 상승가도라며 **"1주로 끝난 6.19 약발"**이라는 기사가 실렸다. 여기서 국토교통부 관계자는 "금리 인상 가능성과 아파트 공급 과잉 등 부동산시장의 하방 요인이 여전히 존재한다"면서 "이런 요인들과 가계부채 종합대책에서 나올 추가적 규제 조처들이 맞물리면 6.19 대책의 정책 효과가 발휘될 수 있을 것"이라고 내다봤다.

그렇다면 6.19 대책에 대해 시장은 어떻게 반응했을까? 아래 그림을 보면 이해할 수 있다. 다소 변덕이 심한 아파트 매매가격의 주간 상승률을 보면, 7월 중반까지 더 상승하다가 7월 말이 되어서야 약간 상승세가 누그러지는 모양이다. 여기서도 강남과 서울이 가장 급변하는 것을 볼 수 있으며, 기타 지방은 가장 낮은 상승세를 보여주고 있다.

월별 상승률을 보면 전국, 서울, 강남, 기타 지방의 6월 상승률이 0.22%, 0.85%, 1.13%, -0.06%이던 것이, 7월에는 0.26%, 0.86%, 0.75%, -0.10%가 되었다. 전국과 서울은 조금 더 올랐고, 강남과 지방은 하락세를 보였다. 강남 가격이 빠졌음에도 불구하고 서울은 더 오른 것은 언론에서 말한 풍선효과를 의미하는 것이다. 규제 때문에 강남은 주춤했지만, 주변이 더 오르는 현상이 이미 나타나고 있음을 알 수 있다.

광기의 실험, 시장의 반격

■ 아파트 매매가격 주간 상승률(2017년 7월까지)

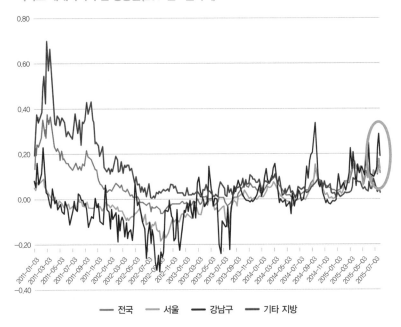

전국 — 서울 — 강남구 — 기타 지방

■ 아파트 매매가격지수 월별 상승률(2017년 7월까지)

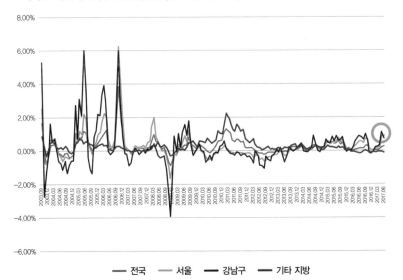

전국 — 서울 — 강남구 — 기타 지방

6월 24일 자에는 전날 김현미 장관이 취임식을 했다는 기사를 실었다. 김 장관은 '다주택자들이 강남 등 서울의 주택을 사들이면서 집값이 급등했고, 공급 부족 탓은 아니다'는 내용의 취임사를 내놓았다. 장관이 취임식을 할 때 대형 스크린에 통계자료를 띄워놓고 한 것은 처음이 아닐까 싶다.

이 자료에서 특히 5주택 이상 보유자들이 이른바 서울 '강남 4구'에서 전년동기 대비 53% 더 주택을 거래했고, 용산구(67%)나 은평구(95%), 마포구(67%) 등 개발 호재가 있는 지역에서도 이런 5주택 이상 보유자들이 투기 목적으로 집을 활발하게 사고팔면서 집값이 급등했다는 분석을 내놓았다. 이와 함께 강남 4구에서 '29세 이하' 연령대의 거래량 역시 54% 증가한 사실도 거론했다.

여기서 특기할 만한 부분은 전부 비율로만 얘기하고 있다는 점이다. 보통 비율을 말할 때는 비율과 함께 사례의 수도 같이 언급하는 게 일반적이다. 예를 들어 10만 건에서 20만 건으로 증가하여 100% 증가했다는 식으로 하는데, 여기서는 비율만 언급하고 있다.

그러니 이러한 주장에 대해 너무 과장했다는 비판이 곧장 나왔다. 한 전문가는 "강남 4구 거래량 3,997건 중 29세 이하 거래는 87건에서 134건으로 47건 늘어난 것뿐인데 54%라는 비율만 강조하며 전체 가격을 급등시킨 것처럼 포장한 것이 문제"라며 "저금리와 공급 부족으로 집값이 오르는데도 투기세력 탓만 하며 집값을 폭등시켰던 노무현 정부 시절을 연상케 한다"고 말했다.

통계학에서 전설처럼 내려오는 얘기가 있다. 오래전 미국에서 여성의 대학원 입학을 처음으로 허용하니, 학생 신분의 여성과 교수인 남성의 결혼 비율이 단기간에 100% 늘었다는 것이다. 그런데 알고 보니 이전에 1명이 결혼했던 것에서 2명으로 늘어 100% 늘었다는 것이다. 통계청의 자료에 따르면 2020년 기준 서울의 주택수는 300만 채가 조금 넘는다. 여기서 몇십 건 혹은 몇백 건의 거래가 서울시 전체 300만 채 집값을 올렸다는 주장은 과하다는 생각이 든다.

그럼 더 강력한 것으로

　6.19 대책과 장관 취임사에서의 투기꾼에 대한 경고에도 불구하고, 집값은 계속해서 상승했다. '핀셋 규제' 등 중강도 대책을 내놓은 뒤에도 과열 현상이 식지 않으면 투기과열지구 지정 등 고강도 대책을 내놓겠다는 정부의 대응방식이 되레 투기심리의 내성을 키운 것은 아닌지 우려된다는 의견도 나왔다.

　김현미 국토교통부 장관은 7일 출입기자 간담회에서 집값이 오르고 있다는 지적에 대해 "어느 정도 시장이 진정됐다고 본다. 그럼에도 과열 양상이 심해지면 추가적인 조처를 하겠다"고 말했다. 전월세상한제 도입에 대해서는 "임대사업자 등록제를 먼저 정착시키고 이를 토대로 단계적으로 추진하겠다"고 했다. 그리고 "서울 강남에 주택이 부족하지 않고, 서울은 주택 공급이 훨씬 늘었다"고도 했다. 과연 공급은 충분했을까?

6.19 대책의 명암

(2017년 7월 21일, 아시아투데이 칼럼)

최근 정부가 집값이 폭등하고 있는 것으로 판단하고 이를 막기 위한 정책을 쏟아내고 있다. 정말 집값이 폭등하고 있는 것일까. 우리나라에서 가장 오랫동안 자료를 축적한 KB국민은행에서 발표하는 아파트 매매가격지수를 살펴보면 역사적 흐름을 어느 정도 파악할 수 있다. KB국민은행은 1986년부터 가격지수를 발표해오고 있다. 올해 1월부터 6월까지의 상승률을 계산해보면, 전국 지수는 0.35%, 서울은 1.38%, 부산은 1.45%, 6개 광역시는 0.33% 올랐다. 강남구의 경우 1.75% 상승했다.

이 정도면 집값이 폭등한 것일까. 1986년부터 작년까지 아파트 매매가격지수의 전국과 서울, 강남의 연평균상승률은 각각 5.54%, 5.95%, 6.48%이다. 올해 상승률은 평균 상승률에 한참 못 미치는 숫자다.

저성장을 감안해 2008년 금융위기 이후의 상승률만을 본다면 전국과 서울, 강남의 아파트가격의 연평균상승률이 2.79%, 0.86%, 0.09%로 조사됐다. 이렇게 보아도 올해 상승률이 그리 높아 보이진 않는다. 특이한 점은 이 기간 중 지방의 상승률은 높았으나, 서울과 강남의 아파트는 물가상승률에도 못 미치는 것으로 나타났다. 지금 강남구를 비롯한 서울의 상승은 금융위기 이후 지방에 비해 과도하게 하락한 집값이 자연스럽게 제자리를 찾아가는 것이다.

그러나 강남 재건축아파트로 시작된 가격 상승은 두드러지는 것으로 보인다. 올해만 수억원씩 올랐고 정부대책 발표로 수천만원이 며칠 만에 빠졌다가 다시 오르는 등 극도의 혼란상을 보여주고 있다. 그래서 정부가 선진국에서는 볼 수 없는 특정 지역의 집값을 잡기위한 대책을 발표했고 이제 한 달이 지나간다.

6.19 대책은 정부가 시인하고 있듯이 하반기의 금리 인상과 입주물량으로 인한 가격 하방압력을 감안해 특정 지역만을 대상으로 하는 핀셋규제로 나타났다. 세부 내용으로는 담보인정비율LTV, 총부채상환비율DTI 규제 및 분양권전매 강화 정도가 눈에 띈다. 이러한 수요억제책만으로 지금까지 효력을 발휘한 적은 없었던 것으로 알려져 있다. 2000년대 중반에는 분양권전매 제한을 10년으로 강화했음에도 그해 부동산 가격은 폭등했다. LTV·DTI규제가 강남권의 집값을 잡을 수 있다고 희망한 정부가 애처롭기까지 하다.

수요억제책은 기껏해야 몇 달 정도 거래량 감축과 눈치보기 시장을 만들 뿐이다. 잘 알려져 있듯이 가격은 수요와 공급에 의해서 결정된다. 수요는 인구와 경제 여건 등을 따라가게 마련인데, 이를 억지로 낮춰봐야 얼마 안가 그 약발은 떨어지게 마련이다. 그래서 공급이 중요하다. 가격이 오른다는 것은 투기꾼들을 단속하라는 말이 아니고 공급을 늘리라는 신호다. 한국 주택시장 역사를 보아도 단 한 차례 200만 가구 건설만이 가격을 안정시켰을 뿐 나머지 정책은 대부분 단발성 효과에 그쳤다.

지금 서울과 부산 같은 대도시의 집값 상승은 지속적으로 늘어나는 수요에 비해, 정부 규제로 인한 공급 위축으로 생긴 문제다. 앞으로 얼마 안가 서울은 대부분의 주택이 재건축 혹은 재개발 대상이 됨에도 불구하고 각종 규제로 인해 공급 여력이 줄어들고 있다. 재건축 초과이익환수제마저 시행된다면 공급은 더욱 줄어들게 되고 가격은 더욱 상승할 가능성이 높아진다. 정부는 편협된 정보를 바탕으로 정책을 만들지 말고 시장상황이 어떤지 먼저 냉정하게 판단해야 한다. 그리고 정책수단이 적절한 것인지를 꼼꼼히 따져서 제도를 보완해나가야 주택시장의 안정이 달성되고 서민들의 삶도 개선될 수 있을 것이다.

6.19 대책 이후 정부와 정치권은 2번째 부동산 대책을 염두에 둔 것 같다. 국회 국토교통위원회는 7월 5일 법안심사위를 열어 민주당 의원이 발의한 주택법 개정안을 통과시켰다. 이 개정안은 국토교통부가 '지방의 민간택지'에 대해서도 분양권전매를 제한할 수 있도록 하는 내용이 골자다.

7월 10일 자에는 지난 7일 현대경제연구원이 내놓은 '참여정부(노무현 정부) 부동산 정책이 현재에 주는 시사점' 보고서를 다룬 기사가 나왔다. 여기서 참여정부 시기에 각종 대책에도 불구하고 부동산 가격 안정에 실패한 사례를 거울삼아, 수요·공급 안정에 바탕을 둔 부동산 정책을 내놓아야 한다고 했다. "집권 기간 중 2004년을 제외하고 매년 부동산 과열

억제 대책을 내놓았지만, 오히려 부동산시장 가격의 불안정이 장기화됐다"는 지적이다. '지역별 가격차별화', '저금리로 인한 유동성 확대' 등 당시와 지금의 상황이 비슷한 만큼, 투기억제 일변도의 대책은 큰 효과를 기대하기 어렵다는 분석이다. 현대경제연구원 연구위원은 "서울 강남권 등 일부 지역은 수요에 비해 공급이 부족한 상황이므로 규제 완화 등으로 공급을 늘리는 것이 중요하다"고까지 말했다.

그리고 7월 13일 한겨레신문에서는 **"고가주택 소유자가 부동산 보유세를 덜 내는 까닭은?"**이라는 다소 도발적인 제목의 기사가 나왔다. 고가주택 공시가는 시세의 60%대인데, 중저가주택의 공시가는 70%를 넘기도 한다는 내용이다. 같은 날 기사에서 주택 임대시장이 지하 경제로 전락했다면서 분리과세를 없애고 공제를 줄여야 한다고 주장했다. 이 내용은 참여연대의 '조세 정의 실현을 위한 임대소득 과세 개편방안' 보고서를 인용했다.

7월 19일에는 또 눈살을 찌푸리는 기사가 나왔다. 이효성 방송통신위원장 후보자가 문 대통령이 대선 때 공약한 '5대 공직 원천 배제 사유' 모두에 해당한다며, 야당이 사퇴를 요구한 기사다. 부동산과 관련해서는 주소만 옮겨 놓은 투기성 위장전입과 자녀 학교 배정을 위한 3차례 위장전입, 다운계약서 작성 및 세금 탈루에 관한 의혹이 제기됐다.

7월 22일 자에는 부산에 한 아파트가 818대1 청약경쟁률을 기록했다는 기사가 나왔다. 규제의 풍선효과가 강화되고 있다는 방증이다.

7월 27일 자에는 전문가 8명 중 7명이 서울 집값 더 오른다고 전망한 기사가 나왔고, 이날 문재인 대통령은 청와대에서 기업인들과 '호프 미팅'을 하는 자리에서 참모진을 향해 "부동산 가격 잡아주면 제가 피자 한 판씩 쏘겠다"고 했다 한다.

7월 31일 자에는 **"불타는 집값... 정부 강력 규제 내놓나"**라는 제목으로, 저금리와 공급 부족이 가격을 올릴 것이라는 기사가 나왔다. 여기서 한 전문가는 "내년 초 재건축 초과이익환수제 부활 등의 정부 방침이 '공급 확대는 없다'는 메시지로 시장에 받아들여진 것도 상승의 중요 원인"이라고 말했다. 서울 거주를 희망하는 실수요가 분명히 존재하는데도 정부가 투기세력에만 초점을 맞추면서 공급을 늘리지 않겠다는 신호를 보낸 결과, 너도나도 집 사기에 나선다는 논리다. 향후 전망에서 한 전문가는 "정부가 향후 계속 고강도 규제에 나설 가능성이 커보인다"며 "서울에 대해선 공급이 자연스럽게 이뤄질 여건을 갖춰주고, 지방은 하락에 대비하는 정밀한 처방이 필요하다"고 지적했다.

7월 21일에는 정부가 공약한 공적임대주택 17만호 공급과 관련하여 칼럼을 기고했는데, 이 17만호 공급 내용은 이후 8.2 부동산 대책에 포함되어 발표된다. 아래는 그 내용이다.

공공임대주택 공급방식 개선해야

(2017년 8월2일, 디지털타임스 칼럼)

부동산으로 나라가 시끄럽다. 특히 서민들의 경우 주거불안정으로 고통을 많이 받고 있으니, 정부에서도 이 부분에 대해서 다양한 정책을 펴고 있다. 이 가운데 정부가 가장 중시하는 것이 임대주택의 건설일 것이다. 역대 정부에서도 공공임대주택을 획기적으로 늘리기 위해 고심했고, 지금 정부도 그러하다.

이번 정부도 야심차게 대통령 공약으로 공적임대주택을 매년 17만호 공급하겠다고 했다. 장기 공공임대주택을 매년 13만호 공급해 전체 주택에서 공공임대주택의 비율을 OECD 평균인 9%로 만들겠다고 밝히고 있으며, 공공지원 민간임대주택을 연간 4만호씩 건설하는 것으로 계획하고 있다.

그러나 최근까지 공급된 상황을 보면 그리 녹록지 않은 목표다. 2011년부터 2015년까지 최근 5년간 공급된 상황을 보면, 공공임대주택은 연평균 6만 5,243호를 공급했고, 민간은 연평균 1만 5,604호를 건설해 합해서 8만 847호를 공급한 걸로 나온다. 이번 정부가 목표로 하는 17만호에 훨씬 못 미치게 공급됐음을 알 수 있다.

공공임대주택은 한 채 건설할 때마다 1억원씩 재정이 필요한 것으로 알려져 있어 여기에만 연간 13조원이 필요할 것으로 보인다. 게다가 공공임대주택의 대부분을 공급한 한국토지주택공사의 부채도 작년 말 기준으로 133조원에 이르고 있어, 공사가 마냥 계속 짓는 것도 한계에 부닥칠 가능성이 높다. 설상가상으로 2014년에는 우리나라 주택의 50% 정도를 공급하는 공공택지개발도 중단시켰기 때문에 목표를 달성하기는 더욱 어려운 상황이다.

민간이 공급하는 준공공 임대주택과 민간건설 임대주택도 상황이 좋진 않다. 같은 기간 동안 민간은 전체 임대주택의 20% 정도를 공급했는데, 이들이 지금까지 공급한 물량의 2.6배를 공급하는 것으로 계획하고 있어서 쉽지 않아 보인다.

정부가 공적임대주택을 목표대로 달성하고자 한다면, 제도 전반을 총체적으로 다시 점검하고, 공급방식을 획기적으로 개선해야만 할 것이다. 이를 위해서는 먼저 최근 중단된 공공택지의 개발이 필요하다. 도시재생뉴딜을 통한 공급도 예상할 수 있으나, 이는 시간이 너무 오래 걸리고 목표로 하는 물량공급에는 한참 못 미칠 가능성이 높다. 그러므로 지금부터라도 수요가 많은 지역에 공공택지를 확보하는 방안이 있어야만 어느 정도 목표 달성이 가능할 것으로 보인다.

다음은 민간건설 임대주택 제도의 개선을 통한 공급확대도 본격화돼야 한다. 사업자에게 족쇄로 작용하는 불합리한 규제가 있고 이 때문에 지속적인 임대주택 건설이 제한을 받는 상황이므로, 이러한 장벽을 없애야만 민간의 임대주택 공급도 활발해질 것이다. 그리고 중산층 주거안정을 위해 도입한 뉴스테이 사업도 존속시키는 것이 좋아 보인다. 세계적으로 민간을 활용한 주거안정정책이 각광을 받고 있다는 점과 공공의 재원 부담을 줄여준다는 측면에서 그러하다. 만약 과도한 추가 규제로 인해 사업이 위축된다면 결국 서민들만 고통을 받을 가능성이 높기 때문에 민간 참여를 활성화할 수 있는 조건을 유지해야만 할 것이다.

유의할 점으로는 임대주택 건설 수치에 너무 목메지 말라는 것이다. 공공임대주택이 너무 많아지면 민간 임대시장이 위축돼 서민들이 오히려 피해를 보는 역효과가 있다. 또한, 선진국들의 사례를 보면 임대주택 건설보다는, 저소득층에게 직접 주거비를 지원하는 주거급여제도 즉 바우처 제도가 더 우수한 정책이라는 연구결과들이 많이 있다. 그래서 미국은 공공임대주택의 비율이 1%대밖에 되질 않는다.

정부가 애초 목표로 한 수치를 달성하기 위해 노력하는 것은 좋으나, 지역 여건과 경제 상황을 고려해 탄력적으로 운영해야 시장 혼란을 막을 수 있을 것이다. 서울과 같이 직접 공급이 곤란한 지역은 바우처 제도를 활성화한다면 서민들의 주거안정에 더 도움이 될 수 있으므로 운영의 묘를 잘 살려야 서민 주거안정이라는 목표를 달성할 수 있을 것이다.

3장

광풍의 서막

정부 정책이나 프로그램을

평가함에 있어 가장 큰 오류가 있다면,

그 결과가 아니라

그 의도로 평가하는 것이다.

밀턴 프리드먼

8.2 부동산 대책:
부동산시장 토벌(?) 작전

"실수요 보호와 단기 투기 수요 억제를 통한 주택시장 안정화 방안"

이번 대책 문건은 총 분량이 32페이지로, 역시 주택시장 동향에 대한 설명과 시장 상황 평가, 그리고 정책 대응 방향으로 구성되어 있다. 당시 정부에서는 주택시장 동향에 대해 서울을 중심으로 주택시장의 과열이 재연되고 있다고 진단했다. 즉 6.19 대책 이후 서울 주택가격 상승 폭은 축소되었지만 7월부터 다시 상승 폭이 확대되는 추세로, 과열 현상은 서울 전역과 과천시, 세종시 등으로 확산되는 양상이라고 했다.

그리고 투기에 대한 당시 정부의 시각을 드러내는 언급도 실려 있다. 투기 목적의 수요가 주택시장에 다수 유입되고 있으며, 다주택자의 추가적인 주택 구매가 크게 늘어나는 추세라면서 다음의 그래프를 제시했

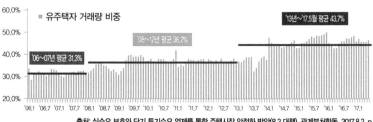

■ 주택 매매 거래 중 유주택자 거래량 비중

출처: 실수요 보호와 단기 투기수요 억제를 통한 주택시장 안정화 방안(8.2 대책), 관계부처합동, 2017.8.2, p.2

■ 상반기 기준 다주택자(2주택자 이상) 매수 비중(%)

구분	'12년	'13년	'14년	'15년	'16년	'17년
전국	5.3	5.1	6.7	7.5	14.0	14.0
서울	3.5	3.9	4.8	6.0	13.9	13.8

다. 특히 2주택 이상 다주택자가 주택을 추가로 구매하는 비중은 2015년 이전에 비해 2016~2017년 동기 대비 2배 이상 증가했다고 한다.

정비사업^{재건축·재개발}에서는 전매제한·재당첨제한 등이 있는 일반분양분에 비해 규제가 덜한 조합원분양권 거래가 크게 증가했고, 민간택지의 전매제한이 없는 지방 청약시장에도 투기 수요가 지속적으로 유입되고 있다고 진단했다. 그러면서도 시장 상황 평가에서 공급 여건은 안정적인 편이라 했다. 명시적인 표현은 없지만 요약하자면, 공급은 안정적인데 투기꾼 때문에 집값이 오른다는 진단이고, 이들 투기꾼을 막으면 집값이 잡힌다는 생각인 듯하다.

그러나 앞서 그래프와 표를 봐도 정부 분석에 흔쾌히 동의하긴 힘들다. 그래프에서 유주택자의 거래량 비중은 이미 2014년부터 높았고, 표에서는 서울의 다주택자 매수 비중이 2016년보다 오히려 줄었기 때문이다. 갑작스런 집값 상승의 원인은 투기꾼보다 정부도 언급한 저금리와 대내외 경제 여건의 개선에서 찾아야 하고, 다수의 시장 전문가들이 언급했듯 수요가 많은 지역에 공급이 부족한 탓일 것이다. 그러나 정부는 공급은 충분하다는 입장이었다.

일반적으로 공급의 과부족을 따질 때, 전년 대비 얼마를 공급했으니 충분하다는 식의 접근이 많다. 정부도 그런 식으로 발표하는 경우가 많지만 가격이 급등할 때는 다르게 봐야 한다. 경제 여건 등으로 인해 수요가 갑자기 늘어난 경우도 있기 때문이다. 2008년 광우병 논란을 생각하면 쉽다. 결국 '광우뻥' 선동으로 결론났지만, 당시에는 광우병 논란과 조류인플루엔자AI 확산으로 쇠고기와 닭고기를 기피하는 현상이 나타났다. 결국 대체재인 돼지고기 소비가 눈에 띄게 늘면서 가격이 올랐고, 수산물 판매도 늘어났다. 이때도 돼지고기의 공급은 전년 대비 충분하니 투기꾼들이 잘못이라는 얘기를 할 수 있을까?

당시 주택가격 급등은 저금리와 유동성 증가, 그리고 좋은 곳에 위치한 새집에 대한 공급 부족 때문이라고 해석하는 게 맞을 것이다. 그럼에도 정부는 공급은 충분하고, 가격 상승은 다주택자로 대변되는 투기꾼 때문이라는 시각을 바꾸지 않았다.

다소 미흡한 진단에도 불구하고 정부는 8.2 대책을 만들었는데, 주요 내용은 다음과 같다. 먼저 새 정부는 주택 정책을 경기조절 수단이 아닌 서민 주거안정 및 실수요자 보호를 최우선의 가치로 삼아 추진한다며,

실수요 보호와 단기 투기수요 억제를 통한 주택시장 안정화			
투기수요 차단 및 실수요 중심의 시장 유도		**실수요·서민을 위한 공급 확대**	
과열지역에 투기수요 유입 차단	실수요 중심 수요관리 및 투기수요 조사 강화	서민을 위한 주택공급 확대	실수요자를 위한 청약제도 등 정비
◈ 투기과열지구 지정 • 서울 전역, 경기 과천, 세종 ◈ 투기지역 지정 • 서울 11개구, 세종 ◈ 분양가상한제 적용요건 개선 ◈ 재건축·재개발 규제 정비 • 재건축 초과이익환수제 실행 • 재개발 분양권 전매 제한 • 재개발 임대주택 의무비율 상향 • 재건축 등 재당첨 제한 강화	◈ 양도소득세 강화 • 다주택자 중과 및 장특배제 • 비과세 실거주 요건 강화 • 분양권 양도세율 인상 ◈ 다주택자 금융규제 강화 • 투기지역 내 주담대 제한 강화 • LTV·DTI 강화(다주택자) • 중도금 대출요건 강화(인별→세대) ◈ 다주택자 임대등록 유도 ◈ 자금조달계획 등 신고 의무화, 특별사법경찰제도 도입 등	• 수도권 내 다양한 유형의 주택공급 확대를 위한 공공택지 확보 ◈ 공적임대주택 연간 17만호 공급 • 수도권 연간 10만호 ◈ 신혼희망타운 공급 • 5만호(수도권 3만호)	◈ 청약제도 개편 • 1순위 요건 강화, 가점제 확대 등 ◈ 지방 전매제한 도입 • 광역시 6개월, 조정대상지역 1년 6개월~소유권이전 등기시 ◈ 오피스텔 공급·관리 개선

출처: 실수요 보호와 단기 투기수요 억제를 통한 주택시장 안정화 방안, 2017.8.2., p4

집은 투자가 아닌 '거주' 대상으로 투기 수요를 철저히 차단하겠다고 천명했다.

이를 위해 정부는 위 그림과 같이 네 가지 정책을 내놓았다. 먼저 지역별·주택유형별 분석을 바탕으로 투기 수요가 다수 유입되는 곳은 투기과열지구·투기지역으로 지정해 시장불안을 조기 진화하고, 다음으로 다주택자의 양도차익에 대한 과세체계를 정비하면서 주택담보대출의 레버리지를 활용한 단기 투자유인을 억제하겠다고 했다. 세 번째로는 서민 주거안정을 위해 도심과 그 인근에 청년·신혼부부 등 실수요자를 위한 임대·분양주택의 공급을 확대하며, 마지막으로 공급되는 주택이 실

수요자에게 우선적으로 돌아갈 수 있도록 청약제도 등을 개편하겠다고
했다.

여론의 반응

　8.2 대책의 발표에도 뒷얘기가 흘러 나왔다. 당시 부동산 대책 발표가 임박한 상황에서 김 장관이 휴가를 낸 것과 관련해 졸속 대책이라는 비판도 제기됐다(뉴스웨이, 2017.8.7.). 즉 휴가 전엔 계획이 없었다는 얘기이고, 급조 대책일 것이라는 의심이었다. 어쨌든 김 장관은 사안의 중요성을 고려해 휴가 중에도 대책발표 현장에 나타났다. 또 다른 뒷얘기는 국민의 관심이 높은 법인세와 소득세 인상을 골자로 하는 세법 개정안을 8.2 대책을 방패 삼아 내놓았다는 얘기다(뉴스타운, 2017.8.3.). 여하튼 시장은 뒤숭숭해졌다. 다음날부터 여론이 반응했다. 한겨레신문에서는 보유세만 뺀 전방위 투기 압박이라며, '예상 뛰어넘는 충격요법'이라는 표현을 사용했다. 특히 강남권의 재건축 단지와 강북의 재개발 사업지는 직격탄을 맞을 것이라고 전망했고, 거래절벽 현상이 우려되지만 어쨌든 가

격 안정에는 효과를 발휘할 것이라는 전문가 인터뷰가 실렸다. 그리고 가점제 적용 확대 등 실수요자 중심의 청약제도 개편도 신규 아파트 분양시장 질서에 큰 변화를 몰고 올 것이라며, 가점이 높은 실수요자의 아파트 당첨 확률이 획기적으로 높아지기 때문이라는 분석도 내놨다. 특히 이번 청약제도 개선은 문재인 대통령이 강조한 '자가보유율'을 높이는 데도 긍정적인 영향을 끼칠 전망이라고도 했다. 마지막으로 '역전세난'이 발생하면서 전세시장이 불안해질 수 있으므로 전세금 보증보험 확대 등 세입자 보호 대책을 서둘러야 한다고 지적했다. 같은 날 사설에서도 '부동산 투기 용납 않겠다'는 의지를 보여준 대책이라고 평가하며 긍정적인 반응을 내놓았다.

청와대 쪽에선 6.19 부동산 대책이 투기세력에 대한 고강도규제를 예고하는 '신호탄'에 불과했다면, 8.2 대책은 앞으로 정부가 투기세력과 벌이게 될 전면전의 내용을 구체적으로 보여준 것이라고 강조했다. 청와대 고위관계자는 "투기심리를 확실히 잡기 위해 참여정부 때와는 달리 (이번 8.2 대책은) '핵폭탄'(고강도 종합대책)을 한꺼번에 터뜨린 것"이라 "아무리 핵폭탄으로 (투기를) 제압해도 잔불이 남을 수 있다. (잔불을 끄기 위한) '플랜 B' 상황까지 대비해 종합적인 안을 준비하고 있다"고도 말했다.

같은 날 8월 3일에 조선일보는 **"투기와의 전쟁 선언한 정부, 다주택자·재건축 겨냥해 직격탄"**이라는 제목의 기사를 실었다. 양도소득세를 2주택자는 10%포인트, 3주택자 이상은 20%포인트를 더 내야 하고 장기

보유특별공제도 없었다는 내용, 무주택자도 집값의 40%만 대출이 되고 3억원이 넘는 주택을 살 땐 자금계획을 신고해야 한다는 내용을 소개했다. 상당수 전문가는 "예상보다 강한 규제이며 당분간은 시장이 충격을 받아 집값이 약세를 보일 것"이라고 전망했다면서도, 중장기적 전망은 엇갈렸다고 전했다. 상당 기간 안정될 것이라는 시각과 공급이 뒷받침되지 않으면 결국 다시 오를 것이라는 시각이다.

그러면서 같은 날 칼럼에서 12년 전 노무현 정부는 '하늘이 두 쪽 나도 부동산만은 잡겠다'며 고강도규제책을 내놨지만 시장은 정반대로 움직였고, 집값은 급등했음을 상기시켰다. 공급 대책 없이 투기만 잡으려던 결과였다. 새 정부도 수요·공급의 시장원리를 무시하면 똑같은 실패를 답습할 수 있다는 내용을 실었다.

발표 이틀 후인 8월 4일 한겨레신문은 **"중장기 주택 공급 걱정보다 투기심리 차단이 먼저"**라는 칼럼을 실었다. "이번 대책을 두고 중장기적으로 아파트 공급을 줄이게 되므로 실패할 것이라는 지적이 일부에서 나온다. 부동산시장의 현실을 있는 그대로 보지 않고 단기 과제와 중장기 목표를 구분하지 못하는 데서 나오는, 초점이 어긋난 비판으로 보인다. …(중략)… 이번에 정부가 시장의 예상을 뛰어넘는 과감한 조치를 취할 수밖에 없었던 상황과 이유를 모든 경제주체가 냉철하게 인식하길 바란다"는 내용이다. 즉, 정부 정책이 옳다는 말이다.

같은 날 기사에서 8.2 대책 설계자로 알려진 김수현 사회수석과의 기자간담회를 실었다. 야당이 '참여정부의 판박이'라는 비판을 쏟아내자

자리를 마련한 것이라 한다. 여기서 김 수석은 "분명한 것은 이 정부는 부동산 가격 문제에서 물러서지 않을 것"이라며 "정책 일관성이라는 점에서 최소한 5년 동안 부동산시장을 새로운 구조로 안착시키는데 확고하고 안정적인 방식으로 진행할 시간을 갖고 있다"고 말했다. 그는 또 다주택자 양도세 중과 시기를 내년 4월로 늦춘 이유에 대해서 "내년 봄 이사철까지 팔 기회를 드리겠다는 의미"라고 설명했다.

같은 날 조선일보에서도 김 수석의 간담회 기사를 실었다. 김 수석은 강남에 주택공급이 부족하다는 지적에 대해 "최근 굉장히 많은 강남 재건축사업이 시행되고 있고, 국토부 발표처럼 지난 몇 년 동안 평균치의 3배가 허가 났다"고 반박했다 한다.

그러나 부동산 정보업체 부동산인포의 조사에 따르면 2017년 강남 3구(강남, 서초, 송파구) 입주물량은 4,502가구(예정물량 포함)로 최근 5년 평균(7,523가구)의 60% 수준에 불과하고, 특히 강남구에서는 하반기 대단지 이주가 예정돼 있지만, 입주물량은 353가구뿐이라고 했다. 이 기사에서 한 전문가는 "지금 정부는 정치적 계산에 따라 강남 재건축아파트를 집값 급등의 주범으로 부각시켜, 서민과 부유층의 대결 프레임을 만들고 싶어하는 것 같다"고 말한 내용도 실렸다.

같은 날 기사에서 청와대와 민주당은 과거 노무현 정부나 지금 문재인 정부에서 부동산 가격이 오른 것을 두고 '보수정권 책임론'을 꺼냈다는 내용도 실렸다. "노무현 정부 때는 이명박 당시 서울시장 뉴타운 정책, 현재는 박근혜 정부 '초이노믹스'(최경환 경제부총리 경제 기조) 때문에 집값이 올랐다"는 것이다.

이에 대해 전문가들은 분석이 잘못됐다면서 '습관적인 지난 정부 탓하기'라고 비판했다. 한 전문가는 "(박근혜·이명박 정부의) 규제 완화 때문에 집값이 올랐다고 보기는 어렵고, 재건축·재개발 지연에 따른 공급 부족, 경기 회복, 낮은 이자율 등이 복합적으로 작용했다"면서 "인구 감소가 예상되는 상황에서 집값이 많이 떨어지면 사회적 문제가 불거질 수 있는데 이번 대책은 과한 측면이 있다"고 말했다.

8월 4일 김현미 장관은 청와대 뉴미디어비서관실 인터뷰에서 "8.2 부동산 대책 특징은 집 많이 가진 사람이 불편해진다는 것"이라며 "내년 4월까지 시간을 드렸으니 자기가 사는 집이 아닌 집들을 좀 파시라"고 말했다. 그리고 전세를 끼고 주택을 사들이는 갭투자에 대해서 "집을 투기 수단으로 보는 신종 수법"이라고 비판했다. 이와 함께 국세청은 투기가 의심되는 다주택자 대상으로 이르면 이달 내 세무조사에 착수할 예정이라는 내용도 발표했다.

그리고 다음부터는 시장의 반응 기사들이 주를 이룬다. 8.2 대책의 풍선효과로 지방아파트 청약 열풍, 매도인과 매수인 간의 치열한 눈치싸움, 양도세 폭탄 맞은 다주택자가 **"싼값에 파느니 물려주겠다"**는 내용, **"관망 돌아선 시장 '거래 뚝'"**, **"'집값 떨어질 것' 매수 멈춰"**, **"정부 전방위 압박에 '거래절벽', 건설사들도 분양 계획 연기"**, **"숨죽인 주택시장, 강남 재건축 2억 내린 급매물도"**, **"서울 아파트값 75주 만에 꺾여 '약발'"**, **"지방엔 '떴다방' 서울은 '거래절벽'"**, **"법원 경매 응찰자의 상위 15건 중 서울은**

0건", "집값 하락 지방→수도권→서울로 확산" 등이 대책 이후 나온 기사 머리말들이다.

8월 8일 자에는 새 정부 각료들 3명 중 1명꼴로 2주택자라는 내용이 실렸다. "교육부총리를 비롯한 3명은 서울 강남을 포함해 2채의 집을 갖고 있었다. 김현미 장관 역시 남편 명의 단독주택을 더 갖고 있었다. 심지어 문재인 대통령도 2주택자였다. 장관들 역시 투기와는 거리가 먼 선의의 다주택자일 수 있다. 그러나 다른 사람들도 자신들과 같은 사정이 있을 거라는 생각은 하지 않는 것 같다. ...(중략)... 부동산을 정의의 프레임에 우겨넣는 운동권적 시각은 집값 안정에 근본적인 처방을 내놓을 수 없다. "집을 파시라"고 하면서 자기 집을 팔겠다는 장관은 아직 나오지 않았다. 이 역시 '내로남불_{내가 하면 로맨스, 남이 하면 불륜}'인가"하며 끝을 맺고 있다.

8월 12일 자에는 인사청문회 대상인 22명 장관 중 14명(64%)이 5대 원칙 중 하나 이상의 의혹이 제기돼 논란을 불렀다며, 위장전입과 세금 탈루, 부동산 투기 의혹이 9명에게 제기됐다는 씁쓸한 기사도 실렸다.

그리고 언론에서는 다음 부동산 정책에 대해 관심을 가지기 시작한 듯하다. 8월 9일 자 한겨레신문에서는 주택 보유에 대한 비판의식을 가지고 '괜찮은 월세'를 늘리자는 다소 황당(?)한 내용의 칼럼이 게재됐다. 집은 빌려 쓰는 게 정상이고, 정부나 공동체가 소유한 주택에서 사는 게 흔한 일이 되도록 정책을 짜야 한다는 주장이었다. 여러분은 어떻게 생각하실지?

같은 신문의 8월 10일 자에는 **"부동산 투기는 벤처 투자가 아니다"**라는 칼럼이 실렸는데, 여기서 가격 안정화 메커니즘으로서 수요-공급 법칙은 주택에 대해서는 제대로 작동하지 않는다고 단정한다. 그리고 투기꾼에 대한 비판을 이어가면서, 가장 좋은 처방으로 '전월세상한제'를 정부에 촉구하는 글이다.

같은 날 신문에 국세청의 부동산 세무조사 기사를 실었다. 세무조사 대상에 포함된 286명 가운데 100여명은 소득원이 불분명하지만 다주택을 보유한 사람들로, 이중 상당수가 미성년자를 포함한 30세 미만이어서 편법 증여 등이 의심된다는 게 국세청의 설명이었다. 그리고 청약조정대상지역 외에 경기도 등 상대적으로 규제가 덜한 지역에서 나타날 수 있는 풍선효과를 고려해 세무조사 대상의 범위를 계속 확대할 것이라고도 밝혔다.

한겨레경제사회연구원의 토론회 기사도 실렸는데, 소득주도 성장전략 관련 토론을 하면서 부동산과 금융자산에서 발생하는 불로소득에 대한 구체적인 정책이 부족하다는 점을 한계로 들었고, 국정기획자문위원회의 세입확충 방안에서 부동산 보유세 정상화 방안이 빠져 있는 등 조세의 재분배 기능 개선에도 미흡하다고 지적했다.

한겨레신문 8월 11일 자에는 전월세상한제의 도입을 주장하는 내용이 실렸고, 여기서 한 전문가는 "전월세상한제를 도입한다는 것은 제도 밖에 있던 전월세시장이 제도적 관리망 안으로 들어오는 것이기 때문에 오히려 임대료 급등 문제를 관리할 수 있다"고 주장했다.

한편 조선일보에서는 서울 주택 공급량 논란을 실으면서, **"살 곳은 충분 vs 살고 싶은 곳이 부족"**이라는 제목을 달았다. 김현미 장관은 공급이 충분하다고 계속해서 밝혔는데, 상당수 전문가들은 정부 주택보급률은 현재 주택 상황을 제대로 반영하고 있지 않다며 "정부 정책 기반이 된 '주택 공급량'에 대한 개념을 재정비해야 한다"고 맞서고 있다고 했다.

현행 주택보급률 계산식은 대상지역 내 '총 주택' 수에서 '일반 가구' 수를 나눈 값인데, 이 일반 가구에는 외국인 가구 등 13만 가구가 빠져 있다는 것이다. 2015년 기준 주택보급률은 전국 102.3%, 서울 96%인데, 이들을 반영하면 서울 주택보급률은 90%대 초반까지 떨어진다고 추정한다.

또 주택의 질에 관한 문제도 나온다. 최저주거기준에 미달하는 가구는 전국 102만 7,000가구 정도인데 이 중 51.7%가 수도권에 있다는 것이다. 건축연한이 오래 지나 일반인들이 거주하기 꺼리는 주택이나 멸실 주택까지 모두 포함하기 때문에 주택보급률이 높아 보이는 것이라는 전문가 지적도 있었다. 이에 국토교통부 직원은 "올해 분양 물량은 지난 5~10년 평균보다 60~80% 많아 충분한 공급이 이뤄지고 있다"며 "올해 말 서울 주택보급률이 97.8%까지 높아질 것"이라고 말했다.

과연 그랬을까? 아래 표를 보면 알 수 있다. 서울의 주택보급률은

■ 연도별 주택보급률(%)

구분	2015년	2016년	2017년	2018년	2019년	2020년
전국	102.3	102.6	103.3	104.2	104.8	103.6
서울	96.0	96.3	96.3	95.9	96.0	94.9

출처: 통계청

2016년 96.3%에서 2017년 96.3%, 2018년에는 오히려 95.9%로까지 떨어지게 된다. 왜 이런 일이 일어났을까? 편하게 생각하면 분자인 주택수의 증가가 모자랐거나, 아니면 분모인 가구수의 증가가 많았거나. 여하튼 그 예상은 보기 좋게 빗나갔다.

같은 기사에서 한 전문가는 "강남에 살고 싶은 사람 수요만큼 공급을 해야 한다면 수백층짜리 아파트를 지어도 부족할 것"이라며 "서울 인근 수도권 교통이 발달하면서 서울로 통근할 수 있는 범서울 지역이 늘어났고, 수도권은 과잉 공급을 우려해야 한다"고 말했다.

주택보급률 대신 인구 1,000명당 주택수를 지표로 사용하는 해외와 비교했을 때 우리는 상대적으로 주택수가 부족하다는 내용도 나온다. 서울연구원에 따르면 우리나라 인구 1,000명당 주택수는 355가구, 뉴욕(412가구)·도쿄(579가구)·런던(399가구)·파리(605가구)보다 적다는 것이다. 한 전문가는 "외국에 비하면 절대 주택수가 부족한 게 사실"이라며 "통상 주택보급률이 서울 등 수도권은 110%, 지방은 120%까지 되어야 한다"고도 말했다.

한겨레신문 8월 14일 자에는 정부가 '8.2 부동산 대책' 발표 이후에도 집값이 안정되지 않을 경우 부동산 보유세를 강화하겠다는 방침을 내비친 가운데 국민의 77.6%가 보유세 인상에 찬성한다는 기사가 실렸다. 국민들 대다수는 증세를 원하고 있다!!!

8.2 대책의 보완 대책:
계속되는 고질적 보완대책의 출발

8.2 부동산 대책에 따른 대출 규제가 너무 강화돼 주택 실수요자가 피해를 본다는 지적이 잇따르자, 2017년 8월 13일 금융당국이 보완책을 내놓았다. 무주택 등 조건을 갖춘 실수요자에게는 LTV·DTI 비율을 10%포인트씩 올려주고, 8월 3일 전 계약한 1주택자도 2년 안에 현재 집을 팔면 투기지역에서도 LTV 60%까지 대출해준다는 내용이다. 충분한 검토 없이 나온 대책을 자인하는 형국이다. 애꿎은 국민만 마음 졸이며 천당과 지옥을 왔다갔다 했으리라. 이후에도 정책을 만들고 보완을 하는 형식은 반복된다. 조금만 더 시간을 두고 충분히 고민했으면 겪지 않을 혼란을 정부가 초래했다.

8월 14일 한겨레신문에서 투기억제책에 대해 71.8%가 집값 안정을 위해 찬성한다는 여론조사 결과를 발표했다. 그리고 17일 자에는 **"중소형 아파트 100% 가점제로 인해 '나홀로 가구'는 어쩌라고?"** 기사가 실렸으며, 18일 자에는 **"부동산 불패 신화 무너지나"** 칼럼에서 전문가의 이의 제기를 흔들기로 규정하며, 일관성 있게 5년 임기를 쭉 가야 한다고 주장했다.

그리고 8월 18일 자 조선일보와 한겨레신문에서 대통령의 언급을 실었다. 부동산시장에 대해 "가격이 또다시 오를 기미가 보인다면 더 강력한 대책도 주머니 속에 있다"는 내용이다.

8월 22일 자 조선일보에는 8.2 대책의 소급적용은 부당하다는 내용의 국민청원이 소개됐다. 소급적용으로 대출이 막혀 거액의 계약금을 날리게 생겼다는 내용이다. 업계는 이런 피해자가 서울·세종 등 10여 개 단지에서 수천명에 이를 것으로 추정했다. 현장 분양소장에게도 계약금만 돌려달라며 선처를 호소하는 전화가 잇달아 걸려온다는 애타는 사연도 실렸다.

8월 25일 자에는 **"8.2 투기지역 지정을 전문가와 모여 회의했다더니, 서면 심의로 끝내고 밀어붙인 듯"**이라는 제목의 기사가 실렸다. 8.2 대책의 핵심 내용을 결정한 주거정책심의위원회가 정부 설명과 달리 서면 심의만 진행한 것으로 드러났다. 여기서 한 전문가는 "국토부가 국민경제에 막대한 파급효과를 미칠 대책을 성급하게 밀어붙인 흔적이 보인다"고 말했다.

광기의 실험, 시장의 반격

8월 26일 자에는 **"사는 집 아니면 파시라더니, 청와대 고위직 8명이 다 주택"**이라는 기사가 나왔다. 별로 많지 않아 보이지만 5월 31일 이전 고위공직 임명자 15명 중 8명이면 과반이 넘는다.

8월 28일 자에는 대통령과 더불어민주당 의원의 청와대 오찬 기사가 나왔는데, 이해찬 의원이 8.2 부동산 대책을 예로 들어 "정책적으로 좀 더 섬세해야 한다는 생각이 들었다"고 했다는 내용이다.

다음 날 기사에는 이유정 헌법재판관 후보자에 대한 국회 인사청문회에서 2007년 분당의 한 아파트에 전세로 입주했으면서도 양도소득세 면제 거주요건을 유지하기 위해, 서울 강남구 청담동 소재 아파트에 주소를 유지했다는 의혹도 제기됐다. 당시 분당 아파트 전세는 이 후보자 어머니 명의로 계약됐다고 한다.

8월 29일 자에 **"실수요자의 힘인가, 분양권은 더 올랐다"**는 기사가 나왔다. 규제로 거래가 끊기고 아파트값이 약세를 보이지만, 일부 지역에선 8.2 대책 발표 전보다 높은 가격에 거래되는 아파트가 속속 등장한다는 이야기다. 이에 대해 한 전문가는 "좋은 집에서 살고 싶다는 실수요가 시장을 주도한다면, 공급 측면에서 숨통을 틔워줘야 한다"며 수요를 지나치게 누를 경우, 나중에 시장이 더 왜곡될 수 있다고 언급했다.

8월 30일 자에는 **"50조 도시재생 뻥튀기 공약이었나"**라는 도발적 기사가 실렸다. 정부 예산과 주택도시기금이 5분의1 수준으로 줄어든 것에 대한 비판기사였다.

다음 날 기사에는 전국에서 집을 가장 많이 가진 개인 등록 임대사업자는 700채를 가진 경남 창원 거주 50대 주민이고, 두 번째는 605채를 가진 광주광역시 남구의 임대사업자라는 얘기가 실렸다. 최연소 임대사업자는 경기도 성남에 사는 두 살배기였고, 미성년 임대업자 중 집이 가장 많은 것은 16채를 가진 서울 강북구 거주 11세 어린이라고 했다.

8월 말 기사에는 **"강남, 로또 아파트 조짐, 현금 부자만 유리"**라는 기사가 실렸다. 이에 대해 어느 전문가는 "분양가가 낮아진다고 집값이 떨어지는 게 아닌 만큼 분양가상한제 시행은 일부 사람이 아파트를 싸게 구입해서 비싸게 팔 기회로 전락할 뿐"이라고 논평했다.

9월 1일 자에는 전문가들의 8.2 대책 평가 기사가 나왔는데, 정책 점수는 'B-' 수준으로 나왔다. 집값 안정이 계속될지는 지켜봐야 한다는 내용이다. 여기서 어느 전문가는 "10년 전 노무현 정부 시기를 거치면서 정부가 시장을 콘트롤할 수 없다는 것을 증명했는데도 불구하고 또다시 역사가 되풀이되고 있다"며 "규제에 억눌린 수요가 응축됐다가 예상치 못한 시점에 예상치 못한 힘으로 분출될 수 있다"고 말했다.

9월 5일 자에는 **"8.2 이전에 분양받은 게 죄냐, 성난 피해자들"**이라는 기사가 나왔다. "국토부에서는 금융위에 물어보라고 하고, 금융위에서는 기재부에 물어보라고 합니다. 서로 책임을 떠넘기길래 청와대로 왔습니다. 저희는 투기꾼이 아니라 국민입니다!"라고 하소연했다. 2,000여 명을 대표해서 20여 명이 청와대 앞에서 성명을 발표했다. 이에 대해 한 전문가는 "정부가 유예기간 없이 소급적용으로 합법적으로 이뤄진 계약에 대해 불이익을 준다면 시장의 혼란은 물론 정책의 신뢰성이 떨어질 수밖에 없다"며 "추가로 발표되는 대책에는 규제를 강화하기보다 선의의 피해를 막는 방안을 포함해야 할 것"이라고 말했다.

같은 날 기사에는 추미애 더불어민주당 대표가 '지대'를 불평등과 양극화의 원천으로 지목하며 부동산 보유세 도입을 주장했다는 기사가 실렸다. 특히 추 대표는 미국의 경제 사상가 헨리 조지와 1950년의 농지개혁(국가가 농지를 사들여 농민에게 배분한 정책)까지 언급했다.

시장에서는 '노무현 정부 부동산 정책 시즌2'를 예고한 것이라는 해석이다. 여기서 한 전문가의 "개인 토지를 몰수하는 '혁명'을 하자는 말이냐. 정부와 여당이 부동산 문제라면 무조건 광분하는 것 같다"는 다소 과격한 반응도 실렸다.

추 대표는 또 "인구의 1%가 개인 토지의 55.2%를 소유하고 있고, 인구의 10%가 97.6%를 소유하고 있다"고 말했는데, 오해를 불러일으키는 뉘앙스였다면서, 인구의 10%라고 표현한 상위 50만 명이 소유한 토지(2만 6,207㎢)는 전체 국토의 26%라는 내용도 실렸다.

지난달 대통령은 취임 100일 기자회견에서 보유세 인상을 검토하지 않고 있다고 했지만, 여당 대표가 보유세 인상을 언급한 것에 대해 대다수 부동산 전문가는 "결국 종부세를 강화하겠다는 것"이라고 해석했다. 한 전문가는 "부동산 정책은 정의로워야 한다는 강박관념이 있는 듯하다"며 "자기들의 신념을 고집하는 게 우선시되는 것 같다"로 말했다고 한다.

8.2 대책의 후속 조치, 9.5 대책
더 조이겠다!

**"성남시 분당구, 대구시 수성구 투기과열지구 추가지정 및 분양가상
한제 적용요건 개선 추진"**

2017년 9월 5일 정부는 8.2 대책의 후속 조치를 발표한다. 일반적인
정부의 정책문건과 양식이 달라 별도의 대책으로 보긴 어려울 듯하다.
그래서인지 언론에서도 단순히 소개하는 정도에 그치고 있다. 그렇지만
정부의 시각을 엿볼 수 있으므로 소개한다.

정부 보도자료는 참고자료 포함 12페이지이지만, 참고자료 제외 시 5
페이지인 단촐한 문건이다. 참고로 8.2 대책은 총 32페이지에 이르며, 참
고자료를 제외하더라도 29페이지에 이른다.

여기서도 으레 그렇듯 시장 동향이 먼저 나온다. 서울 등 대책 이전의

과열지역이 뚜렷하게 진정세를 보인다는 진단이다. 즉 8.2 대책 직전 급등하던 서울 등이 빠르게 안정세로 전환되며 전국 주택가격도 보합세를 유지하고 있고, 특히 서울의 경우 대책 직전 0.33%(주간 아파트가격 기준) 급등세에서 소폭 하락세로 전환(주간 -0.03~-0.04%)되는 등 대책의 효과가 뚜렷하다는 내용이다.

그러나 전반적인 안정세 속에 일부 지역은 시장과열 우려가 지속된다고 보고 있다. 특히 성남시 분당구와 대구시 수성구는 8.2 대책 이후에도 주간 아파트 가격 상승률이 0.3% 내외를 계속 기록하는 등 높은 상승세를 보이고, 인천시와 안양시 등도 완만한 상승세라고 평가하고 있다. 그래서 성남시 분당구와 대구시 수성구를 투기과열지구로 지정(9월 6일부터 지정효력 발생)하고, 2015년 4월 이후 적용사례가 없는 민간택지 분양가상한제의 적용기준도 개선하기로 했다. 민간택지 분양가상한제의 적용기준 개선은 한마디로 정부가 분양가 상한제를 더 손쉽게 적용할 수 있도록 하는 조치다. 그 외에 가격 불안을 보일 우려가 있는 지역은 주택 매매가격과 분양권 등 거래 동향, 청약 상황 등을 상시 모니터링 및 정밀분석하고, 이를 토대로 시장이 과열되었거나 과열될 우려가 크다고 판단되면 투기과열지구 지정 등의 조치를 즉각 취할 계획이라고 했다.

9월 12일 자에는 **"집값, 8.2 대책 후 주춤하다 고개, 더 센 처방 나오나"** 라는 기사가 실렸다. 더불어민주당 의원과 정의당 대표가 적정 과세와 보유세 강화를 언급했고, 국토부는 8.2 대책이 성공적이라고 자평했다. 오히려 국토부 고위관계자는 "8.2 대책으로 전국 집값상승률은 물가상승률 수준으로 안정적인데, 이게 부족하다면 시장을 완전히 죽여야 직성이 풀린다는 거냐"고 불평했다고 한다.

9월 13일 자에는 **"경제부총리 보유세 인상 검토 안한다"**는 기사가 나왔다. 여기서 그는 "보유세를 투기를 막기 위한 대책으로 쓰는 것은 신중해야 하며, 현재 검토하고 있지 않다"고 말했다. 국민은 혼란스럽다. 그러나 정권의 분위기상 뭔가 할 것 같은 뉘앙스는 계속 나오고 있었다. 여기에 대해 한겨레신문에서는 **"시장 혼란 자초하는 정부 여당의 보유세 엇박자"**라는 칼럼을 내놓으면서 미루지 말 것을 촉구했다.

9월 18일 자에는 **"서울·부산 2곳서 주말 5만명 북새통"**이라는 제목에 예비 청약자들이 모델하우스로 몰려들었다는 기사가 실렸다. 그리고 부동산 트렌드쇼에서 관람객 816명에게 설문조사해보니, 내년(2018년) 상반기 이전이 내집 마련의 적기라는 응답이 나왔다. 여기서 특기할 만한 것은 정부가 시장 과열 '주범'으로 지적한 강남권 재건축 단지를 가장 많은 41%가 유망한 것으로 보았다는 사실이다. 여기서 한 전문가는 "정부가 아무리 시장을 옥죄려 해도 주거환경이 좋은 서울 지역 아파트를 선호하는 수요는 꺾이지 않는다"고 말했다.

한겨레신문과 조선일보 양측에서 반포1단지의 재건축 수주전 얘기를 9월에 몇 번 싣고 있다. 이사비 7,000만원에 대한 정부의 불편한 심기, 자칫 고분양가 또는 청약과열로 연결되지 않을까하는 불안감이다.

한겨레신문 9월 27일 자에 **"강남 재건축 진흙탕 수주전, 언제까지 놔둘건가"**라는 칼럼이 실렸다. 건설사들이 법을 우습게 알고 온갖 불법을 저지르는 것은 정부가 미온적으로 대처하는 탓이 크다며, 이제라도 불법행위를 철저히 조사해 엄단해야 한다고 주장했다. 그리고 분양가상한제 조기 부활 등 제도 보완도 주문했다.

9월 28일 자에는 **"재건축값 안 잡히자 50일 만에 또 세무조사"**라는 제목으로 국세청이 재건축아파트 매수자를 겨냥해 세무조사에 나섰다는 내용이 실렸다. 이에 대해 어느 전문가는 "부동산 투기에 대한 세무조사는 대증 요법에 불과하다"면서 "새집이 꾸준히 공급되지 않으면 희소성이 높아져 집값이 다시 오를 것"이라고 언급했다.

같은 날 한겨레신문은 **"집값 9억 넘는 아파트 71.7%, 종부세 한푼도 안 냈다"**는 제목의 기사에서 공시가격을 올려야 한다는 내용을 담고 있다.

9월 29일 조선일보에는 김현미 장관의 취임 100일 간담회 기사가 실렸다. "미등록 개인 주택임대사업자는 어떠한 공적 규제도 받지 않고 있다"며 "사적임대주택을 등록임대주택으로 전환, 사회적 책임을 갖도록 하는 것이야말로 서민의 주거안정을 위해 긴요한 과제"라고 말했다. 그러면서 "등록임대주택에 대한 인센티브 강화 방안도 관계 부처와 계속 협의 중"이라고 밝혔다. 구체적으로는 세금 추가 감면과 건강보험료 인하 등이 거론된다고 한다.

하지만 시장에서는 당근보다 채찍에 주목했다. 세무조사 가능성이다. 전문가 의견은 갈렸다. 좌파 성향은 "서민 주거안정성 확보에 큰 효과가 있을 것"이라고 언급했고, 우파 성향은 "단기적으로는 등록 의무화 시행 전에 임대료가 급등할 수 있고, 중장기적으로는 임대주택 공급 감소와 건설경기 하락 등의 부작용 가능성이 있는 만큼, 철저한 준비가 선행되어야 한다"고 말했다.

10월 10일 자에는 **"추미애, 국가가 토지 소유하는 중국방식 지지?"**라는 제목의 기사가 나왔다. 추미애 더불어민주당 대표가 "헨리 조지가 살아 있었다면 땅의 사용권은 인민에게 주되 소유권은 국가가 갖는 중국식이 타당하다고 했을 것"이라고 말했다. 중국 대도시 집값은 우리보다 더 폭등하고, 베이징이나 상하이에서 고가주택은 우리보다 3배 이상 비싼데, 중국식이 타당하다니 참 기발한 발상이다.

10월 12일 한겨레신문 사설과 13일 조선일보에서는 정부 고위공직자의 42%가 다주택 보유자인 것을 문제 삼았다. 1급 이상 공직자 655명을 전수 조사한 결과이다. 이들 주택 중 66%가 투기과열지구에 있고 강남 4구에 위치한 주택도 28%나 됐다는 얘기다. 국내 전체 가구 중 다주택 가구는 14%인데, 고위공직자가 일반 국민보다 3배나 많다는 내용이다.

10월 12일 한겨레신문에서는 **"전셋값 광풍, 강남보다 강북이 최대 5배 셌다"**는 제목하에 전월세상한제 도입이 불가피하다는 내용의 기사를 실었다.

10월 17일 조선일보에서는 **"부동산 거래세는 이미 OECD 최상위권"**이라는 제목의 기사에서 김동연 경제부총리가 "보유세(인상)를 배제하지 않겠다"고 한 내용을 싣고 있다. 이에 대해 상당수 전문가들의 '이미 한국은 세수에서 부동산 거래세(양도세+취득세)가 세계 최상위권이며, 보유세도 다른 국가와 비교해 결코 낮은 수준이 아니다'는 입장을 소개했다.

같은 날 **"정부, 아파트 후분양제 부작용 알고도 밀어붙여"**라는 기사를 실었는데, 연구용역 결과에는 후분양제 도입 시 선분양제와 비교하면 분양가가 3.0~7.8% 오르고, 이에 따른 소비자 대출 이자 부담도 900만

~1,100만원까지 늘어날 것이란 내용이 담겨 있다고 했다. 신용도가 낮은 건설사는 사업을 추진하기 어려워져, 결과적으로 전국에서 연평균 8만 6,000~13만 5,000가구의 주택 공급이 감소할 수 있다고도 지적했다.

10월 18일 한겨레신문에서는 **"공공분양 후분양제? LH 기껏해야 한해 1만채"**라는 제목의 기사가 실렸다.

10월 21일 자 조선일보에서는 **"김부총리, 결국 보유세 인상카드 만지작"**이라는 기사가 나왔다. 대통령은 취임 100일 기자회견에서 "보유세 인상을 검토하지 않고 있다"고 했다. 또 대선을 앞두고 발간한 문 대통령의 대담집에서 "국내총생산GDP 대비 보유세 비중을 현 0.749%에서 1.1%로 올려야 한다"고 주장한 바 있다.

10월 24일 자에는 **"도시재생이 달랑 40가구 짓는 동네 집 장사"**라는 제목의 기사가 실렸다. 여기서 한 주민이 "몇 집 고쳐 새로 짓는다고 동네가 확 바뀌겠느냐. 차라리 재개발해서 새 아파트에 살고 싶다는 주민들도 있다"고 말했다. 그리고 상도동 노후 주거지 재생사업 사례를 소개했다. 이와 관련하여 SH공사 한 직원은 "도로도 제대로 없는 뉴타운 해제지역에 수천 가구가 밀집해 있는데, 기존 단독주택 10가구 철거해 고작 40가구 짓는 게 동네 집 장사지 도시재생이라 할 수 있겠느냐"고 말했다.

말미에는 서울시가 지난해 처음 도입한 도시재생 사업인 '서울가꿈주택'도 수혜 대상이 너무 적어 전시행정 아니냐는 지적을 하고 있다. 민간이 소유한 낡은 단독·다가구 주택의 리모델링 비용을 최대 1,000만원(내부공사는 300만원)까지 지원하는 것인데 사업대상이 1년에 40가구에 불과했다고 한다.

이번에는 약발이?

    8.2 대책은 그 파급력이 크다(?)고 볼 수 있다. 먼저 아파트 매매가격 지수의 월별 상승률을 보자. 8.2 대책이 나온 2017년 8월에는 전국과 서울, 강남, 기타 지방이 각각 0.29%, 1.05%, 0.97%, -0.18% 상승하였다. 그림이나 표에서 알 수 있듯이 8월에는 기존의 상승세를 이어가나, 9월에는 무서울 정도로 상승 폭이 줄었음을 알 수 있다. 서울은 1.05%에서 0.15%로, 강남구는 0.97% 상승에서 -0.04%로 돌아섰다. 정책 당국자들은 얼마나 기뻐했을까?

    그러나 10월부터는 다시금 상승 폭이 커진다. 8.2 대책 이전보다는 상승률이 떨어지긴 했다. 정부에서는 또 다른 고민이 시작될 수 있음을 엿볼 수 있다. 게다가 지방 아파트는 신음소리가 날 정도로 하락을 계속하고 있으니, 정책을 만들기가 참으로 힘들었을 것이다.

구분	전국	서울	강남구	기타 지방
2017.07	0.26%	0.86%	0.75%	−0.10%
2017.08	0.29%	1.05%	0.97%	−0.18%
2017.09	0.06%	0.15%	−0.04%	−0.21%
2017.10	0.10%	0.45%	0.54%	−0.14%

자료: KB부동산

■ 아파트 매매가격지수 월별 상승률(2017년 10월까지)

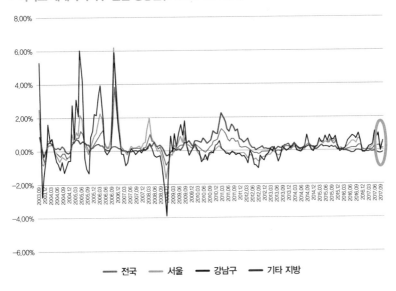

─ 전국 ─ 서울 ─ 강남구 ─ 기타 지방

  이를 위 그래프의 주간 상승률로 보면 더욱 극명해진다. 서울과 강남구의 아파트는 급격히 하락했다. 서울이 마이너스로 돌아서진 않았지만, 강남구의 경우 8~9월에 걸쳐 3번의 마이너스까지 나타났다. 그러나 기쁨도 잠시 재차 반등이 일어난다. 여기서도 서울과 강남구의 반등세가 강하다. 8월 말 바닥을 다지더니, 9월 초부터 재차 튀어 오른 것이다. 전국의 경우 안정적이라 볼 수 있지만, 서울과 강남구는 거의 폭등세에 가깝다고 느낄 만하다. 그러나 월별 상승률의 경우는 강남구의 폭등 기미를 8.2 대책이 막아냈고, 아직은 안정권이라 볼만한 상승률로 볼 수 있다.

그리고 이제 정부는 계속해서 언급되었던 가계부채와 관련된 새로운 정책을 선보인다.

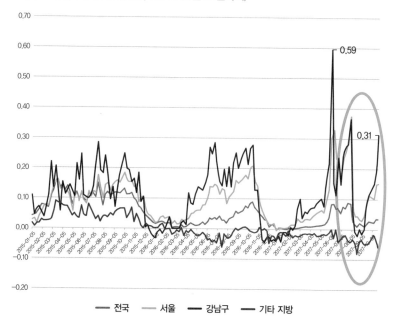

■ 아파트 매매가격 주간 상승률(2017년 10월 23일까지)

광기의 실험, 시장의 반격

근시안적 주택 수요억제책의 한계

(2017년 8월11일, 서울경제 칼럼)

정부에서 강남 집값을 잡기 위해 쓸 수 있는 카드를 총동원한 초고강도 대책을 발표하였다. '실수요 보호와 단기 투기 수요 억제를 통한 주택시장 안정화 방안'이라고 하는데, 실제 대부분의 내용은 투기꾼을 잡겠다는 것이다. 금융위기 극복을 위한 전 세계적 규제완화, 저금리 등의 분위기에 젖어있었기 때문에, 이번 대책은 특별히 강한 인상을 주었고 시장에서도 충격으로 받아들이고 있다.

예상되는 효과로는 거래절벽이란 단어에서 표현되듯이 거래량 감소로 인한 경제적 손실과 강남 재건축아파트의 단기적 가격 조정 정도이다. 그러나 중장기적으로는 '시장 이기는 정부 없다'는 말이 있듯이 다시 원상회복될 가능성이 높다. 이는 주택지표를 개발하여 조사한 30여 년간 반복되어 온 현상이기도 하다. 선진국에서도 이러한 사실을 직시하여 중장기적 정책을 사용하지, 우리처럼 몇 개월 단위로 단기적 수요억제책을 양산하지 않고 있다.

이번 대책이 시기적으로 바람직한지도 살펴봐야 한다. 6.19 대책에서 하반기 입주물량 증가와 금리 인상 가능성의 조정요인 즉 하방압력을 언급하였고, 강남의 재건축아파트는 재건축 초과이익환수제로 강한 조정이 예상되는 상황이다. 하락 조정이 예상되는데 굳이 더 하락시킬 대책을 지금 시점에 내놓는 게 바람직한가 하는 생각이 든다.

서울 집값을 잡겠다고 하는데, 과거와 달리 강남발 집값 상승이 전국적 가격 상승으로 연결되지 않는 상황에서 필요한 대책인가 싶기도 하다. 지방은 작년부터 계속해서 하락세를 보이고 있기 때문이다. 강남 집값 잡으려다 지방 집값의 폭락으로 연결되어 경기침체로 접어들지 않을까하는 우려도 든다.

워낙 많은 대책을 쏟아내서 파악도 힘들지만, 시장에서 중요하게 받아들이는 것은 투기과열지구 지정과 다주택자 양도세 중과이다. 이번에 적용된 투기과열지구 관련 규제는 근래에 보기 힘든 고강도 대책으로 분양권전매 제한과 재건축조합원 지위양도금지, 분양가상한제 강화, LTV·DTI 강화 등이 포함된다. 그러나 과거에 이것보다 더 강한 정책을 내놓았어도 주택가격은 안정되지 않았다. 몇 달 정도의 거래위축과 가격 조정만이 그 효과였다. 그래서 정부는 신도시 건설 등 대규모 공급 대책을 마련하였고 이를 통해 중장기적으로 가격이 안정된 선례가 있다.

다음으로 중요한 것은 다주택자에 대한 양도소득세 중과이다. 정부는 다주택자 혹은 투기꾼들이 집값 상승의 주범이라면서 이들과 일종의 전쟁을 선포한 셈이다. 선진국에서는 다주택자를 임대주택 공급자로 인식하고 이들에게 각종 인센티브를 제공하는 데 비해 우리는 반대의 길을 택한 것이다. 이들은 현재 우리나라 임대주택의 80~90% 정도를 공급하고 있는데, 금번 대책으로 인해 앞으로 주택투자를 줄이게 되면 결국 서민을 위한 임대주택 공급축소로 이어지고, 결과적으로 서민들의 삶이 더 팍팍해질 가능성이 높아진다. 이 과정에서 작년에 우리 경제 성장의 절반을 담당한 건설업의 위축도 불가피하고, 서민 체감 경제는 더 힘들어질 것이다.

이번 대책은 전체적으로 보아 투기를 잡겠다는 수요억제책이 대부분이라는 점과, 국토교통부 장관이 말했듯이 공급은 충분하다고 인식하는 것도 문제가 있어 보인다. 전체 숫자로 보면 장관의 말이 맞다. 그러나 강남 집값이 폭등하는데 수도권 외곽에 주택을 대량 공급한다고 해서 강남 집값이 잡힐지 의문이고, 막대한 부동자금의 투자처 중에서 안전자산으로 인식되는 강남과 서울에 대한 선호가 이번 대책으로 수그러들지도 의문이다. 게다가 재건축은 규제를 강화하고, 그나마 일부 공급 효과가 있는 도시재생마저 서울에서는 금지시켰으니, 공급 위축은 더 심각해질 전망이다.

진정으로 정부가 주택가격을 안정시키고 싶다면 근시안적인 정책보다 장기적인 안목에서 정책을 만들어야 한다. 결국은 필요한 지역에 안정적으로 주택을 계속해서 공급하는 것이 정석이고, 이러한 방식으로 보완하여야 정부가 바라는 목표도 달성할 수 있을 것이다.

8.2 부동산 대책, 서민을 위한 것인가?

(2017년 8월23일, 이데일리 칼럼)

정부에서 무시무시한 대책을 내놓은 지도 이젠 조금 지나서인지 시장의 반응이 나타나고 있다. 당초 정책이 발표될 때 예상되는 효과로 거래량 감소로 인한 경제적 손실과 강남 재건축아파트의 단기적 가격 조정, 이로 인한 서울 집값의 단기적 하락 정도로 생각했다. 그러나 중장기적으로는 '시장 이기는 정부 없다'는 말이 있듯이 다시 원상회복될 가능성이 높다고 예상했다.

실제 시장은 그런 식으로 반응하고 있다. 한국감정원에 따르면 정책 발표 일주일 만에 서울의 아파트 값이 0.03% 빠진 걸로 조사됐다. 무려 75주 만에 하락세로 전환했다. 자세히 보면 강남 3구 아파트값이 빠진 것이 눈에 띈다. 이는 부동산114 조사가 밝히고 있듯이 재건축아파트가 일주일 만에 0.25% 빠진 영향이 큰 것으로 보인다. 그리고 풍선 효과도 나타나고 있다. 강남 인근과 서울 남부 경계부의 집값이 일주일 만에 확연히 오르는 모습이다.

거래절벽 현상은 예상외로 심각하다. 발표 전후 일주일간의 거래량이 전국은 57.1%, 서울은 81.5%나 줄었다. 특히 85㎡ 이하 중소형 아파트 거래는 89.8% 급감해 정부가 의도한 투기꾼보다 중산층의 피해가 더 극심할 것으로 보인다.

이에 정부는 보완책을 내놨다. 부부합산 소득기준을 1,000만원 상향해 7,000만원까지는 피해를 보지 않도록 하고, 잔금을 치르지 못한 사람들도 소급해서 대출 비율을 상향토록 했다. 그래도 서울의 아파트 중위가격이 6억 2,888만원인데, 6억원으로 규제가 묶여 있어서 절반 이상이 투기자로 취급된다는 점과 착실히 내집 마련을 준비한 30~40대 상당수가 청약가점제의 강화로 인해 희망이 사라진 점 등 많은 문제가 산적해 있다. 정책을 마련함에 있어서 조급하게 만들었다는 비판을 피하긴 힘들어 보인다.

금융위기 극복과정에서 양적완화와 금리 인하는 전 세계적 추세였다. 그래서 선진국들도 대도시 집값 폭등으로 인한 우려가 커지고 있는 상황이다. 이 과정에서 서울은 뉴욕, 런던, 도쿄, 코펜하겐 등과 비교했을 때 상승세가 아주 낮게 유지된 편이다. 그런데도 선진국에서는 집값을 잡기 위해 우리와 같은 정책을 하지 않고 있다. 집값 잡으려다 경제, 특히 서민경제가 힘들어질 수 있다는 우려 때문이다.

이번 대책에서 다주택자를 투기꾼으로 보고 이들을 규제하겠다는 것은 문제가 크다.

이들은 정부에서 못하는 임대주택의 대부분을 공급하는 사람들이다. 이들을 임대사업 자로 전환시키는 것은 다른 정책수단을 통해서도 충분히 가능하다. 이번 정책은 다주 택자를 활용해 임대주택 공급을 늘리려는 선진국들 트렌드에 정면으로 위배되는 것이 다. 이들이 주택 투자를 줄인다면 중장기적으로 임대주택 부족으로 인해 서민 생활이 더욱 곤란해진다. 그리고 작년 경제성장의 절반은 건설업에서 나왔는데 건설업 위축으 로 인한 서민 생활고는 더욱 심해질 것이다.

앞으로가 더 걱정이다. 우리 경제의 가장 큰 문제인 가계부채에 대한 대책과 전월세상 한제, 보유세 인상 등이 시장 상황과 관련 없이 계속해서 터져 나온다면 경제가 버틸지 우려된다. 외환위기 때 집값이 전국적으로 12% 정도 빠졌다. 그때 서민들이 행복해졌 고 투기꾼을 근절시켰는지 다시 생각해봐야 한다.

세계적으로 일본의 잃어버린 20년에 대해 논의가 활발했다. 갑작스런 대출 규제와 금 리 인상, 그리고 정부의 미숙한 대응으로 촉발된 것이다. 지금은 이를 닮아가는 것이 아닌가 하는 걱정도 든다. 우리 경제가 잘 버티면 괜찮겠지만 그렇지 않다면 배제할 수 도 없는 상황이다.

이제부터라도 대책을 만들 때 강남 집값이라는 편협된 목표를 잡지 말고 거시경제적 측면과 서민생활에 대한 여파를 감안해야 하고, 집행할 때도 최근 재빠른 보완책 마련 과 같은 완급 조절이 필요하다. 이러한 대책이 만들어지면 규제의 대상자가 얼마이고, 경제적 여파가 어느 정도인지를 미리 연구해야 할 것이며, 비밀작전처럼 수행하지 말 고 국민들과 좀 더 소통해야 진정한 서민보호라는 목표를 달성할 수 있을 것이다.

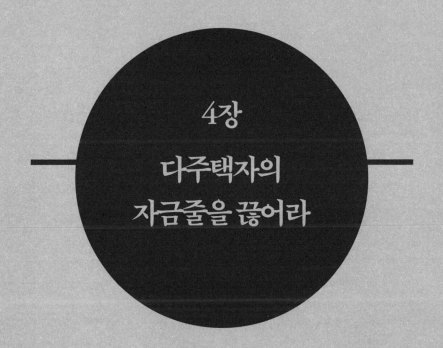

4장

다주택자의
자금줄을 끊어라

한 번 정부에 주어진 권한은

효과적으로 통제되기 어렵다.

프리드리히 하이예크

10.24 대책:
돈줄을 막아라

"가계부채 종합대책"

2017년 10월 24일 정부는 관계기관 합동으로 '가계부채 종합대책'을 발표한다. 가계부채를 다루는 것이지만, 8.2 부동산 대책과 8.2 대책 후속조치를 잇는 부동산시장 규제책으로도 볼 수 있다. 정책문건은 참고자료 2페이지를 포함 44페이지에 달하는 방대한 내용으로 구성되어 있으나, 투자 목적의 부동산 거래를 막기 위해 주택담보대출을 더 조이는 것과 채무 상환이 어려운 자영업자, 저소득층을 지원하는 방안이 핵심이다.

정부의 상황 인식을 보자. 가계부채가 최근 2년간 2015~2016년 과거보다 2배 이상 빠른 속도로 늘어난 점과 해외 주요국 대비 가계부채 비율이 여전히 높은 수준임을 우려하면서도, 금융시스템 리스크로 이어질 가능성은 제한적이라고 보고 있다. 그러나 높은 증가세가 지속될 경우 성장성 제약과 취약차주소득 하위 30%이고 2개 이상 업권에서 대출받은 사람 부담을 우려했다.

가계부채 증가는 부동산과 관련이 깊다. 먼저 저금리 지속으로 인한 주택 매입수요 확대와 상가, 오피스텔 등 수익형 부동산 투자 증가로 가계대출이 증가했다고 한다. 다시 말해 부동산 구입을 위한 대출 이자는 줄고, 주거비는 높아지자 그간 전월세를 살던 가구가 주택 매입에 나선 것이 원인 중 하나라고 분석했다. 한마디로 부동산을 많이 사서 부채가 증가했다는 얘기다.

그리고 주택시장 호조로 주택담보대출이 늘어났고, 분양시장 수급여건 개선으로 집단대출 증가와 정책모기지 공급이 증가한 것도 다른 원인으로 꼽았다. 마지막으로 인구와 주택시장 등 구조적 요인도 작용한 것으로 봤다. 고령화에 따른 투자 수요 증가로 임대주택 투자의 확대, 투자·상속 목적에 따른 높은 주택(아파트) 보유성향을 예로 들고 있다.

가계부채 특성으로 전체 가계대출 1,313조원 가운데 주택담보대출이 744조원으로 54%를 차지하고 있다고 한다. 주택담보대출 744조원 가운데 일반 주택담보대출은 67%이고, 집단대출은 18%인 137조원, 정책모기지가 15%인 109조원으로 파악됐다. 자영업자 대출에서 부동산 임대업이 대출 금액 중 가장 큰 비중을 차지하고 있다고 한다.

다음으로는 다양한 사회계층별로 대출 특성을 분석하여 대응 방향을 도출하고 있다. 구체적 대응방안에서는 단기적으로 차주별 맞춤형 접근을 통해 위험요인을 해소하는 한편, 중장기적으로 가계부채 연착륙과 종합적 해결을 모색하기 위해 3대 목표 및 7개 핵심과제를 설정하고 구체적 실행방안을 마련하여 단계적으로 추진한다고 했다.

이들 제목만을 보았을 때는 가계부채 대책과 큰 관련이 없어 보이지만, 세부 내용에서 관련 정책들이 마련됐다. 4번째 핵심과제인 가계부채 연착륙 유도에 나와 있는데, 차주의 보다 정확한 상환능력 심사를 위해 총부채 상환비율DTI, Debt to Income Ratio 산정방식을 개선한다(新DTI)는 것이다. 차주가 보유한 부채를 최대한 포괄적으로 반영하기 위해 주택담보대출을 2건 이상 보유한 차주의 경우, DTI 산정 시 기존 주담대 원리금상환부담 전액을 반영하기로 했다. 신규 주담대 원리금과 기존 주담대 이자만 반영하던 방식에서, 주담대 2건의 원리금을 모두 반영하도록 바뀌었다. 2번째 이상의 대출금이 줄어든다는 의미다.

그리고 복수 주택담보대출주담대 건수는 담보물건 수를 기준으로 산정 차주의 두 번째 주담대부터는 만기를 제한이를테면 15년하기로 했다. 이는 DTI 비율 산정 시에만 적용하고, 실제 상환기간은 15년을 넘는 것이 가능토록 했다. 여하튼 대출 금액 자체를 더욱 줄이겠다는 의도다.

그러면서도 신DTI 도입에 따른 선의의 서민과 실수요자는 보호하겠다고 했다. 신DTI 도입 이후 신규 대출분부터 적용함으로써 기존 복수 주담대 차주를 보호하고, 기존 주담대의 금액 또는 은행 변경 없이 단순 만기연장일 경우도 신DTI 적용을 배제하기로 했다. 일시적인 2주택 주

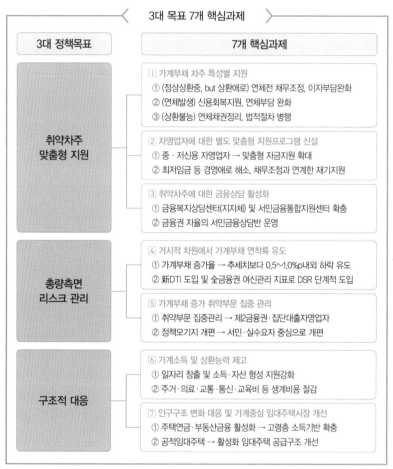

담대의 경우도 즉시 처분할 경우 부채 산정에서 기존 주담대 이자상환액만 반영하고, 2년 내 처분할 경우 두 번째 주담대의 만기 제한을 적용치 않기로 했다. 마지막으로 청년층과 신혼부부에 대해서는 최근 2년간 소

득확인 적용을 배제하고, 청년층이를테면 만 40세 미만 무주택 근로자에 대해서는 장래 예상소득 증액 한도현재 10% 한도 설정 예정를 설정하지 않기로 했다. 한마디로 요약하자면 서민과 실수요자는 보호하되 다주택자는 돈줄을 죄겠다는 뜻이다.

그리고 총부채원리금상환비율DSR, Debt Service Ratio을 전 금융권 여신관리지표로 단계적으로 정착시키겠다고 했다. 마이너스통장 등 신용대출과 자동차 할부, 학자금 대출, 카드론 등 모든 대출의 원금과 이자를 모두 더한 원리금 상환액을 기준으로 대출 규제를 하겠다는 것이다. 즉 대출 금액을 더욱 조이겠다는 의미이다.

또 부동산 임대업자 대출에 대한 여신심사 가이드라인을 도입하기로 했다. 즉 대출자의 상환능력을 심사할 때, 임대업 이자상환비율RTI, Rent to Interest을 산출해 연간 임대소득이 연간 이자 비용보다 많지 않으면 투자하기 어렵게 했다. 임대업자도 대출을 줄이겠다는 것이다.

■ 신DTI와 DSR 비교

구분	신DTI(Debt To Income)	DSR(Debt Service Ratio)
명칭	총부채상환비율	총체적 상환능력 비율
산정방식	(모든 주담대 원리금상환액 +기타대출 이자상환액) ──────── 연간 소득	(모든 대출 원리금상환액) ──────── 연간소득
활용방식	대출심사 시 규제비율로 활용	금융회사 여신관리 과정에서 다양한 활용방안 마련 예정

출처: 가계부채 종합대책, 관계기관 합동, 2017.10.24., p.33

여론의 반응

　　2017년 10월 25일 자 신문들이 반응했다. 한겨레신문 칼럼을 먼저 보자. 가계부채 증가는 저금리 시대에 박근혜 정부가 '빚내서 집 사라'는 식으로 부동산 규제를 마구 풀어 주택담보대출이 급증한 탓이 크다고 분석했다. 나아가 가계부채 증가율을 올 상반기 10.2%에서 이전 10년간 연평균 증가율인 8.2%로 낮추려는 정부 목표치가 오히려 느슨하다며 더 억제할 필요가 있다고 주장했다. 그러면서도 가계부채 문제는 금융·부동산·소득 등이 복합적으로 연결돼 있어 단편적인 접근으로는 해결이 어려우니, 종합적인 처방을 지속적으로 시행하는 게 무엇보다 중요하다며 끝을 맺었다.

　　그리고 **"수도권·광역시·세종시 중도금 대출 보증한도 6억→5억으로"**라는 기사에서는 주택금융공사 등의 보증이 90%에서 80%로 낮아짐에 따라 건설사가 사업을 포기하여 공급물량 감소가 우려된다는 업계의 얘기를 전했다. 그리고 기사 말미에 어느 전문가의 말을 실었다. "다주택자이거나 소득이 높지 않다면 내년 이후 빚을 내 주택을 사기 어려워진다는 점에서 최근 3년간의 주택가격 상승 추이에는 제동이 걸릴 전망"이라며 "그러나 고소득·자산계층이 보유한 강남권 재건축 단지 등 고가주택은 영향이 없거나, 있더라도 천천히 나타날 가능성이 크다"도 내다봤다.

같은 날 조선일보에서는 **"1인당 주택 대출금 평균 3,100만원 줄어든다"**는 기사에서 정부 시뮬레이션의 결과를 소개하고 있다. 정부 시뮬레이션 결과, 2016년 DTI 적용 지역에서 100만명이 신규주택대출을 받았는데, 신DTI를 적용하면 이중 3만 6,000명의 대출금이 대폭 줄어드는 것으로 나타났다고 한다. 또 1인당 평균 주택 대출금이 2억 5,809만원에서 2억 2,691만원으로 3,118만원(12%) 감소할 것으로 추정한다는 내용이다.

10월 26일 자에는 **"서민용 부동산 대출은 문턱 더 낮아진다"**는 제목하에 추가된 디딤돌대출과 보금자리론 등의 기준 완화 내용을 소개했다. 서민들이 혜택을 본다는 내용이다.

같은 날 한겨레신문은 **"8.2 대책 풍선효과, 상가 임대료 되레 올라"**라는 기사에서, 8.2 부동산 대책 이후 주택 매매시장이 안정화되면서 투자수요가 상가 등으로 몰리는 '풍선효과'가 나타났다고 해석했다. 10월 27일 자에는 **"숨죽인 아파트 시장, 서울도 상승세 주춤"**이라는 기사가 나왔다.

조선일보 10월 30일 자에는 부동산과 가계부채 대책의 부작용으로 실수요자 아파트는 '거래절벽' 상태로 떨어졌고, 분양 시장에 오히려 인파가 몰린다는 기사가 실렸다. 기사 말미에 부동산 전문가가 "서울 재건축과 재개발 단지는 수요층이 탄탄하지만, 대출 규제와 금리 인상 등의 악재로 지방 청약시장은 대규모 미분양 사태가 벌어질 수도 있다"고 말했다.

같은 날 한겨레신문에서는 **"서울 본보기집 주말 10만명 북새통"**이라는 기사를 내보냈고, 여기서 한 부동산 전문가는 "서울 재개발·재건축 등 인기 지역은 공급이 많지 않은 탓에 전용면적 85㎡ 이하 중소형 아파트 청약 자격을 무주택 실수요자로 제한해도 수요초과 상황"이라고 했다.

■ **2017년 서울 아파트 매매 거래**

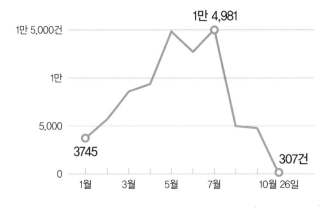

출처: 조선일보, 2017.10.30

광기의 실험, 시장의 반격

그리고 시간은 간다

　　2017년 10월 27일 자에는 "**고집 꺾은 은마, 35층 재건축 수용**"이라는 기사에서 150억원을 들여 국제 설계 공모까지 진행하고 5차례나 층수 조정을 협의했지만, 서울시는 49층 안을 심의도 않고 거부했다는 내용이 실렸다.

　　같은 날 "**딸은 8억 상가, 홍종학도 강남 아파트 물려받아**"라는 기사가 나왔다. 홍종학 중소벤처기업부 장관 후보자는 시민운동가 출신으로 줄곧 '부의 세습'을 비판해왔는데, 중학생 딸이 2015년 당시 8억6,500만원 상당의 상가 건물 지분을 증여받았다는 내용이다. 홍 후보자 부부는 서울 압구정동 아파트 한 채도 증여받았다고 했다. 특히 홍 후보자는 19대 의정보고서에서 "새누리당(당시 여당)의 4대 성역은 '재벌, 수퍼 부자, 금융 초고소득자, 부동산 임대 고소득자'이고, 민주당은 '중산층, 서민, 중소기업, 소상공인' 편"이라고 한 사실을 실었다고 한다.

10월 31일 자 한겨레신문에서도 **"홍종학 딸, 리모델링비도 탈세 시도 의혹"**이라는 기사를 실었다. 외할머니에게서 증여받은 상가 수리 때, 7,500만원의 비용을 부담해야 했는데, 홍 후보자의 재산 신고자료에는 이런 내용이 빠져 있다는 것이다.

11월 1일 자에는 **"홍종학 가족, 연간 1억 2,000만원 임대소득"**이라는 제목의 기사가 실렸다. 홍 후보는 야당 의원이었던 2013년 3월 현오석 기획재정부 장관 후보자 청문회에서 현 후보자가 성인인 장녀에게 서울 반포동 아파트를 13억원에 증여한 것을 지적하며 "부동산 폭등 시기에 왜 시가보다 낮은 가격으로 증여했느냐"고 따진 것과 "종합부동산세를 피하기 위하여 증여를 한 것이지요?"라고 물은 내용을 실었다. 그러면서 야당이 "리모델링으로 부동산 가치가 오를 것을 예상하고 공사 시작 전에 딸에게 증여한 것 아니냐"고 한 얘기도 담았다.

그리고 11월 6일 자 한겨레신문은 **"국민 마음 헤아리지 못한 홍종학 해명"**이라는 기사에서 홍 후보자의 장모가 후보자 부부와 미성년자 외동딸에게 물려준 부동산 3건의 증여 당시 실거래 가격 기준으로 합산하면 37억원 어치라고 소개했다. 이에 대해 홍 후보자 가족은 모두 9억 9,000만원의 증여세를 신고·납부했다며, 증여가액 대비 실제 낸 세금액, 즉 실효세율이 26.8%라고 했다.

더불어민주당 박광온 의원은 국세청 자료를 소개하면서 증여재산 상위 10%의 평균 실효세율은 16.6%에 불과하다며, 어느 전문가는 홍 후보자의 경우를 '결벽증에 가까운 성실한 납세자'의 사례로 꼽기도 했다고 한다. 외할머니가 홍 후보자의 딸에게 물려준 '세대생략증여'가 불법은 아니지만, 2014년 11월 19대 국회에서 그는 세대를 건너뛴 증여방식을 '세법의 빈틈을 이용한 합법적 절세'라고 비판하며, 할증 과세를 강화하는 법안을 동료 의원들과 함께 발의한 적이 있다고 했다. 또 그는 늘 '부의 과도한 대물림'은 시장경제의 활력과 공정한 경쟁을 해친다고 주장해왔다는 내용을 실었다. 말미에 전형적인 '내가 하면 로맨스, 남이 하면 불륜'**내로남불**의 처신으로 '국민정서법'에 어긋나는 죄라고 했다.

10월 30일 자 조선일보에는 **"분양가상한제 내달 부활, 내년 분양, 서울 재건축 대부분 빠질 듯"**이라는 기사가 실렸다. 8.2 부동산 대책 후속 조치로 분양가상한제 적용요건을 완화하면서 부동산시장에 어떤 영향을 줄지 관심이 높아지고 있다고 했다. 부동산 전문가들은 "실제 적용되는 단지는 일부에 그칠 것"이라며 "그동안에도 주택도시보증공사**HUG**가 간접적으로 분양가를 제한하고 있었기 때문에 큰 충격은 없을 것"이라고 했다. 여기서 한 전문가는 "과거 아파트를 한 번에 많이 공급할 때 분양가 제한으로 집값을 안정시킬 수 있었지만, 지금처럼 소규모로 공급되는 아파트 분양가를 제한하면 주변 시세와의 차이로 '로또'가 된다"며 "LTV 강화, 신DTI 도입으로 대출이 어려워 현금 많은 부자가 몰릴 수 있다"고 말했다.

10월 31일 자에는 **"만원이라도 돌리면, 재건축 시공권 뺏는다"**는 제목 하에 국토교통부가 전날 발표한 '정비사업 시공사 선정제도 개선안'을 소개했다.

11월 2일 자 한겨레신문에서는 **"공시가 6억 초과 주택도 임대사업 세제 혜택 검토"**라는 기사가 실렸다. 정부가 다주택자의 주택임대사업 등록을 유도하기 위해 수도권 기준 공시가격 6억원 초과 주택에 대해서도 양도소득세 등 세제 혜택을 주는 방안을 검토하고 있는 것으로 알려져 논란이 일고 있다고 전했다. 이런 고가주택은 서울 강남 4구 등 특정 지역에 몰려 있어 임대사업 등록에 따른 전월세 가격 안정효과는 적고 세제 혜택은 과도할 것이란 지적이 나온다고 소개했다. 여기서 한 전문가는 "고가주택도 양도세 혜택을 준다면 다주택자를 임대사업자로 유인하는 데는 일부 도움이 될 것이다. 그러나 대상 주택이 적고 임차인이 서민 층도 아니라는 점에서 정책 효과는 의문"이라고 말했다.

같은 신문의 11월 4일 자에는 **"8.2 대책 석달, 아파트값 꿈적 않고, 청약열기 식지 않고"**라는 기사를 실었다. 여기서 정부가 내놓을 주거복지 로드맵의 다주택자 대책이 이후 주택시장 향방을 결정할 것이라는 지적을 실었다. 어느 부동산 전문가는 "다주택자는 양도세 중과가 시행되는 내년 4월 이전에 집을 계속 보유해 버틸 것인지, 가족 간 증여하거나 처분할 것인지 등 선택을 앞두고 다주택 임대사업자 정책 방향을 예의 주시하고 있다"고 말했다.

11월 6일 자 조선일보에는 **"매수세 줄었지만, 값은 여전히 상승세"**라는 기사가 나왔는데, 거기서 부동산 전문가는 "수요가 몰리는 강남이나 도심 아파트 공급은 여전히 부족해 수요억제책 만으로는 서울 아파트 가격이 쉽게 떨어지지 않는다는 인식이 견고하다"며 "아직 여러 가지 변수가 있기는 하지만, 당분간 이런 분위기가 계속될 것으로 보인다"고 말했다. 다음 날 신문에서는 **"서울 전월세 거래 지난 달 역대 최저"**라는 기사가 실렸다.

같은 날 국토교통부가 '융자형 집주인 임대주택사업' 방안을 국회에 제출해 예산 심의를 거치는 중이라는 내용이 실렸다. 은행 빚이 있는 다가구·다세대 주택 주인이 임대사업자로 등록하면 정부가 은행 대출을 이자가 더 싼 대출로 바꿔주는 것이다. 통과한다면 예컨대 현재 은행에 3억원 대출이 있는 집주인은 연간 1,080만~1,470만원이던 이자 비용을 450만원 수준으로 낮출 수 있다고 한다. 지원 규모는 6,000가구 2,500억원 선이다.

11월 8일 자에는 **"8.2 부동산 대책 피해자 일부 구제, 고무줄 잣대 논란"**이라는 기사가 나왔다. 정부가 8.2 부동산 대책 직전 아파트 청약에 당첨된 다주택자 가운데 일부를 구제해 대책 이전 규정에 따라 중도금 대출을 받을 수 있게 해줬다는 내용이다. 금융감독원은 8.2 대책 직전 서울과 세종시 아파트에 당첨된 다주택자들이 대출 규제 예외를 적용해달라며 지난 9월 제기한 민원에 대해 '일부 단지에 한해 예외를 적용하겠다'는 취지의 금감원장 명의 답신을 보낸 것으로 7일 확인되었다 한다. 그러나 일부 단지는 예외 적용 대상이 아니다고 판단하여 '고무줄 잣대'라는 비판이 나왔고, '오락가락 행정'도 도마에 올랐다. 이미 정부는 LTV·DTI 규제를 놓고 여러 차례 말을 바꿨다.

'8월 3일 이후 분양 공고되는 아파트에 적용한다'(8월 2일) → '8월 2일 이전 분양 계

약한 아파트도 대출이 아직 시행되지 않았으면 새 규제를 적용한다'(8월 7일) → "8월 2일 이전 분양 계약한 무주택자와 1주택자는 새규제에서 예외로 한다'(8월 13일)

이번 결정이 나오기 전까지 기존 주담대 보유 다주택자 구제 기준도 '8.2 대책 이전 은행 대출 신청 접수 완료 여부'였다. 필자도 기사를 열심히 옮겨 쓰고 있지만, 내용이 너무 헷갈리고 복잡하다.

11월 9일에는 **"8.2 대책 이후, 비규제 지역 60㎡ 이하 소형으로 청약 몰린다"**는 기사가 나왔다. 여기서 한 전문가는 "규제가 강화됐지만, 여전히 부동산에 투자하고 싶어 하는 사람도 많고, 집을 사야 하는 사람도 많다"며 "규제를 피한 지역과 상품으로 사람이 몰리는 현상은 당분간 이어질 것"이라고 말했다.

같은 날 한겨레신문에서는 **"10월 가계부채 10조 증가, 월평균 크게 웃돌아"**라는 기사가 나왔다.

11월 10일 자 조선일보에는 **"분양권값 더 뛰고, 30대 이하 당첨자 반토막"**이라는 제목하에 '8.2 부동산 대책 100일, 힘으로 시장 억누르려다 부작용'이라는 내용을 실었다. 정부는 분양권 소유자에게 '세금 더 내기 싫으면 지금 싸게 내놓으라'는 의미에서 양도소득세 인상을 예고했는데, 실수요자 등 매수자 쪽이 오히려 "양도세 오르기 전에 팔아달라"며 소유자에게 웃돈을 제안하는 상황이라 한다. LTV와 DTI 규제 강화는 '집주인보다 세입자가 더 많은 대출을 받을 수 있는 상황'을 만들었다면서, 부동산 전문가의 말을 인용했다. 그는 "전세 대출이 전세 시세를 지지해주는 역할을 한다는 점에서 실수요자는 어려워졌고, 전세를 끼고 집을 사는

광기의 실험, 시장의 반격

갭투자자는 타격이 없는 상황을 규제가 만들어 놓은 셈"이라고 말했다. 그리고 39세 이하의 당첨자 비중이 절반으로 줄었다는 내용과 함께 어느 전문가는 "시장에 과도한 규제를 가한 탓에 당초 예상하지 못한 결과가 여기저기서 나타나고 있다"고 말했다.

11월 13일 자에는 "서울 아파트값 8.2 대책 이후 가장 큰 폭 올라"라는 기사가 실렸고, 같은 날 "서울 월세 비중 28%로 줄었네"라는 기사도 나왔다. 이는 2015년 2월 28.7% 이후 최저치라고 한다. '갭투자'가 늘면서 전세시장 공급 확대를 가져와 월세 약세를 부추겼다고 해석했다.

같은 날 한겨레신문은 "부부합산 7천만원 넘지말자, 연봉관리 나선 무주택자들"이라는 기사가 실렸다. 연소득에 따라 LTV·DTI가 달라지고, 6억원대 부동산이면 대출이 1억원까지 차이가 나서 그렇게 한다는 것이다. 연말 정산을 앞두고 수당이 나오는 시간외근무를 하지 않는 등 연봉관리도 한다고 했다. 서글픈 현실이다.

11월 16일 한겨레신문은 "가계부채 대책은 진화 중"이라는 기사에서 다양한 얘기를 하다가 가계부채 대책을 수립하는 당국자가 달라졌다고도 했다. 2011년 첫 대책은 금융위원회와 금융감독원이 마련하고 발표도 차관보급인 금융위 상임위원이 했지만, 올해 대책은 기획재정부가 중심에 서고 금융당국과 국토교통부, 한국은행이 모두 참여해 만들었다는 것이다. 대책 발표도 김동연 부총리가 마이크를 잡았다. 이에 관련 공무원은 "이슈 발굴부터 분석, 대책 마련까지 관계부처와 한국은행이 처음부터 마지막까지 머리를 맞댄 첫 대책"이라고 언급했다. 다음날에는 "10월 주택 매매 한겨울, 서울 거래량 62% 급감"이라는 기사가 나왔다.

11월 18일 자 한겨레신문에서는 **"박근혜 정부 4년간 다주택자 35만명 늘었다"**라는 제목의 기사에서 앞으로 다주택자들이 양도세 중과세를 피하려 주택 처분에 나설지 주목된다고 했다.

같은 날 조선일보에서는 **"강남구 집 10채 중 4채는 비 강남구민 소유"**라는 기사를 내보냈다. 강남구의 개인 소유 주택 15만 1,100채 가운데 강남구 주민 소유는 9만 3,100채로 61.6%였고, 나머지 38.4%는 비강남구 주민 소유라고 한다. 서초구와 송파구의 경우는 34.4%, 29.1%였다. 전국과 서울의 평균인 23.7%와 28.7%에 비해서 높게 나타났다.

11월 22일 자에는 **"8.2 대책 이후 분양 수요, 비 규제지역으로 쏠려"**라는 기사가, 같은 날 한겨레신문에서는 "부동산 규제 비웃듯, 부산 청약 열풍"이라는 기사가 나왔다.

같은 날 조선일보에는 **"서울 집값이 도쿄보다 1.4배 비싸다, 헬조선 분노 부른 여당 의원 발표는 엉터리"**라는 기사가 실렸다. 여당 의원이 지난 19일 '서울 주택 중위가격이 일본 도쿄나 오사카보다 1억 2,000~2억 3,000만원 비싸고, 미국 워싱턴DC·뉴욕과 비슷한 수준'이라는 내용의 보도자료에 대한 반박이다. 해당 보도자료의 출처인 '데모그라피아 인터내셔널'의 통계자료를 살펴보니, 자료 원본의 '도쿄·요코하마'를 그 의원은 '도쿄'로, '뉴욕, 뉴욕-뉴저지-펜실베이니아'를 '뉴욕'으로 각각 고쳐놓은 것이라 한다. 그러면서 작년 기준으로 서울에서 분양한 아파트의 평당 평균가격은 2,131만원이었고, 도쿄 23구 내 분양 아파트는 3,263만원(니혼게이자이 신문보도)이라 했다. 뉴욕시의 경우 집값이 가장 비싼 맨해튼은 310만 달러(34억원, 콘도미니엄 기준, 포춘 보도)이고, 강남 4구는

광기의 실험, 시장의 반격

11억 4,138만원이라 했다. 명백한 통계적 오류다! 의원 측은 20일 취재에서 "행정구역 표기에 실수가 있었다"고 해명했지만, 21일까지 자료 정정 등의 후속조치는 없었다고 한다.

11월 23일 자에는 **"금리 오르는데, 가계 빚 1,400조 처음 넘어서"**라는 기사가 나왔다. 여기서 한국은행 관계자는 "3분기에 8.2 대책이 발표됐지만 2~3분기에 새로 완공된 주택에 입주하는 물량이 워낙 많이 나오다 보니, 전체적으로 주택담보대출이 크게 증가했다"고 했다.

같은 날 한겨레신문에서는 **"국민 45%, 공직자 검증 제1기준은 탈세"**라는 기사를 실었다. 여론 조사를 해보니, 45.7%가 세금 탈루^{탈세}를 공직검증의 가장 중요한 요소로 선택했고, 이어 병역 기피(18.2%), 부동산 투기(14.2%), 위장전입(5.5%), 논문 표절(4.6%) 순이었다고 한다. 최근 홍종학 중소벤처기업부 장관에 대한 인사청문 과정에서 드러난 '세금 문제'에 여론이 민감하게 반응한 것도 이번 조사결과와 무관하지 않아 보인다고 했다.

같은 신문에 **"청와대, 내각 완성한 다음 날 임용배제 7원칙 뒷북 발표"**라는 기사도 있다. 청와대가 기존 5대 고위공직자 임용배제 원칙에 음주운전과 성범죄 이력을 추가한 7대 배제원칙을 발표했다고 실었다. 새로운 원칙을 적용하더라도 이낙연 국무총리(1989년 딸 위장전입)와 송영무 국방부 장관(1991년 음주운전), 강경화 외교부 장관(2000년 딸 위장전입), 이효성 방송통신위원장(1994~96년 3차례 딸 위장전입) 등의 사례는 해당되지 않는다면서 1기 내각에 대한 면죄부를 주려는 것이라는 지적도 나왔다고 한다. 이에 대해 안철수 국민의당 대표는 "취업시킨 다음 취업 규칙을 발표한 것과 같다"고 비판한 내용을 전하고 있다.

11월 24일 자에는 **"올해 종부세 대상자 6만여 명 늘어난 40만명"**이라는 기사가 나왔다.

다음 날에는 **"지방은 내림세인데, 서울 집값은 다시 들썩"**이라는 기사가, 27일에는 **"매물 거둬들이는 재건축아파트"**라는 기사도 실렸다. 여기서 한 전문가는 "재건축아파트 매도자들이 매물을 거둬들이면서 거래량 감소 속에서도 가격 상승폭이 커지고 있다"며 "정부 주거복지 로드맵 발표가 임박했는데, 임대사업자 등록 인센티브 수위가 향후 서울 시장 분위기를 좌우할 것 같다"고 했다.

11월 27일 자 한겨레신문에서는 **"8.2 대책 넉달, 송파·분당 아파트값 뜀박질"**이라는 기사에서 풍선효과를 언급하고 있다. 부동산 전문가는 "8.2 대책 이후 다주택자들은 매각, 버티기, 임대주택 등록, 자녀 상속·증여 등 4가지 갈림길에 서 있고, 양도소득세 중과가 시행되는 내년 4월 이전에는 선택을 해야 하는 상황"이라며 "임대주택 등록 활성화 방안 등 정부의 다주택자 압박 수위에 따라 집값이 영향을 받을 수 있다"고 말했다.

광기의 실험, 시장의 반격

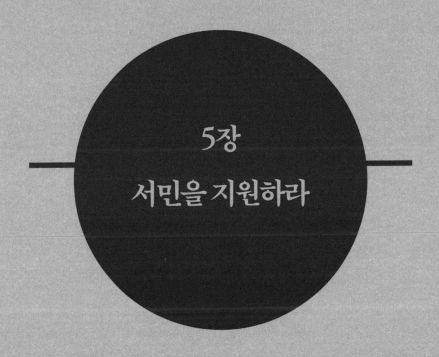

5장

서민을 지원하라

사회보장 없는 번영은 없다.

프랑수아 올랑드 프랑스 대통령

세상에서 가장 쉬운 일은 세금을 쓰는 것.

칼빈 쿨리지 미국 대통령

11.29 주거복지 로드맵:
비교적 꼼꼼히 잘 만든 정책

"사회통합형 주거사다리 구축을 위한 주거복지 로드맵"

11월 29일 정부는 관계부처 합동으로 사회통합형 주거사다리 구축을 위한 주거복지 로드맵을 발표했다. 총 80페이지에 이르는 어마어마한 분량인 만큼 담고 있는 내용도 아주 많다.

여기서도 먼저 주거실태 및 평가로 시작한다. 주택의 양적 부족 완화와 평균적인 주거의 질 향상에도 불구하고, 무주택 서민·실수요자들의 내집 마련은 쉽지 않고, 공적 규제가 없는 사적 전월세주택에 거주하는 비율이 높아 주거안정성이 취약하다. 그간 공공임대주택을 확대해왔으나, 장기공공임대주택 재고율(6.3%)은 OECD 평균(8%) 이하이며, 청년·신혼·고령층 등에 대한 맞춤형 임대주택 등이 부족하고, 지자체·민간 등과의 협력이 미흡하여 주거복지망 구축에 한계가 있다고 보고 있다.

다음으로 그간의 주거복지정책에 대해 평가하고 있다. 공급자 위주의 정책으로 수요자 맞춤형 지원이 미흡했다며, 사회구조 변화에 대응하여 청년 등이 학업과 생업에 전념할 수 있도록 뒷받침할 수 있는 생애단계별 맞춤형 주거 지원이 부족하다고 인식했다. 다음으로 한국토지주택공사LH 등 공공사업의 경우 30년 이상 임대하는 장기임대주택보다 분양전환형 임대주택에 치중했다고 평가했고, 기업형 임대주택뉴스테이 활성화를 추진했지만 임대료가 비싸고 입주자격 제한이 없어 서민지원에 한계가 있었다고 한다. 그리고 순수 민간임대시장에 대해 소극적으로 대응해, 임차인 권리 보호가 미흡하다고 지적했다.

그리고 주거복지 로드맵 기본방향을 4가지로 적시하고 있다. 생애단계별·소득수준별 수요자 맞춤형으로 지원하고, 무주택 서민·실수요자를 위한 주택 공급을 확대한다는 내용, 임대차시장의 투명성·안정성을 강화한다는 것과 협력적 주거복지 거버넌스 구축 및 지원 역량을 강화한다는 것이다.

아래 그림은 각종 정책 내용을 정부가 밝힌 그림이다.

사회통합형 주거사다리 마련

⬆

사각지대 없는 촘촘한 주거복지망 구축		
1. 생애단계별·소득수준별 맞춤형 주거지원	2. 무주택 서민·실수요자를 위한 주택 공급 확대	3. 임대차시장의 투명성·안정성 강화(별도발표)
1-1 청년층 ① 청년주택 30만실 공급 ② 우대형 청약통장 도입, 전월세 자금 지원 강화 ③ 주거관련 정보·교육 제공	**2-1 공적임대 연 17만호** ① 공공임대 연 13만호 ② 공공임대 연 4만호	
1-2 신혼부부 ① 공공임대 20만호 공급 ② 신혼희망타운 7만호 공급 ③ 분양주택 특별공급 확대 ④ 전용 구입·전세자금 대출 ⑤ 저소득 신혼부부 주거비지원	**2-2 분양주택 공급 확대** ① 공공분양 연 3만호 분양 ② 민간분양용 공공택지 공급 확대(연 8.5만호)	
1-3 고령층 ① 어르신 공공임대 5만실 공급 ② 연금형 매입임대 등 보유주택을 활용한 지원 ③ 주택개보수 지원강화	**2-3 택지 정보** ① 40여개 공공주택지구로 신규 개발 ☞ 16만호 추가확보	
1-4 저소득·취약가구 ① 공적임대 41만호 공급 ② 주거급여 지원 강화 ③ 무주택 서민 금융지원 강화 ④ 취약계층 주거지원사업 ⑤ 재난 피해주민 주거지원	**2-3 특별공급제도 개선** ① 배려계층 특별공급 제도개선	

⬆

추진과제 실천을 위한 기반 구축		
1. 법 제도 정비	2. 협력적 거버넌스 구축	3. 재원 마련
① 주택임대차보호법 관리체제 개편 ② 주거실태조사 강화 ③ 공공임대 수요자 편의성 강화	① 주거복지 전달체계 개편 ② 지자체의 임대주택 공급 확대 ③ 사회주택 공급 활성화 ④ LH·HUG 주거지원 역량 강화	① 재원소요 : 5년간 119조 ② 확보방안 – 주택도시기금 활용 확대

출처: 사회통합형 주거사다리 구축을 위한 주거복지 로드맵, 관계부처 합동, 2017.11.29., p8

이번에는 워낙 다양한 대책이 포함되어서인지, 그림으로 설명하는 '주거복지 사용설명서'라는 문건과, 인포그래픽 형태의 자료도 소개했다. 국민이 다양한 주거복지 서비스에 대해 쉽게 이해하고 신청할 수 있도록 배려한다는 취지다.

여론의 반응

2017년 11월 28일 자에는 "**주택도시기금서 연 23조 투입, 분당의 10배 땅 확보해야**"라는 기사가 나왔다. 정책 발표는 29일에 했지만, 앞선 27일 당정 협의에서 주요 내용이 다 나왔기 때문에 기사가 더 일찍 나왔다.

임대주택 등 서민용 주택을 매년 평균 20만 가구, 5년간 100만 가구를 공급하겠다고 밝혔다고 한다. 이에 필요한 재원은 연간 23조 9,000억 원에 이른다고 했다. 이에 전문가들은 "서민 주거복지를 위한 주택 공급 확대에는 동의하지만, 재원과 부지확보 여부에 따라 성패가 결정 날 것"이라 했다. 그해 정부가 쓴 주거복지 비용 19조 원 가운데 순수 예산은 약 1조 원이고, 18조 원은 주택도시기금에서 나왔는데, 이를 앞으로는 매년 4조 9,000억 원씩 더 쓰겠다는 게 정부 생각이라고 한다.

주거복지 정책 외에 도시재생뉴딜에도 연간 주택도시기금 5조 원씩이

들어가는데, 이에 대해 한 부동산 전문가는 "주택경기 급랭 등으로 거래량이 확 줄거나 주택 통장 대규모 인출사태가 올 경우, 주택기금이 부실화될 수 있다"고 우려했다.

또 "추가분을 어디다 짓겠다는 건지 명확하지 않다"면서 "그린벨트를 해제하는 방안도 있지만, 환경단체의 반대를 고려하면 쉽지 않을 것"이라고 지적한 전문가도 있었다.

주거복지 로드맵이 청년층이나 신혼부부 등 특정 계층에만 집중된다는 지적도 있었다. 즉 중산층 무주택자나 장년층 주택 수요자, 은퇴자 등을 위한 임대주택 공급 대책은 미흡했다는 것이다.

정권이 바뀔 때마다 임대주택 관련 정책 방향이 바뀐 것을 문제로 삼기도 했으며, 어느 전문가는 "정부가 집을 지어서 공급하는 것만 능사냐는 의문을 가질 필요가 있다"면서 "미국 등 선진국에서는 주거취약 계층이 자신이 원하는 지역에 원하는 집을 구해서 살고, 주거비를 현금으로 지원한다"고 말했다. 로드맵에서 전월세상한제와 계약갱신청구권 등 세입자 권리 강화 대책과 임대사업자 등록 인센티브 등 시장에 큰 영향을 끼칠 제도가 빠졌는데, 정부는 이들 제도에 대한 논의를 더 진행한 뒤 연내 추가로 발표할 계획이라고 했다. 같은 날 **"임대주택 종류만 10개, 정권마다 추가한 탓"**이라는 기사도 나왔다.

11월 30일 한겨레신문에서는 **"청년·신혼부부 공공주택 역대 최다, 인기지역은 경쟁 예고"**라는 기사가 나왔다. 29일 내놓은 주거복지 로드맵이 공공주택 투자를 이전 정부보다 대폭 늘리면서 청년, 신혼부부 등에게는 좀 더 지원을 몰아주는 '선택과 집중'을 한 것이 특징이라 했다. 특히 박근혜 정부 부동산 정책의 기조였던 '공공주택 공급 축소', '민간주택 시장 활성화(규제 완화)'라는 틀에서 180도 전환을 했다는데 의미를 부여했다. 어느 전문가는 "공공주택 대기 수요 증가로 매매보다 전세 수요가 늘어나고 전월세시장이 불안해질 수 있는 만큼 정부는 이번 로드맵에서 빠진 다주택자 임대주택 등록 방안 등 전월세 대책을 정교하게 다듬어 내놔야 한다"고 주문했다.

같은 날 칼럼에서는 **"서민주택 100만호, 택지·재원 확보가 관건이다"** 라는 칼럼을 실었다. 8.2 부동산 대책과 10.24 가계부채 대책이 투기수요 억제책이라면, 주거복지 로드맵은 문재인 정부의 첫 주택 공급방안이라 평가했다. 그러면서 주택 수요가 많은 수도권이나 대도시권에서 서민들이 부담할 수 있는 가격으로 주택 건설이 가능한 택지를 확보하는 일이 쉽지 않고, 주거복지 로드맵 추진에 5년간 119조원이 들어갈 것으로 보이는데 실행계획을 정교하게 짜야 시행착오를 피할 수 있을 것이라 평했다. 말미에는 전월세상한제와 계약갱신청구권 도입 여부가 불투명하다면서 서둘러 도입하기를 주장했다.

12월 1일 한겨레신문에서는 **"4050 무주택자, 우린 어쩌라고"**라는 기사가 나왔다. 청년과 신혼부부, 노령층에 대해서는 지원이 있으나, 40대와 50대는 배제되었다는 것이다.

그리고 또 시간은 가고

2017년 12월 1일 조선일보는 **"6년 유동성 잔치는 끝, 1,400조 가계 빚 이자폭탄 째깍째깍"**이라는 기사를 냈다. 한국은행의 기준금리 0.25%포인트 인상에 관한 것이다. 한은은 기준금리를 인상한 배경을 세 가지로 꼽았다. 첫째는 한국을 비롯한 글로벌 경제의 견조한 회복세를, 둘째는 미국의 금리 인상이 임박했다는 점을 들었다. 그리고 부동산시장 과열과 가계부채 급증에 대한 위기감을 들고 있다. 정부가 잇따른 대책을 내놨는데도 가계부채 증가세가 쉽게 꺾이지 않고, 3분기 현재 가계부채는 1,419조원에 달해 사상 최고치를 기록했다. 이 때문에 "저금리가 부동산 과열을 불렀다"는 자성론이 금통위 내부에서도 적지 않았다고 한다.

그리고 **"당장 얼어붙진 않겠지만, 부동산시장 타격 불가피"**라는 기사도 나왔다. 전문가들은 "금리 인상 신호가 꾸준히 있었고, 인상 폭이 크지 않기 때문에 시장이 급속도로 얼어붙지는 않을 것"이라면서도 "저금리 기조에서 활발하던 부동산 투자 수요는 줄어들 수밖에 없다"고 입을 모았다. 11월 30일 주택산업연구원이 발표한 '2018년 주택시장 전망'에서 내년 시장에 가장 큰 영향을 미칠 변수로 금리를 꼽았다는 내용과 "다주택자 양도세 중과가 시작되는 내년 4월 이후, 주택시장 분위기가 급격히 달라질 수 있다"는 전문가 발언을 실었다.

12월 11일 자에는 **"서울 강남구 주민 상속재산, 부산시보다 많았다"**는 기사가 나왔다. 최근 5년간 상속된 재산이 총 51조원이고, 이 중 70%는 서울·경기 주민 소유인 것으로 나타났다. 서울의 강남 3구는 서울 전체의 43.9%, 전국 대비로는 19.58%라고 한다. 상속재산 유형별로는 부동산이 32조 9,338억원으로 전체의 64%를 차지했다고 한다.

그리고 같은 날 **"목동 재건축 기대감, 양천구 0.71% 올라"**라는 기사가 나왔다. 한 전문가는 "한국은행의 기준금리 인상에도 서울 아파트 시장의 강세가 여전하다. 다주택자에 대한 양도세 중과가 시장 흐름을 바꿀 수 있을지 관심이 쏠린다"고 말했다.

12월 12일에는 **"부동산을 지켜라, 뉴질랜드, 외국인 주택구입 금지 추진"**이 나왔다. 중국 부자들을 비롯한 외국인 '큰손'들이 뉴질랜드 내 부동산을 공격적으로 사들이면서, 급등한 집값을 감당하지 못해, 노숙을 하거나 창고·컨테이너 등에 사는 무주택 인구가 크게 늘었기 때문이라 한다. 2008년 글로벌 금융위기 이후 10년간 뉴질랜드 집값은 57%, 최대 도시 오클랜드는 90% 넘게 올랐다고 한다.

같은 날 **"내년 공공사업 토지보상금, 16조원 풀려 6년 만에 최대"**라는 기사가 나왔다. 주민들이 토지보상금을 받으면 인근 부동산에 재투자하는 경우가 많아 지역 땅값 상승 요인으로 작용할 것이라는 내용이다.

12월 13일에는 **"한국 주거비 부담 적지만, 좋은 집은 부족"**이라는 기사가 나왔다. OECD가 공개한 '더 나은 삶 지수**BLI, Better Life Index** 2017년판'을 보면 한국인은 가구당 가처분소득 가운데 15.2%를 주거비로 지출한다면서, 해당 통계가 공개된 38개국 중 최하위에 해당한다고 했다. 이렇게 낮은 이유로 '전세 위주의 한국 임대시장 특수성'이 꼽힌다고 분석했다.

같은 보고서에서 한국은 주거의 질이 떨어진다고도 했다. 개인당 방의 개수가 1.4개로 25위였는데, OECD 평균은 1.8개이다. 그리고 단독 가구 개별 실내 화장실 등 '기본적인 위생시설이 없는 주택 거주자 비율'도 4.2%로, OECD 평균치 2.2%를 웃도는 27위였다. 여기에 대해 어느 전문가는 "이번 통계를 종합하면 한국의 주거 비용이 평균적으로 싸긴 하지만, 젊은 층이 '살 만한 집'으로 여기는 양질의 주택이 부족하다는 정도로 해석할 수 있다"며 "정부가 주택보급률이 100%를 넘는데도 집값이 오르는 것은 투기꾼 때문"이라고 주장하지만, 현실은 다르다는 것을 보여주는 통계라고 말했다.

12.13 부동산 대책:
당근을 줬지만, 다음 채찍이 더 무섭다

"집주인과 세입자가 상생하는 임대주택 등록 활성화 방안"

12월 13일에는 정부 관계부처 합동으로 집주인과 세입자가 상생하는 임대주택 등록 활성화 방안을 발표한다. 참고자료 4페이지를 포함한 18페이지 분량이다. 번번이 페이지수를 기재하는 것은 정부가 정책을 발표할 때, 페이지수가 많으면 제법 중요한 정책일 경우가 많고 그 반대도 성립하기 때문이다.

여기서도 현황분석으로 시작한다. 2016년 가구 기준으로 전체 1,937만 가구 중 자가거주 1,102만(자가점유율 56.8%) 가구를 제외한 835만 가구가 임차가구이고, 이 중에서 공공임대 136만과 법인임대 42만, 무상임대 77만 가구를 제외한 총 580만 가구가 사적 임대차시장에서 전월세 형태

■ 임대차시장 현황

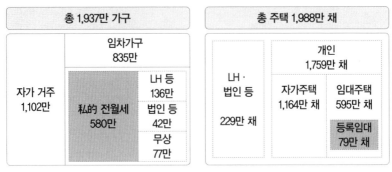

총 1,937만 가구		
자가 거주 1,102만	임차가구 835만	
	私的 전월세 580만	LH 등 136만
		법인 등 42만
		무상 77만

총 주택 1,988만 채		
LH · 법인 등 229만 채	개인 1,759만 채	
	자가주택 1,164만 채	임대주택 595만 채
		등록임대 79만 채

출처: 집주인과 세입자가 상생하는 임대주택 등록 활성화 방안, 관계부처 합동, 2017.12.13., p1

로 거주한다고 파악했다.

2016년 주택 기준으로는 주택재고 총 1,988만채 중 개인이 보유한 주택이 1,759만채이고, 이중 임대용 주택은 총 595만채로 추정하였다. 임대용 주택 중 임대사업자로 등록하여 임대료 인상(연 5%)과 임대 기간(4~8년)이 규제되는 등록임대주택은 79만채(임대용 주택의 13%)에 불과하며, 516만채(87%)의 사적임대주택에 거주하는 세입자들은 잦은 이사와 과도한 임대료 상승 등으로 주거불안에 수시로 노출된다고 진단했다.

임대주택 등록 활성화가 반드시 필요한 이유로 전월세는 한 집에 거주하는 기간이 평균 3.5년으로 짧고(자가 10.6년) 최근 10년(2007~2016년) 전국 아파트 전셋값이 73% 상승하는 등 주거불안이 심각하기 때문에, 사적 임대주택에 거주하는 세입자의 주거불안을 해소해야 한다고 먼저 서술하고 있다. 그리고 자가보유율은 선진국 대부분이 60% 내외이고 우리나라는 59.9%여서, 대출에 기반한 자가보유 촉진은 가계부채 건전성 등을 고려할 필요가 있다고 한다. 한편 공적임대주택은 향후 5년간 85만 호를 공급하여 2022년에는 재고 200만호를 확보할 계획이지만, 재정 여력 등을 고려할 때 추가 확대에 제약이 있다고 봤다.

개인의 등록 민간임대주택은 최근 4년간 2배 증가했지만**2012년 40만채 → 2016년 79만채**, 전체 임대용 민간주택의 13% 수준이었다. 여전히 많은 집주인들이 4년 또는 8년간 주택 매각이 제한되고, 건강보험료 증가 부담 등을 우려하여 등록이 저조한 것이다.

그래서 세입자의 주거안정을 위해, 등록에 따른 부담은 최소화하고 혜택은 늘려 집주인들의 자발적 임대주택 등록을 늘려나가되, 임차인 권리 보호 강화와 함께 임대차시장 정보인프라를 구축해야 한다고 하고 있다.

정부의 시장 인식에 대해 많은 얘기가 가능하겠으나, 과연 전셋값이

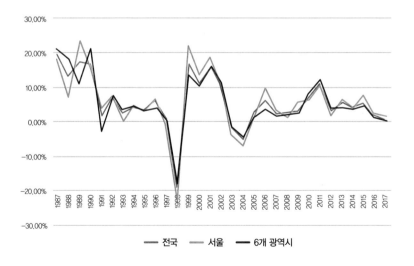

■ 주택 전세가격 종합지수 연간 상승률(2017년까지)

급등하여 주거불안이 심각해졌는지에 대해서는 생각을 달리할 수 있다. 1987년부터 주택 전세가격 종합지수의 연간 상승률 그래프를 보면 2017년 상승률이 높다고 느끼긴 어렵다. 장기 추세를 살펴보면 전세가는 오히려 아주 안정적임을 알 수 있다. 그래서 전세가 상승으로 인해 대책을 만든다는 표현은 조금 무리가 있어 보인다.

월간 상승률과 주간 상승률을 보더라도 전세 주거불안이 심각하다고 해석하기엔 무리가 있다. 여기서는 지방에 대한 조사가 늦게 시작된 탓에 연간 상승률 그래프에는 없는 지방이 포함돼 있다. 그래프를 보면 강남구 정도만 약간 상승하는 기미가 보이고, 전국과 서울은 그저 그런 상태이며, 6개 광역시는 오히려 마이너스로 돌아서고 있다. 심각한 것은 지방의 지속적인 하락세다. 이는 아파트 매매가격지수에서도 나타나는 현상으로, 2016년 3월부터 단 한 번의 예외도 없이 계속 빠지는 중이다. 여하튼 결론적으로 보면 정부가 진단하듯 전세가가 그리 불안한 상황은

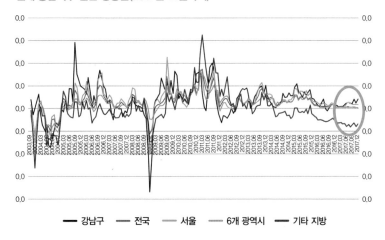

■ 전세 종합지수 월간 상승률(2017년 12월까지)

― 강남구　― 전국　― 서울　― 6개 광역시　― 기타 지방

광기의 실험, 시장의 반격

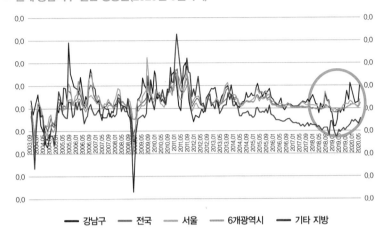

■ 전세 종합지수 월간 상승률(2020년 6월까지)

강남구 ── 전국 ── 서울 ── 6개광역시 ── 기타 지방

아닌 것으로 보인다는 점이다. 전세가는 이후에도 비슷한 추세를 보이다가, 2020년 7월 임대차 2법이 통과하며 폭발적인 상승세를 보여주게 된다.

12.13 부동산 대책의 기본 방향은 민간임대주택의 등록을 촉진하고, 임차인 권리보호 강화 등을 통해 사적전월세주택 세입자도 안심하고 오래 살 수 있는 주거환경을 조성하겠다는 것이다. 이를 위해 향후 5년간 공적임대주택 85만호를 공급함과 동시에, 등록임대 100만호 확충을 통해 2022년 임차가구 45%에 전월세상한제 혜택을 제공하겠다는 것이다.

세부 내용으로는 임대주택을 등록하면 지방세와 임대소득세, 양도소득세, 종합부동산세를 감면해주고, 건강보험료의 부담도 완화해주는 것이 골자다. 기타 임차인의 권리 보호를 강화하고 임대차시장 정보 인프라를 구축하겠다는 내용도 포함되어 있다.

집주인과 세입자가 상생하는 임대차시장 정착

집주인

임대주택 등록시 지원 확대

① 지방세 감면 확대
- '21년까지 취득세·재산세 감면
- (8년 임대시) 40㎡ 이하 소형 주택 재산세 감면 호수기준(2호) 폐지
- (8년 임대시) 다가구주택(모든 가구당 40㎡ 이하)도 감면

② 임대소득세 감면 혜택
- 1주택만 임대해도 감면
- 필요경비율 차등화(등록 70%, 미등록 50%)

③ 양도세 감면 확대
- (8년 임대시) 양도세 중과배제, 장기보유특별공제 70% 적용

④ 종부세 감면기준 개선
- (합산배제) 5년 → 8년 임대시

⑤ 건보료 부담 완화
- (4년 임대) 40% (8년 임대) 80% 감면

세입자

주거안정 강화

① 4~8년간 거주 가능
- 이사걱정 없이 한 집에서 오래거주
- 이사 및 중개비용 절감

② 임대료 절감 : 연 5% 이내 인상
⇨ 전월세상한제 수혜대상 확대
   ('16년) 23% → ('22년) 45%

권리보호 및 거래안전 강화

① 권리보호 강화
- 계약갱신 거절 통지기간 단축
- 임대차 분쟁조정위원회 실효성 강화

② 거래안전 강화
- 소액보증금 최우선변제범위 확대
- 전세금 반환보증 활성화

추진과제 실천을 위한 기반 구축

① 정보 인프라 구축 : 임대등록시스템 및 임대차시장 정보 DB 구축
② 행정지원 강화 : 등록절차 간소화, 임차인에게 등록임대주택 정보제공 등

출처: 집주인과 세입자가 상생하는 임대주택 등록 활성화 방안, 관계부처 합동, 2017.12.13., p3

여론의 반응

12월 14일 자 조선일보에서는 **"'8년 임대' 부담에, 다주택자 압박 통할 까"**라는 제목의 기사에서 전일 발표된 '임대주택 등록 활성화 방안'은 다주택자를 향한 "당근과 채찍"을 모두 담았다고 평했다. 정부 관리하에 들어오는 다주택자에게 세금과 건강보험료 등을 깎아 주겠다는 내용이 주를 이뤘지만, 계속 버티면 강제 등록까지 검토하겠다는 메시지도 포함되었다고 했다. 여기에 대해 다주택자들은 포털 사이트 부동산 카페 등에서 '개악'이라는 비판을 쏟아냈다고 한다.

국토교통부는 자발적 임대주택 등록이 기대를 밑돈다고 판단되면, 2020년부터 등록의무화를 단계적으로 추진하고 이와 연계해 계약갱신 청구권과 전월세상한제를 도입하는 방안을 검토하기로 했다고 전한다. 김현미 장관은 "보유세 문제에 대해 집중적인 논의가 필요한 시점이 됐다"고까지 말했다. 이에 대해 한 전문가는 "퇴거 요구권이 없는 집주인은 사실 '을z'에 가깝다"고 평가하고 "세입자가 임대료 인상 합의를 거부하며 '버티기'에 나설 경우 집주인은 뾰족한 방법이 없을 것"이라며 임대료 인상이 상당히 제한될 것이 중론이라고 전했다.

같은 날 한겨레신문에서는 "**임대주택 등록 땐 소득세·건보료 깎아준다, 2020년 의무화 검토**"라는 제목으로 관련 내용을 소개했다. "**다주택자 향한 당근과 채찍, 임대소득 사각지대 줄여야 실효**"라는 기사에서는 한 전문가가 "상당수 집주인들은 인센티브가 커도 임대소득 노출 자체를 꺼리는 경향이 강하다"며 "내년 4월 이후 임대차 통합 데이터베이스망 구축으로 그동안 숨겨왔던 임대소득이 드러나는 다주택자 가운데 일부는 임대등록보다 주택 매각을 선택할 가능성도 크다"고 말했다. 정부가 서둘러 임대차 데이터베이스를 촘촘하게 구축해야만 다주택자들이 임대등록 또는 주택 처분 외에 '제3의 길'(버티기)을 선택할 수 없게 된다고 했다.

같은 신문 12월 18일 자에는 "**임대주택 등록 유인책 약했나, 꿈쩍 않는 다주택자들**"이라는 기사를 실었다. 임대소득세와 건강보험료를 대폭 감면하고, 양도소득세와 재산세 등의 세제 혜택을 내놨지만, 정작 정책 대상자인 다주택자들은 별다른 반응을 하지 않는 분위기라 한다. 다주택자들이 임대주택 등록 시 4년 또는 8년간 매각 제한에 묶이는 반면 혜택은 크지 않기 때문이다. 또 임대등록을 하지 않을 경우 받게 될 불이익도 크지 않다고 평가했다.

정부가 내놓은 인센티브들에 시장이 냉담한 근본적 이유는 애초 다주택자들의 세부담이 낮기 때문이라며, 공제 혜택을 지나치게 넓혀놨다고 비판했다. 한 전문가는 "우리나라는 보유세가 너무 낮아 투기 목적으로 주택을 여러 채 소유하는 데 부담이 없기 때문에 임대차시장에 대한 마땅한 정책수단을 찾기가 어렵다"며 "결국 거래세는 낮추고, 보유세와 임대소득세는 높이는 방향으로 가야, 팔 사람은 팔고 가지고 있을 사람은 임대사업자로 등록을 할 유인이 생길 것"이라고 지적한 것을 전했다.

12월 19일 조선일보는 **"임대 활성화안, 지역간 집값 격차 더 벌릴 것"**이라는 기사를 실었다. 유인책이 미흡해 버티는 게 낫다는 분위기가 확산되고 있다고 전했다. 한 공인중개사는 "8년 이상 임대사업을 해야 혜택을 준다는데 '그사이 정권이 바뀌면 정책도 바뀐다'는 말도 나돈다"고 말했다. 다주택자가 집을 판다면 '똘똘한 한 채'만 남기고 나머지 주택을 정리할 가능성이 크다고 봤다. 한 전문가는 "이미 하락세를 보이는 지방에서 다주택자 물량까지 쏟아져 나오면 지역별 양극화가 더 심해질 것"이라고도 말했다.

같은 날 신문에서 **"11월 전국 주택 매매 거래량 27% 줄었다"**는 제목하에 부동산 규제와 금리 인상 영향으로 서울은 39.7%나 거래량이 줄었다고 했다.

12월 25일 자에는 **"강도 높은 규제에, 올해 서울·경기·부산 청약 경쟁률 뚝"**이라는 기사가 나왔다.

12월 26일 자에는 **"서울 재건축 인기 여전, 일반 아파트도 강세"**라는 기사에서 정부의 잇따른 규제에도 인기 재건축 단지엔 꾸준히 투자 수요가 유입되고, 일반 아파트도 간헐적으로 거래가 이뤄질 때마다 호가가 껑충 뛰고 있다고 전한다. 잠잠하던 전세시장도 양천구 목동과 강남 3구 등 전통적인 우수 학군 지역을 중심으로 강세를 보였다고 한다.

12월 27일 자에는 **"내년 역대 최대 44만 가구 입주, 역전세난 우려"**라는 기사에서 미분양이 늘고, 집값이 약세를 보이는 지방 주택시장의 타격을 우려했다.

12월 28일 자에는 **"다주택자 보유세 올리고, 디딤돌대출 지원 9조 8,000억원으로 늘려"**라는 기사에서 내년 경제정책 방향을 전했다. 정부는 '조세재정개혁특별위원회'를 통해 보유세 개편과 관련된 의견을 접수한 뒤 여러 대안을 마련해 보유세 개편을 추진할 계획이라고 하였다. 그리고 해는 저물어 새해를 맞게 된다.

2018 부동산 전망: 정부의 강력한 규제 지속과 시장의 반응

(이데일리, 「키워드 2018」)

1986년 지수를 조사한 이래 우리나라 부동산시장은 계속적으로 진폭을 줄이면서 안정적 흐름의 방향으로 이동하고 있다. 아래 그림에서 보듯이 과거보다 진폭이 줄어들고 있음을 알 수 있다. 지금은 오히려 하방을 걱정해야 하는 시점이 아닌가 하는 우려도 할 수 있는 그림이다.

그래서인지 2017년 초에 대부분의 전문가들은 우리나라 부동산시장이 하락 혹은 보합권에 머물 것으로 예상하였다. 확실히 장기 평균선보다는 아래에서 떨어지려는 모습을 보이고 있다. 그러나 일반인들의 시각은 많이 다르다. 특히 강남권 재건축발 가격의 급등으로 인해 많이 올랐다고 느끼는 것이다. 전국적인 부동산시장은 불황에 가까운데 강남시장의 호황으로 인한 착시효과이다.

광기의 실험, 시장의 반격

대부분의 자산이 그렇듯이 부동산도 인구와 경제 성장 등의 수요 요인과 주택건설이라는 공급 요인에 근거하여 가격이 결정된다. 인구 고령화라든가 인구감소 등은 수십 년에 걸쳐 서서히 진행되므로 지금 당장의 가격변화를 논하는데 적절하지 않다. 다만 지역별로 특정 산업의 쇠퇴에 따른 급작스런 인구감소와, 고령화 및 젊은 층의 유출로 인한 인구절벽, 지방소멸 등은 단기적으로도 그리고 지역별로 영향을 미칠 가능성이 높다. 그러나 전국적 부동산시장에 대한 영향은 제한적일 가능성이 높으므로 인구요인의 변화는 단기 예측에 있어서는 그리 중요하지 않다.

그렇다면 경제가 주요 요인으로 남는데, 최근 반도체로 인한 반짝 성장을 제외한다면 전반적으로 그리 좋아 보이질 않는다. 즉 2018년에도 지지부진한 경제 상황이 진행될 가능성이 높고 이에 따라 부동산 가격의 상승 여력도 제한적일 가능성이 높은 상황이다. 다만 금융위기 극복을 위해 풀린 막대한 부동자금의 영향으로, 투자가치가 높다고 생각되는 자산으로의 쏠림현상으로 인한 대도시 지역의 자산가격 상승 압력은 지속적으로 높을 것으로 보인다. 즉 대도시와 중소도시의 부동산시장 양극화 현상이 계속해서 심화되는 한해가 될 가능성이 높다.

최근 몇 년과는 다른 복병이 하나 더 있다. 금리 인상이다. 미국의 경기호조에 따른 금리 인상으로 우리도 이젠 금리를 더 이상 낮게 유지할 수 없는 상황이다. 과거 미국의 금리 인상이 우리나라 부동산시장에 곧바로 영향을 준 적은 거의 없으나, 이젠 상황이 다르다. 가계부채가 워낙 높은 상황에서 기준금리가 2~3회 오르게 된다면 경기 악화로 인한 부동산 가격 하락과, 높은 금리에 따른 주택 구입 포기로 인한 수요 감소로 부동산 가격 하락 압력이 커지게 된다. 이래저래 전망이 좋지 않다.

이러한 일반적인 수요 요인 외에 2018년에는 새로 출범한 정부의 정책이 영향을 크게 미칠 전망이다. 8.2 대책과 그 후속책으로 인해 부동산시장은 거래절벽과 더불어 가격 조정을 받고 있는 상황이 이어지고 있는데 앞으로 미칠 영향은 가늠하기조차 힘들다. 다주택자에 대한 각종 강화된 규제와 재건축 초과이익환수제의 시행, 대출 규제가 이미 예정되어 있고, 보유세 인상과 전월세상한제 시행, 추가 금리 인상이 향후 줄지어 나올 전망이어서 부동산 수요를 급감시키는 방향으로 진행될 것이다. 이는 가격의 하방압력으로 크게 작용할 가능성이 높다.

다음은 공급 요인을 살펴보자. 이중 인허가 물량을 살펴보면 2000년대 연평균 48.7만호이던 인허가 물량이 2011~2016년까지는 연평균 59.7만호로 물량이 크게 늘어났다.

게다가 2015년과 2016년의 경우 76.5만호, 72.6만호를 기록하여 역대 최대 기록을 경신하였다. 인허가 물량이 통상 2년 내외의 시차를 가지고 입주한다고 봤을 때 2017년과 2018년의 입주물량이 어마어마함을 예상할 수 있겠고, 이에 따른 가격 하락 압력은 더욱 커질 전망이다.

수요와 공급 측면에서 2018년 부동산시장을 전망한다면 상승보다는 하방압력이 월등히 큰 한 해로 볼 수 있고, 정부에서 규제책을 강화하면 할수록 시장은 더욱 조정을 받을 가능성이 높다. 그러나 너무 큰 걱정은 하지 않아도 될 듯하다. 200만호 건설 이후에 우리나라 집값이 빠진 해는 단 3개년에 불과하다. 외환위기로 인해 1999년에 10.6%가 빠지고, 2005년 신용카드 사태로 인해 1.94%, 금융위기로 인한 2013년에 0.24%가 빠졌을 뿐이다. 우리나라 전체 부동산으로 보아서는 거시경제의 큰 충격이 없다면 빠질 가능성보다는 조금이라도 오를 가능성이 높다고 보는 편이 적절해 보인다.

그러나 개개인 입장에서는 안심할 수 없는 상황이다. 2016년부터 지방의 집값은 계속해서 빠지고 있고, 단군이래 최대 입주물량이 쏟리는 지역도 가격 조정은 불가피해 보이기 때문이다. 과거와 같이 묻지마식으로 투자를 할 경우, 큰 낭패를 볼 수 있기 때문에 철저하게 지역 선택에 주의를 해야 하고, 금리 인상을 감안한 투자를 하여야 소중한 자산을 지킬 수 있으리라 생각된다.

■ 주택건설 인허가실적(좌측, 호)과 주택 매매가격지수 상승률(우측, %)

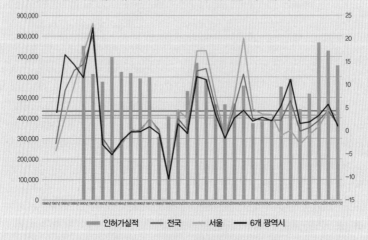

*이 글은 이데일리에서 매년 출간하는 신년 전망서인 「키워드 2018」에 기고한 내용을 옮겨 놓은 것입니다.

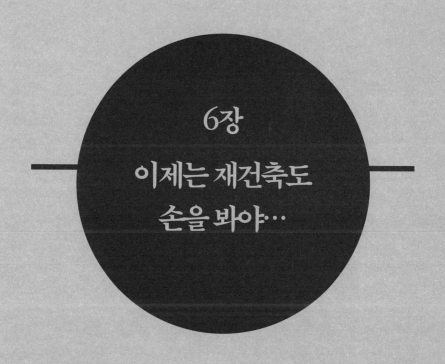

6장

이제는 재건축도
손을 봐야…

제1차 세계대전 후에 널리 퍼졌던 농담이다.

어떤 반유대주의자가 전쟁을 유대인이 일으켰다고 주장했다.

그러자 "맞습니다. 유대인과 자전거 타는 사람이 일으켰지요."라는

대답이 돌아왔다. "자전거 타는 사람은 왜요?"라고 이 사람이 물었다.

"그러면 유대인은 왜요?"라는 물음이 되돌아 왔다.

한나 아렌트

2018년 전망은?

　새해가 밝으면 신문에는 으레 그해 부동산시장을 전망하는 기사가 실린다. 2018년 1월 1일 자에도 여러 부동산 전문가의 전망이 있었다. **"정부 규제와 양극화, 변곡점, 똘똘한 집 한 채"**가 그들이 뽑은 키워드다. 전국적으로는 0~1% 사이 보합세를, 지방은 하락세, 서울은 3% 정도 상승을 전망했다. 그리고 전세시장 전망에 있어서도, 전국적으로 보합세, 비수도권은 하락으로 예상했다.

　싱겁긴 하지만 2018년 말까지 상승률을 미리 보면 차이가 많이 난다. 모든 유형의 주택을 포함하는 주택 매매가격 종합지수는 전국과 서울, 6개 광역시가 각각 3.16%, 10.44%, 0.98% 상승했다. 거의 모두 틀린 셈이다. 아파트 매매가는 더 올랐다. 전국과 서울, 6개 광역시가 각각 3.02%, 13.56%, 0.55% 상승했다. 그러나 전세가는 비교적 잘 맞췄다. 전국과 서울, 6개 광역시의 주택 전세가격 상승률이 각각 -0.01%, 0.01%, 0.03%였다.

이 기사에선 다루지 않았지만, 주택산업연구원에서 비슷한 전망을 내놓았었다. 매매가격이 전국적으로 0.2% 상승, 수도권과 지방은 각각 0.8%, -0.5%로 예측했다. 전세가는 전국 0.0%, 수도권과 지방은 0.6%, -0.5%로 예측했다.

흥미로운 점은 같은 기사에서 향후 정부 정책의 방향에 대해서는 엇갈린 의견을 내놓았다는 점이다. 한 전문가는 "연초에 정부 기대만큼 집값이 잡히지 않으면 보유세 인상 등 더욱 강한 규제책을 내놓을 가능성이 있다"고 했고, 또 다른 전문가는 "이미 일부 지역에서 집값 하락 조짐이 보이는 만큼 추가 대책을 내놓을 가능성은 크지 않아 보인다"고 말했다. 어떻게 됐을까?

광기의 실험, 시장의 반격

시장의 반응과 정부의 고민, 보유세를 손보자!

　2018년 1월 2일 자에는 **"다주택자 집 팔렸더니, 매매 줄고 자녀 증여 늘어"**라는 기사가 나왔다. 매매 거래는 11.4% 줄고, 증여는 14.4% 늘었다. 여기서 한 전문가는 "정부는 다주택자 규제를 통해 다주택자의 주택이 매물로 쏟아져 가격이 하락하기를 바랐겠지만 부동산 가격은 계속 상승하고, 정부의 규제가 더욱더 강화될 것으로 예상되면서 '가격이 오르고, 부동산 거래가 어려워지기 전에 증여하자'는 사람이 늘어난 것으로 보인다"라고 말했다.

　같은 날 한겨레신문에는 **"종부세 트라우마에 3채 이상 다주택자로 좁혀"**라는 기사가 실렸다. 정부의 보유세 개편이 법인세와 소득세에 이어 다주택자에 초점을 맞춘 '핀셋 증세'로 추진될 가능성이 높은 가운데, 종합부동산세가 우선적인 개편 대상으로 언급되고 있다고 전했다. 보유세를 인상하면 다주택자들이 이 부담을 세입자에게 전가해 오히려 세입자만 힘들어진다는 우려에 대해, 전문가들은 전월세시장이 안정된 지금이 부작용을 최소화할 수 있는 적기라고 봤다. 보유세를 인상하는 대신 거래세를 낮춰 과세 균형을 맞출 필요성도 지적되지만, 정부는 당장 거래세 인하를 고려하지 않는 분위기라고 했다. 그리고 "보유세 인상으로 자원이 토지나 건물이 아닌 조금 더 생산적인 곳으로 흘러 들어가도록 유도해야 혁신성장도 가능하다"는 의견을 실었다.

1월 3일 자 조선일보에서 **"보유세율 OECD 평균 이하라고, 인상 밀어붙이는 정부"**라는 기사가 나왔다. 청와대가 최근 '보유세 정상화' 방침을 밝혔고, 2일 김동연 부총리가 기자를 만나 "보유세와 거래세의 형평, 다주택 소유자에 대한 과세 형평, 부동산 가격 문제 등 여러 변수를 고려하고 있다"고 말했다 한다. 종합부동산세 대상 확대가 유력하게 거론된다며 '이미 세계 최상위권인 다른 부동산 세금은 그냥 둔 채 보유세만 높이는 게 타당하냐'는 문제 제기를 하고 있다.

청와대가 보유세 인상을 주장하는 주요 근거는 'OECD 평균'이었다. 청와대 관계자는 지난 29일 "OECD 등 다른 나라와 비교해서 우리나라 보유세 규모, 실효세율 등을 국제적 기준으로 보는 것도 필요할 듯하다"고 말했다. 대통령도 이미 2017년 초 저서에서 "국내 총생산GDP 대비 보유세 비중을 현 0.79%에서 1.1%까지 올려야 한다"고 말한 바 있다. 여권과 친정부, 진보 언론 등도 이 수치를 집중 거론하고 있다고 한다.

하지만 한국은 이미 보유세와 규모가 비슷한 양도소득세가 세계 최상위권인데, 2016년 양도세가 GDP에서 차지하는 비중이 0.8%로 OECD 35개국 중 3위였다. OECD 평균은 0.1%였다. 한 전문가는 "OECD를 기준으로 삼겠다면 양도세는 대폭 낮춰줄 건가"라고 지적했다.

우리는 취득세율도 외국보다 높은 수준이다. 다른 전문가는 "'소득이 있는 곳에 세금이 있다'는 원칙만 놓고 보자면 미실현 소득에 부과하는 보유세보다 실현 소득에 부과하는 양도세가 높은 현행 제도가 더 바람직하다"며 "그럼에도 보유세를 올려야 한다면 양도세는 낮추는 게 맞는 방향"이라고 말했다. 또 다른 전문가는 "집 주인들이 증세에 '전월세 인상'으로 대응해 결국 부담이 세입자에게 돌아가는 상황에 대비해야 한다"고 주문했다.

1월 5일 자에는 **"서울 10억 넘는 아파트 거래, 오히려 30% 늘었다"**라는 기사가 실렸다. 정부가 집값 안정을 목표로 서울에 규제를 집중해 전체 아파트 거래량이 줄었지만, 10억원 이상 아파트는 2016년(8,554건)보다 31.8% 늘어난 1만 1,278건이라고 한다. 서울 전체 아파트 매매 거래가 11만 7,604건에서 10만 4,210건으로 11.4% 줄어든 것을 감안하면, 고가 아파트만 활활 타오른 셈이다. 한 전문가는 "여윳돈이 있어 정부의 대출 규제에 영향을 받지 않는 사람들이 강남 재건축아파트나 주변 지역의 새 아파트 매매에 적극적으로 나선 것으로 보인다"고 했다. 세상에 돈 많은 사람들이 이렇게 많고, 풀린 유동성의 힘이 이렇게 클 줄이야. 예상 밖이었다.

1월 6일에는 **"집값 잡으려던 다주택자 규제, 강남 집값 더 올렸다"**는 기사가 나왔다. 부동산114의 발표에 따르면, 서울 아파트값이 전주 대비 0.33% 올라 1월 첫째 주 상승률로는 2008년 이후 최고치를 기록했다고 한다. 서울 강남권을 중심으로 이상과열 조짐이 나타나지만, 경기 남부권 등은 '공급 과잉' 여파로 매매 및 전세가가 동반 하락하고 있다며 우려하고 있다.

한편 이달 1일 한국감정원 조사에서는 강남구 아파트값이 1주일 전보다 0.98% 오른 것으로 집계됐다. 집계를 시작한 2012년 5월 이후 주간 상승률로 역대 최고 수치다. 부동산 전문가 사이에선 '정부 규제의 저주'라는 말이 나왔다고 했다. 다주택자 압박에 수도권 비인기 지역이나 지방의 주택은 처분하고, 서울 강남권에 투자하는 수요가 집중되면서 빚어진 현상이라는 분석이다. "양도세 중과가 시행되는 4월 이후 매물 감소를 우려하는 수요 때문"이라고도 전했다.

같은 날 한겨레신문에서도 **"서울 아파트값 꿈틀"**이라는 기사에서 강남권과 광진·양천구 등 인기 지역의 아파트값 강세는 '똘똘한 한 채'에 대한 선호도가 높기 때문으로 분석했다.

다음 글은 필자가 기고한 글을 그대로 옮겨 놓았다. 당시 강남 아파트가 진짜 비싼지 독자 여러분도 한번 고민해보시길 권한다.

강남 아파트는 진짜 비싼가?

(2018년 2월 5일, 한경머니 칼럼)

2014년 언론을 들썩이게 한 아파트가 있었다. 단군 이래 역대 최고가 아파트라고 국회의원이 발표한 강남 마크힐스 아파트다. 여기서 거래 사례로 조사된 아파트 세대의 면적은 192.86㎡인데 가격이 65억원이라 3.3㎡당 가격이 1억 1,141만원이었다고 한다. 그러나 2016년 거래가 보고된 실거래가를 조사해보니 그렇게 높지는 않았고, 3.3㎡당 7,500만원 내외 정도였다. 여전히 억 소리가 날 정도로 비싸다.

우리나라 최고가 아파트라고 인터넷으로 검색해보면 강남이 아닌 강북의 한남더힐 아파트가 많이 나온다. 일반적으로 3.3㎡당 1억원이라고 많이 얘기하고 있는데, 2017년과 2016년에 거래된 것들은 대부분이 3.3㎡당 7,000만~8,000만원 선에서 거래되고 있었다.

어느 나라나 비슷비슷하지만 국민들의 재산 중에서 가장 큰 비중을 차지하는 것이 집이다. 특히 우리나라는 재산의 70% 정도를 부동산으로 가지고 있어서 집값에 대한 관심이 세계적으로 유례를 찾아볼 수 없을 정도로 높은 편이다. 그래서인지 우리나라는 세계에서 거의 유일하게 일주일 단위로 부동산 가격을 조사해서 발표하고 있다.

■ 도시별 PIR(소득 대비 주택가격)

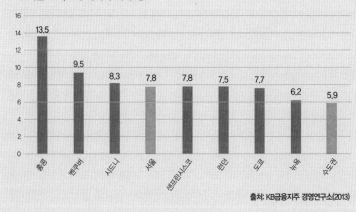

출처: KB금융지주 경영연구소(2013)

1986년부터 조사를 시작한 KB부동산지수를 중심으로 살펴보면, 1986년부터 2017년까지 전국 아파트 가격은 연평균 5.58% 상승했고, 서울과 강남 아파트는 6.12%, 6.79% 상승했다. 2008년 금융위기 이후로 가격 변화를 살펴보면, 전국 아파트는 2.65%, 서울 1.03%, 강남 1.05%, 지방 3.97% 상승했다. 현재 추세와는 반대로 지방이 더 올랐다.

지난해에 전국 아파트는 1.31%, 서울 아파트는 5.28%, 강남 아파트는 6.44% 상승했고, 지방 아파트는 −1.39%로 오히려 빠졌다. 서울과 강남의 아파트 상승이 높긴 하지만 역사적으로 봤을 때, 그리고 세계 대도시의 가격 상승과 비교해봤을 때 우리는 비교적 안정적인 가격 움직임을 보이고 있다고 생각한다.

강남 vs 지방, 아파트 가격 상승은?

실제 금융위기 이후에 강남 아파트는 우리 상식과는 다르게 무려 5개년 동안 빠졌다. 금융위기 이후 지난해까지 정확히 절반의 기간 동안 빠진 것이다. 많이 빠진 2012년에는 5.15%나 빠졌다. 그해에 지방은 3.76% 상승했고, 그 전해인 2011년에는 지방 아파트값이 무려 18.64%나 폭등하는 양상이 나타났다. 물론 그해에도 강남 아파트는 0.62% 빠졌다. 그러던 것이 최근 3년간 강남 아파트는 연평균 5.45% 상승했다. 강한 상승이다. 그러나 30년 평균 상승률에는 못 미치는 값이다.

최근에 이렇게 올랐으니 강남 아파트는 너무 비싼 게 아닌가 하는 생각이 들게 된다. 미국의 저명한 부동산학자도 집값 결정에는 심리적 요소도 강하게 작용한다는 점을 지적했는데, 일반인들이 현재의 집값을 너무 비싸다고 여기면 앞으로 빠질 가능성이 높고, 지금도 비싼 게 아니라고 여기면 여전히 오를 가능성이 있다는 말이 된다.

일반적으로 집값이 비싼지 아닌지는 가구소득 대비 주택가격비율PIR을 국제적으로 비교해 판단한다. 즉 중간 정도의 집값이 중간 정도 소득을 버는 가구의 1년 치 소득 대비 몇 배인지를 비교해 우리나라 집값이 높은지 아닌지 판단하는 것이다.

2013년에 KB금융지주 경영연구소에서 발간된 보고서 중 세계 주요 도시권별 PIR 수치 비교 내용을 살펴보면, 서울의 경우 7.8, 수도권은 5.9로 나타나 높은 것으로 여겨지기도 한다. 뉴욕보다도 높은 것처럼 보이니 더욱 그렇다. 대표적으로 높은 수치를 보이는 도시들은 홍콩(13.5), 밴쿠버(9.5), 시드니(8.3), 샌프란시스코(7.8), 런던(7.8), 도쿄(7.7), 뉴욕(6.2)을 들 수 있다.

일반적으로 서울의 수치를 다른 도시와 직접적으로 비교해 서울 주택가격의 심각성을 부각시키는데, 이는 통계 작성 과정에 대한 오해로 볼 수 있다. 다른 나라의 경우 행정 구역상 도시 자체가 아니라 해당 도시가 포함된 대도시권의 주택가격을 기준으로 산출하고 있으므로, 우리도 서울의 경우를 직접적으로 비교하는 것은 무리다.

아마 서울 대도시권의 경우는 서울의 7.8과 수도권의 5.9 사이의 값을 취할 가능성이 높다. 그렇다면 해외 다른 대도시권과 비교해 높다는 결론을 내리기가 쉽지 않음을 알 수 있다. 오히려 대도시권으로 보았을 때는 세계적 추세와 비슷하다고 결론 내리는 것이 더 합리적이다.

얼마 전에 책을 저술하는 과정에서, 세계 대도시의 최고가 아파트는 얼마일까 궁금해 현지인들의 도움을 받아서 조사한 적이 있다.

런던 최고가 아파트는 21 체샴 플레이스Chesham Place로 조사됐다. 2014년에 거래가 이루어진 걸 보면, 523㎡의 집이 약 4,601만파운드에 팔렸다. 당시 환율을 적용하면 무려 791억원이고, 3.3㎡당 가격은 5억원으로 거래가 됐다. 그 외에 가장 비싼 아파트로 많이 회자된 것으로는 원 하이드 파크One Hyde Park가 있다. 이 아파트는 2012년에 거래된 적이 있는데, 321㎡의 집이 2,500만파운드, 당시 환율로 환산하면 455억원에 이르렀다. 3.3㎡당 가격은 4억 6,858억원이다.

뉴욕 맨해튼의 경우는 센트럴파크 사우스의 펜트하우스가 2억 5,000만달러로 책정됐다고 한다. 당시 환율로 약 3,000억원이다. 펜트하우스인데 연면적이 2,137㎡이니, 3.3㎡당 가격은 4억 6,407만원이 된다. 이외에 센트럴파크 사우스는 지난해 376.2㎡ 정도의 아파트가 4,800만달러 당시 환율로 540억원, 3.3㎡당 가격은 4억 7,368만원에 거래됐다. 아무리 비싸다고 해도 아파트치곤 가격이 지나치게 높다는 느낌이 든다. 특히 런던과 뉴욕 맨해튼은 글로벌 자산가들이 구입하므로 서울과는 차이가 있다고 여겨지지만 그래도 너무 비싼 게 아닌가 싶다.

도쿄의 경우는 파크코트 아카사카 히노키초 더 타워다. 지상 44층 건물로 올해 2월 입주 예정인데 도심 내 대형 복합시설인 미드타운에 인접해 건설되고 있다. 분양가는 소형과 대형이 이 있어서 일률적이지 않으나 최고가는 15억엔으로 책정됐다. 이는 버블기 이후 최고가로 평가받고 있다. 최고가 아파트는 3.3㎡당 가격이 2,430만엔으로 2억 3,890만원이다.

베이징의 경우는 타이허-중궈위엔즈泰禾-中國院子가 베이징에서 제일 비싼 것으로 조사됐다. 최고 분양가는 632.93㎡에 주택이 3억위안으로 대략 500억원 정도다. 그런데 이를 3.3㎡당 가격으로 환산하면 무려 2억 6,139만원에 이른다.

이렇게 보니 강남 아파트 가격이 비싼지 잘 모르겠다. 실제 주요 도시별 최고가 아파트의 3.3㎡당 가격과 각 나라의 1인당 국내총생산GDP과 비교해보면 예상 외의 결과가 나온다. 최근 경기가 살아나고 있긴 하나, 장기간 침체를 면치 못했던 도쿄조차 최고가 아파트의 3.3㎡당 가격은 1인당 GDP의 5.9배나 된다. 런던과 맨해튼, 홍콩은 대략 10배 내외이고, 베이징은 27.4배로 훨씬 높게 나타난다. 서울은 최고가 아파트의 3.3㎡당 가격을 1억원으로 봤을 때 3.7배로 비교 대상 중 현저히 낮은 것으로 나타났다.

비교 대상이 엄밀하게 정해진 것은 아니어서, 일반화된 이론으로 다루긴 곤란하지만 이들 도시만을 보았을 때 서울의 최고가 아파트는 상식과 달리 오히려 싸게 느껴지기도 한다. 절대 가격도 비교 도시들보다 월등히 저렴하고, 3.3㎡당 가격을 1인당 GDP로 나눈 값도 현저하게 낮게 나타나기 때문이다.

강남 집값에 대해 비교적 길게 서술한 이유는 정부의 정책과 관련이 있어서다. 암스테르담의 주택가격을 300년 이상 조사한 연구 결과에서도 그렇고, 지난 100여 년간 선진국의 주요 대도시 주택가격도 경제 위기 기간을 제외한다면 지속적으로 상승하는 모습을 보였다. 지금처럼 강남은 오르고 지방은 빠지는 시기에 더 강한 정책들이 계속된다면, 강남 집값은 잡을지 몰라도, 지방 시장은 붕괴될 수도 있으므로 전국을 염두에 둔 정책으로 전환돼야 한다.

2018년 1월 8일 조선일보는 "**한국 집값 상승률 53개국 중 34위**"라는 기사를 내보냈다. 국제결제은행BIS의 조사결과를 인용한 것이다. 최근 한국 정부가 주택가격 안정책을 계속 내놓을 정도로 집값이 급등했다고 보는 것과는 정반대 내용이라고 했다.

같은 날 "**1년 뒤 부동산시장 나빠진다 51% vs 좋아진다 4%**"라는 기사가 나왔다. 한국개발연구원KDI이 부동산 전문가 100명을 상대로 실시한 설문조사 결과다. 여기서 현재와 비슷할 것이라는 전망은 45%였다. 관런 연구원은 "올해 다주택자 보유세 인상 등 각종 부동산 규제 정책이 나오고, 금리 인상 등이 유력해 부동산시장에 악재로 작용할 가능성이 크기 때문"이라고 분석했다. 연말부터 진행된 다른 조사나, 타 기관들의 전망, 1월 1일자 전망 등을 종합해보면, 전문가들이 시장을 낙관적으로 보고 있지 않음을 알 수 있다.

1월 8일 한겨레신문에서는 "다주택자 양도세 중과세, 3억 이하 지방 주택은 뺀다"는 기사를 실었다. 기획재정부 관계자는 "지방에 주택이 1채 이상 있고, 서울에 1채 있으면 양도세 중과를 피하기 위해 일부러 지방 주택을 팔 필요가 없다"며 "(다주택자들이) 지방 부동산을 먼저 팔아 애꿎은 지방 주택시장만 타격을 받지 않도록 보완한 것"이라고 설명했다고 한다. 이에 한 전문가는 "(중과 제외 대상을 정한 것은) 양도세 틀 자체는 흔들지 않으면서 부동산 양극화로 인한 부작용을 줄이려는 의도로 보인다"며 "궁극적으로는 보유세가 강화돼야 강남 아파트를 쥐고 있기가 훨씬 어려워진다"고 지적했다 한다. 그러면서 2017년 기준으로 우리나라의 국내총생산 대비 보유세 비율은 0.8%로 OECD 회원국 평균(0.91%)에도 못 미친다는 얘기를 하고 있다.

유사한 내용을 조선일보도 실었지만 약간 다른 부분이 있다. 여기서는 한 전문가가 "대량 입주로 가격 하락이 시작된 수도권 일부 지역이나, 광역시 중에서 조선업 침체로 집값이 크게 떨어진 울산은 이번 예외 규정에서 빠져 시장이 더 어려워질 수 있다"고 말했다. 무주택자에 대해서 올해부터 시행하는 분양권 양도세 인상을 적용하지 않는다는 내용에 대해 정책 일관성이 실종됐다는 지적도 있었다. 특히 분양권 양도세는 정부가 작년 8월부터 예고한 상태라 작년 말 서둘러 분양권을 매도한 사례가 적지 않았는데, 이런 사람들만 상대적 박탈감을 느끼게 됐다고 한다.

1월 9일에는 **"최저임금 역풍에 임대료 압박카드"**라는 기사가 나왔다. 대통령이 8일 "최저임금 인상은 반드시 해야 한다"면서 "다만 그 부작용을 줄이기 위해 상가 임대료 부담을 낮추는 대책을 마련하라"고 지시했다고 한다. 청와대와 정부는 임대료를 어떻게 내릴지 구체적 방안을 준비하지 못한 것으로 알려졌고, 시장에서 형성된 임대료를 정부가 인위적으로 내리는 게 시장 원리에 맞느냐는 지적도 있었다. 그리고 야당은 "무리하게 최저임금 정책을 밀어붙이며 영세 자영업자에게 부담을 전가하더니 이젠 건물주에게 책임을 넘기느냐"고 비판했다.

같은 날 **"버블 세븐 만든 노 정부 부동산 정책 되풀이되나"**라는 칼럼은 강남의 주요 아파트 단지들이 일주일 새 1억원 이상 올랐다고 지적하며 시작한다. 그 원인을 다양하게 제시하고 있다. 다주택 보유를 막으니 '더 오를 한 채'에 대한 선호가 더 커지고, 특목고 우선 선발권 폐지 방침으로 강남 학군에 대한 수요를 '창출'했다는 것이다. 또 재건축 초과이익 환수제를 부활시킨다고 하니 공급가뭄 우려가 커졌다면서, 수요를 억누르려다 오히려 조바심 수요만 키웠다는 것이다. 그러면서 이 정부의 부동산 정책이 '감정적'이라고 말하는 전문가가 많다는 얘기도 전하고 있다. '투기와 전쟁'을 벌이는 태도에는 부동산에 대한 증오가 깔려 있고, 적에게 이겨야 하니 통계를 부풀리기도 하며, 설익은 결정을 내린다고 비판했다.

1월 10일 자에는 **"강남 집값 잡으려 종부세 인상? 자칫 지방 집값만 잡을라"**라는 기사가 나왔다. 강남 아파트값이 폭등함에 따라 대책을 만들고 있는데, 종부세가 유력한 상황이라 한다. 종부세를 강화하면 부동산 투자 수익률이 감소하고, 고가주택에 대한 수요도 줄어들 수밖에 없다고 분석했다. 한 전문가는 "정부가 서울에 핀셋 규제를 들먹이자 핀셋 닿은 곳만 집값이 부풀었다"며 "지방은 물론 수도권 일부도 집값이 하락세인데, 강남을 타깃으로 종부세를 강화했다가 전체 부동산 경기가 급격하게 위축될 우려도 있다"고 말했다.

정부 내부에서도 보유세 인상에 대한 분위기가 엇갈리고 있다고 전했다. 청와대와 일선 부처의 강경파들은 "보유세 문제를 집중적으로 논의하자"며 적극적인 입장인 반면, 일부 부처의 신중론자들은 이미 침체에 빠진 지방 부동산시장에 미칠 영향과 중산층의 조세 저항 등을 고려해야 한다는 의견이었다고 한다. 실제 한국감정원에 따르면 비수도권 아파트값은 작년 8월 말부터 18주 동안 한 번도 오르지 않았다.

2005년 노무현 대통령이 "하늘이 두 쪽 나도 집값은 잡겠다"며 주택종부세 과세 대상을 공시가격 9억원에서 6억원으로 강화한 8.31 대책을 내놓았지만, 강력한 조세저항을 불러 그 이듬해 치러진 5.31 지방선거에서 참패한 얘기도 실렸다. 당시 열린우리당은 16개 광역자치단체 가운데 1곳에서만 승리했고, 230개 기초단체에선 19곳을 얻는 데 그쳤다.

이 기사 말미에 전문가 발언이 있다. "강남으로 몰리는 수요를 정부가 인위적으로 막기는 어려울 것"이라며 "도시재생이나 재건축 등으로 강남을 대체할 양질의 주거지 공급을 늘리는 방안을 궁리해야 한다"고 말했다. 다른 전문가는 "특정 지역의 집값을 내리기 위해 부동산 정책을 편다는 것 자체가 어불성설"이라고까지 말했다.

같은 날 한겨레신문에서는 **"서울 강남권 부동산 특별사법경찰 투입"**이라는 기사가 나왔다. 국토교통부 관계자는 "투기 억제 대책들이 다음 달부터 차례대로 시행되면 주택시장 안정효과가 나타날 것"이라며 "만일 주변 지역까지 확산될 우려가 커지면 추가 대책을 내놓겠다"고 말했다 한다.

또 1월 12일 자에는 **"김동연, 부동산투기 최고강도로 무기한 단속"**이라는 기사를 실었다. 김동연 부총리는 "강남 등 서울 특정 지역의 재건축 및 고가 아파트를 중심으로 나타나는 국지적 과열 현상은 상당 부분 투기적 수요에 기인하는 것"이라며 "1월부터 관계기관 합동점검반을 즉시 가동해 모든 과열지역에서 무기한으로 최고 수준의 단속을 실시하겠다"고 밝혔다 한다. 기사는 정부가 부동산시장 과열이 국지적 현상으로 끝나지 않고 확산 조짐을 보이면 보유세 조기 인상도 배제하지 않겠다는 입장으로 마무리된다.

조선일보 1월 11일자에는 **"재건축 때 아파트 한 동은 미래 유산으로 남겨라"**라는 기사가 실렸다. 송파구 잠실주공 5단지 재건축사업을 승인하면서 "단지 중 1개 동과 (단지 중앙에 있는) 굴뚝을 남기라"는 조건을 서울시가 내걸었다고 한다. 당연히 이에 대해 아파트 주민들은 시의 '유산' 지정에 문제가 있다고 주장하였다. 여기에 대해 전문가들은 "미래 유산 보존이 가능하나 재건축사업에까지 강제하는 것은 지나치다"고 지적했다고 한다.

한겨레신문 1월 12일 자에는 **"서울 송파 집값 1주새 1.1% 급등, 목동 등 비강남·도심권도 들썩"**이라는 기사가 실렸다. 송파구는 매물 부족에 비해 사자는 대기수요가 많아서이고, 목동 신시가지가 있는 양천구는 재건축 기대감과 교육제도 개편에 따른 겨울방학 학군 수요까지 몰려서라고 분석했다. 이와 관련해 국토교통부 고위관계자는 "규제 강화 전 투기 수요가 기승을 부리고 있으나 이달 말 대출 규제, 이어 양도세 강화 등이 실제 시행에 들어가면 시장 흐름에 변화가 생길 것"이라고 했다. 한 전문가는 "다주택자를 겨냥해 보유세를 강화하는 것도 경기도·지방 주택을 팔고, 서울·강남권 주택은 보유하는 경향을 부추길 소지가 있다. 보유세 강화는 올바른 방향이라 해도 집값 대책으로 쓰는 것는 신중해야 한다"고 말했다.

같은 날 조선일보에서도 **"1년 만에 4억 껑충, 송파 아파트값 미쳤다"**라는 기사가 나왔다. 한국감정원의 주간 아파트 시세가 다시 최대 상승률을 기록했다는 기사다.

1월 15일 자에는 **"시장 거스르는 정책이 일자리 막는다"**는 칼럼이 실렸다. 보유세에 대한 비판을 실었다. 집을 보유하고 있지만, 소득이 없거나 적은 은퇴 중·장년층은 보유세가 오르면 소비를 줄일 수밖에 없고,

그 결과는 경제 전체의 위축이라는 주장이다. 그리고 임대 수요가 많은 지역에서는 오히려 그 부담이 전월세 계층으로 전가될 가능성이 농후하다고 했다.

1월 16일 자에는 **"강남을 때렸는데, 지방이 쓰러졌다"**는 기사가 나왔다. 작년 초 3억 2,000만원 하던 30평대 아파트를 2억 2,000만원에 팔겠다고 해도 문의가 없다는 공인중개사의 말을 먼저 싣고 있다. KB국민은행 조사를 인용하면서, 작년 서울 아파트값이 평균 5.3% 오를 때 경남은 3.2% 내렸고, 거제(-6.1%)와 창원(-5.1%)도 조선업 불황으로 지역 경제가 붕괴 직전이라고 전했다. 경북과 충북 아파트도 2.8%, 2.4%씩 하락했다고 한다. 여기서 한 전문가는 "정부가 강남 아파트값을 잡겠다고 내놓은 각종 규제 때문에 기초체력이 약한 지방 부동산시장만 상처를 입는 치명적인 양극화가 나타나고 있다"며 "지금이라도 전체 시장 흐름을 돌아보면서 정책의 완급 조절을 할 필요가 있다"고 말했다.

같은 날 **"지방은 깡통 전세 나오고 미분양 쌓이는데, 정부는 무관심"**이라는 기사도 실렸다. 서울 강남권 쏠림 현상으로 지방이 피해를 보고 있다는 것이다. 한 전문가는 "지방 자산가들이 현금 싸들고 서울 압구정동이나 대치동에 아파트 매물 나오기만 기다리는 경우도 있다"며 "시중 금리가 오르고, 정부가 대출 규제를 강화하면서 서민들이 집 사기만 더 어려워졌다"고 전했다.

"서울 강남북 집값 격차도 커져, 3억원대로 역대 최대"라는 기사에서는 2013년 12월에는 그 차이가 약 1억 8,880만원이었던 강남북 아파트값 차이가, 작년 12월에는 3억 1,579만원으로 벌어졌다는 것이다. KB국민은행이 해당 통계를 낸 이후 최대폭이라 한다.

같은 날 한겨레신문에서는 **"청와대, 부동산 대책 일기 쓰듯 발표 않겠다"**는 기사가 실렸다. 청와대가 말한 "부동산 가격이 오른다고 바로 추가 대책을 일기 쓰듯 발표하지는 않는다"는 내용을 싣고 있다. 관계자는 "강남 아파트값이 상승하면 긴급 대책을 내놓는 패턴을 이어왔는데, 그런 것들이 성공하지 못한 경험이 있다. 이는 (부동산 급등 현상이) 전국적 현상인지, 일반적인 현상인지 규정짓기 전에 깜짝 놀라 가격을 잡아야겠다는 처방을 그때그때 내놔 그런 것 아니냐는 반성도 필요하다"고 밝혔다.

청와대는 애초 서울 지역 부동산 과열이 강남과 송파, 양천 등 일부 지역에 국한되어 있을 뿐 우려할 단계는 아니라고 판단하고, 투기 세력에 대한 고강도 세무조사 등을 통해 집값을 잡을 수 있다고 자신해왔다. 하지만 최근 부동산 급등세가 서울 전역으로 확산되고, 8.2 부동산 대책과 세무조사 등 잇따른 처방이 시장에 제 역할을 못한다는 비판이 일자 "여러 지표와 상황을 파악하겠다"며 한발 물러선 것으로 해석했다.

같은 신문 1월 17일 자에는 **"재건축 투기에 뛰는 강남 집값, 보유세 인상 서두르나"**는 기사가 실렸다. 강남과 목동의 아파트값이 급등세를 보이자, 정부는 일부 부유층이 재건축아파트 등 고가주택을 투자 목적으로 매입하면서 가격이 오른 것으로 파악하고, 서울 전역의 일반 아파트로 집값 급등의 불길이 번지지는 않을 것으로 보면서도 시장 동향을 예의주시하고 있다고 했다.

전문가들은 8.2 부동산 대책과 가계부채 종합대책의 핵심 규제가 올해부터 시행될 예정인 만큼 최근 강남 집값 상승을 정부 정책의 부작용으로만 보기엔 적절치 않다고 진단했다 한다. 한 전문가는 "1월부터 부활한 재건축 초과이익환수제의 영향도 아직은 본격화하지 않고 있는 등 적어도 올해 상반기까지는 지난해 정부가 쏟아낸 대책들의 효과를 지켜볼 필요가 있다"고 말했다. 마지막에는 다주택자뿐만 아니라 고가의 1주택 보유자에 대한 적정 과세도 병행해야만 강남권에서 일고 있는 이른바 '똘똘한 한 채' 보유 심리를 꺾을 수 있을 것이란 지적을 실었다.

같은 날 **"추미애 '집 한 채 가진 분들은 걱정 마시라'", "김동연 '다주택자 보유세 인상 타당성 있어'"**라는 기사도 실렸다. 추미애 더불어민주당 대표는 새해 기자회견에서 "종합부동산세를 강화하는 한편 초과다 부동산 보유자에 대한 과세를 강화하는 방향도 적극 검토할 예정"이라며, "다주택자의 보유세를 강화하고, 거래세는 낮추는 방향으로 가야한다"고 전제한 뒤, "집 한 채 가진 분들은 걱정 마시라"고 말했다 한다. 같은 날 김동연 부총리는 "(인상 타당성과 별개로) 부동산 가격 안정용으로 보유세를 쓰는 문제는 생각할 점이 많다"며 보유세 인상과 부동산 투기 대응을 분리해서 봐야 한다고 했다.

같은 날 조선일보에서도 **"1월 안에 여당 개헌안 확정, 개헌세력 대 호헌세력 대결"**이라는 기사에서 같은 내용을 다루고 있다. 여기서 '다주택자 보유세를 강화하고 거래세는 낮추는 쪽으로 갈 것'으로 소개하고 있다.

같은 날 "**종부세 카드, 치밀하게 검토 안 하면 또 폭탄 된다**"는 칼럼이 나왔다. 다주택자에 대한 종부세를 강화하면 비강남 지역의 싼 아파트부터 매각해 오히려 집값 양극화를 심화시킬 가능성이 있고, 거래를 위축시켜 전체 부동산시장을 마비시킬 위험도 있다고 한다. 2005년 노무현 정부가 종부세를 도입했을 때도 기대만큼 집값 하락 효과가 크지 않았으며, 전월세액 인상으로 종부세 부담을 세입자에게 전가하거나, 부부·자녀 이름으로 소유권을 쪼개는 등의 편법이 속출했다는 점을 지적하고 있다.

같은 날 "**연립도 양극화, 서울 곳곳 수천만원$^{3.3㎡}$당 뛸 때, 지방 대부분 잠잠**"이라는 기사도 나왔다. 정부의 도시재생 사업 기대감 등으로 서울 단독주택 평균 매매가격이 4.7% 상승했는데, 비수도권의 단독주택은 2.1% 올라 서울의 절반에도 못 미친다고 했다. 충남과 부산의 연립주택 매매가격은 마이너스를 장기간 기록하고 있다고 전했다.

강남 집값 잡기 위한 보유세 인상···
지방 부동산시장 붕괴시킬 수도

(2018년 1월 20일, 한국경제 칼럼)

한국 재산과세 비중 OECD 평균 2배 넘어

정부가 보유세 인상으로 가닥을 잡고 있는 것 같다. 조세 정책은 경제 전반에 대한 효과와 공평과세 등 다양한 원칙을 고려해 결정해야 한다. 그러나 최근 움직임을 보면 정부가 단지 '서울 강남 집값'을 잡기 위해 도입을 검토하고 있는 것 같아 걱정된다. 세율로 본다면 한국의 부동산 거래세는 세계적으로 월등히 높은 수준이다. 보유세는

평균 미만인 것으로 알려져 있다. 교과서에도 나와 있듯이 보유세는 올리고 거래세는 낮추는 것이 바람직하다고 대부분의 학자들이 동의한다. 그런데 우리는 거래세인 부동산 양도소득세도 크게 올리고, 보유세도 크게 올릴 것으로 보여 경제 전반에 악영향이 우려된다.

사실 국가별 조세 부담 비교에서 법정세율을 비교하는 것은 큰 의미가 없다. 소득 대비 조세 부담 정도가 중요하다. 경제협력개발기구OECD 국가들의 국내총생산GDP 대비 재산과세 비중은 1.9% 수준을 꾸준히 유지하고 있다. 반면 한국은 최근 3.1%로 높은 수준의 과세가 이뤄지고 있다. 주택가격 공시제도 도입과 종합부동산세 신설 등으로 인해 보유세 제도에 급격한 변화가 이미 있었다. 이로 인해 GDP 대비 재산과세 비중이 크게 상승했다. 재산과세에 대한 조세부담률은 OECD 평균을 초과하는 반면, 소득과세와 소비과세 비중은 OECD 평균에 미달해 이들 관련 조세부담률은 상대적으로 낮은 수준이다.

세원별 비교 분석을 보더라도 재산과세의 총조세 대비 비중은 한국이 미국, 영국, 캐나다, 호주 등과 함께 10%를 초과하고 있다. 영국 다음으로 높은 수준이다. OECD 평균의 두 배 이상이다. 결국 OECD 국가 재산과세를 비교 분석하면 한국의 재산과세 비중은 GDP 대비 비중과 총조세 대비 비중 두 가지 모두 평균을 크게 초과하고 있음을 알 수 있다.

지금 시장 상황도 문제다. 강남을 비롯한 서울 집값은 상승하지만 지방 집값은 지표를 별도로 산정하기 시작한 이후 처음으로 2년 연속 가파르게 하락하는 추세다. 굳이 이 시기에 강남 집값을 잡기 위해 극단적 처방에 가까운 보유세 인상을 도입한다면 지방 부동산시장이 붕괴될 위험이 있다.

게다가 수십 년 전에 집 한 채를 사서 계속 살고 있는 이들, 특히 은퇴 이후 소득이 없는 노년층은 심각한 타격을 받는다. 주택을 임대해 사는 서민도 어려움을 겪을 가능성이 있다. 주택 임대시장에서 대부분의 물량을 다주택자가 공급하고 있어서다. 보유세를 올릴 경우 다주택자들의 임대주택 공급 물량이 줄어 임대료가 오를 수 있다.

보유세에 부동산 가격 안정화 효과가 있는지도 의문스럽다. 집값 10억원 기준 1년에 200만~300만원을 내는 보유세 부담으로 과연 부동산 투기를 잠재울 수 있을까. 2005년 종합부동산세를 처음 도입했을 때 강남 아파트값은 2005년 13.5%, 2006년에는 무려 27.7% 폭등했다.

문재인 대통령은 작년 취임 100일 기념 기자회견에서 "지금 단계에서 부동산 가격 안정화 대책으로 (보유세 인상을) 검토하고 있지 않다"며 "보유세는 공평과세, 소득 재분배, 또는 추가적인 복지재원 확보를 위해 필요하다는 사회적 합의가 이뤄질 때 검토할 수 있을 것"이라고 말했다.

그렇다. 조세 개편은 그런 종합적 검토 후에 이뤄져야 한다. 그러나 최근 다주택자들에 대한 규제 강화와 보유세 인상 논의, 고소득자에 대한 세율 인상, 대기업에 대한 법인세 인상 등 일련의 과정을 보면 세계적 흐름과 완전히 역행하고 있는 듯해 걱정이 앞선다. 보유세 인상이 거시경제 전반에 어떤 영향을 미칠지, 서민경제는 어떻게 될지, 침체를 거듭하는 지방 부동산시장은 어떻게 될지 심사숙고한 후 보유세 인상을 검토해도 늦지 않다.

이젠 재건축도 손을 봐야,
강남이 잡힌다?

2018년 1월 19일 드디어 양쪽 신문 모두에서 재건축 얘기가 나오기 시작한다. 김현미 국토교통부 장관이 최근 서울 강남권 집값 급등과 관련, 현재 '준공 후 30년'인 재건축 가능 연한을 늘리는 방안을 검토 중이라고 밝혔다 한다. 강남 4구에 전면전을 선포한 것 아니냐는 해석도 소개했다. 전문가들은 "40년으로 될 경우, 단기적으로 재건축아파트값이 내릴 수 있지만, 서울의 안정적인 공급 부족을 악화시켜 장기적으로 집값이 더 오를 수 있다"고 지적했다.

1월 20일 자 조선일보에서는 **"재건축 연한 늘면, 40년 됐거나, 새 아파트는 반사이익"**이라는 기사가 실렸다. "40년으로 늘리면 강남·반포에 있는 재건축아파트 가격만 더 오릅니다. 공급 줄이면 집값 오른다는 것은 애들도 다 알겠네요"라는 내용으로 시작한다. 준공 40년을 넘었으면서, 안전진단을 통과한 재건축 추진 아파트와 10년차 이내 새 아파트가 반사 이익을 볼 것이라는 내용이다.

1월 22일에는 **"단속에도, 강남 상승세 안 꺾여"**라는 기사에서, 정부와 서울시의 대대적인 투기 단속과 세무조사에도 강남권 아파트값의 상승세가 이어지고 있다고 전했다. 한 전문가는 "강남권 아파트 소유자들이 4월 다주택자 양도소득세 중과 시행을 앞두고 장기보유로 돌아서면서 물건 부족으로 호가가 오르고 있다"고 말했다. 같은 날 **강남 재건축에 충격요법, 평균 4억 3,900만원 뱉어내야**라는 기사도 올라왔다. 국토부가 서울의 주요단지를 대상으로 재건축 부담금 시뮬레이션을 해본 결과 최대 8억 4,000만원, 평균 4억 3,900만원이 나왔다는 것이다. 최대한 보수적으로 적용한 결과라며 앞으로 집값이 더 많이 오르면 부담금이 더 커질 수 있다고 경고했다. 한 전문가는 "부담금 액수가 시장 예상보다 훨씬 커 일부 단지는 재건축사업이 전면 중단되고, 장기적으로 서울의 만성적인 공급 부족이 심해질 것"이라고 말했다.

1월 23일 자 한겨레신문에서는 **"김동연, 고가 1주택자도 보유세 인상 검토"**라는 기사가 나왔다. 단독 인터뷰에서 "다주택자에게 더 초점을 맞춰 검토를 한 것은 사실이지만, 주택 3채를 보유한 사람의 재산가액을 다 합친 것보다 더 큰 1주택을 보유한 사람은 어떻게 할 것이냐의 문제도 있기 때문에 이런 부분도 균형 있게 봐야 한다"고 설명했다 한다.

1월 25일 자에는 단독주택 표준공시가가 11년 만에 최대폭으로 상승했고, 9년 연속 올랐다는 기사가 나왔다. 가장 비싼 집은 신세계그룹 회장의 한남동 단독주택인데 작년보다 18.2% 오른 169억원이었다.

1월 26일 자에는 **"서울시, 재건축 개발이익 철저히 환수"**라는 기사가 있다. 초과이익분담금 부과권자는 시가 아니라 자치구 구청장인데, 구청장들은 지역 주민 반발을 고려해 분담금 부과를 유예할 가능성이 있다고 한다. 시는 이에 대해 "구청장이 부과하지 않아도 국토교통부와 협의 이행명령 조치를 내려 반드시 징수하겠다"고 했다.

1월 29일 자에는 **"안도하던 강남 재건축 11곳, 부담금 폭탄 떨어지나"**는 기사가 나왔다. 재건축 초과이익환수제를 피해 작년 말 관리처분 신청서를 접수시킨 단지들도 신청서 내용을 재점검해 부실 서류에 대해 '퇴짜'를 놓아 부담금을 물게 하라고 각 구청에 지시한 것이라 한다. 국토교통부는 최근 재건축 관리처분 인가권자인 개별 구청의 실무자들을 불러모아 '법과 원칙에 따른 철저한 심사'를 강조했다 한다. 한 참석자는 "회의에서 '인가가 끝나고 나면 감사가 나올 것', '잘못하면 감방에 갈 수 있다'는 말까지 나왔다"고 했다.

한 재건축 담당자는 "구체적인 가이드라인을 주면서 '그대로 하라'는 것도 아니고, '인가 내주기만 해봐라, 감사한다'고 하는 것은 지나친 것 아니냐"고 하소연했다.

같은 날 한겨레신문은 **"강남 주택 공급 부족? 올해 실제 멸실·준공물량 비슷"**이라는 기사에서 팩트체크를 했다. 먼저 '강남권 주택 공급 부족 맞나?'라고 하면서 공급 부족 주장은 허구에 가깝다고 평가하고 있다. 다음으로 '다주택 규제 따른 똘똘한 한 채 보유 심리 확산 맞나?'라는 진단에 대해서도 확실치 않다고 결론냈다. 마지막으로 '입시제도 변경 따른 학군 수요의 강남 이동 맞나?'라는 질문에 대해서는 강남 8학군 선호도가 높아진 것은 부인할 수 없는 사실이지만 강남 집값 급등세를 몰고 올 정도까지는 아닌 것으로 보인다고 결론 내렸다. 전문가들의 얘기가 모두 거짓이었던 걸까? 그렇다면 왜 올랐을까?

1월 30일 자에는 **"김수현 수석·김현미 장관, 대책 발표 때마다 '강남, 강남"**이라는 기사가 실렸다. 현 정부 부동산 정책 결정자들이 부동산 관련 대형 발표가 있을 때마다 '서울 강남'을 집중 거론하고 있다는 것이다. 이에 대해 전문가들은 '노무현 정부가 강남 집값 잡기에 실패했다'는 트라우마에 빠진 문재인 정부가 지나치게 강남 집값 잡기에만 몰입하면서, 전체 주택시장 흐름을 놓치는 것 아니냐고 해석했다.

1월 31일 자에는 **"잘못하면 감방 간다, 국토부 압박 후폭풍"** 기사가 나왔다. 국토교통부로부터 '재건축 관리처분 신청서 철저 검토' 지시를 받은 서울 송파구청이 작년 말 접수한 신청서를 모두 국토부 산하 한국감정원에 넘겨 타당성 검증을 의뢰했고, 강남구청도 의뢰할 방침이라 한다. 사실상 인가권한을 포기한 것 아니냐는 해석이다. 한 전문가는 "압박감을 느낀 나머지 국토부에 '직접 하라'고 던진 것으로 보인다고 말했다. 같은 날 **"강남 집값 과열, 확산 막게 LTV·DTI 지키는지 점검하라"**는 기사에서 금융감독원이 점검하겠다는 내용이 실렸다. 최흥식 금감원장이 강남 4구 등 일부 지역의 경우 집값이 급등하는 등 과열 현상이 나타나고 있다"며 "주변 지역으로 확산되지 않도록 선제적으로 대응할 필요가 있다"고 말했다. "위반 사항이 적발되면 엄정한 제재 조치를 취하라"고도 주문했다 한다. 금감원 관계자는 "원장의 임원회의 발언을 외부에 공개하는 것은 매우 이례적"이라며 "부동산 투기에 대한 강한 경고로 읽힐 것"이라고 전했다. 그간 위반 사항이 얼마나 많다고 이렇게까지 했을까?

같은 날 한겨레신문은 **"주거비 부담 탈서울, 작년 18만명이나 됐다"**라는 기사에서 주택 때문에 서울 인구가 유출되고 있다고 했다.

2월 1일 조선일보에서는 **"부동산 규제에도, 부자들 집 더 사겠다"**는 기사를 실었다. 하나금융연구소에서 나온 '2018 부자 보고서'를 인용하면서, 8.2 대책이 부자들에겐 아직까지 큰 영향을 미치지 않고 있다고 한다. 금융자산 10억원 이상 보유한 808명 중, 43%는 현재 보유하고 있는 부동산 자산 비중을 유지할 것이라고 했고, 부동산 비중을 축소하고 금융자산 비중을 늘리겠다는 사람은 25%, 부동산 비중을 늘리겠다는 응답자도 14%로 나타났다고 한다.

같은 신문에서 우원식 더불어민주당 원내대표는 연설에서 "재건축 부담금을 포함해 보유세 인상과 분양원가 공개 등 모든 옵션을 테이블 위에 올려놓고 특단의 대책을 강구하겠다"며 "부동산 불패 신화에 마침표를 찍겠다"고 말했다는 내용을 실었다.

2월 2일 자에는 **"잡으려고 하지 말고 풀어라, 강남 집값 역발상이 해법"**이라는 기사에서 전문가들이 재건축·재개발의 규제 완화를 통한 공급

광기의 실험, 시장의 반격

확대의 중요성을 강조하고 있다. 규제 완화를 함에 있어서 임대주택비율 상향과 기부채납 강화 등을 하면 된다고 보는 것이다.

같은 날 **"집 안 파는 다주택 장관들, 솔선은커녕 내로남불격"**이라는 기사에서는 문재인 정부 1기의 '다주택 장관' 10명 중 9명이 여전히 집을 팔지 않고 버티는 것을 비판했다.

2월 5일 자에는 **"강남 누르자, 마포·성동 1주일새 5,000만원 올랐다"**는 기사가 나왔다. 한 전문가는 "시장을 이기는 정부는 없다"며 "집값을 정책으로 잡겠다는 생각을 안 했으면 좋겠다"고 말했다.

같은 날 한겨레신문에서는 **"종부세 인상 3가지 시나리오, 투기 잡을 최후의 방안은?"**이라는 기사가 나왔다. 내용은 공정시장가액비율 조정과 세율 인상, 공시가격조정 3가지다. 종부세율 조정은 국회 문턱을 넘어야 하고, 공시가격조정은 법 개정 없이도 가능하나, 올릴 경우 종부세뿐만 아니라 재산세 등 다른 세목에도 영향을 미쳐 정부가 꺼리는 방식이라 한다. 즉 건강보험료와 기초생활보장대상자 등 사회보험료, 복지혜택 등에도 영향을 준다는 얘기다. 공정시장가액 비율 차등 적용 방안은 국회 동의도 필요 없고, 조세 저항도 공시가격 인상에 비해 적을 것으로 예상했다. 다만 효과가 크지 않을 것으로 분석했다. 여하튼 다주택자의 보유세 인상은 불가피할 것으로 예상했다.

드디어 정부가 희망을 걸만한 기사가 조선일보에서 나왔다. 2월 7일 자에 **"글로벌 부동산시장, 이미 가격조정 시작"**이다. 미국 상업용부동산중개협회**SIOR**에 따르면 상가와 오피스텔 가격이 내리고 있다고 한다. 맨해튼과 런던, 토론토에서도 집값이 하락하고 있다고 한다.

2.20 부동산 대책:
강남, 이래도 버틸테냐!

"재건축 안전진단 기준 정상화"

2018년 2월 20일 국토교통부는 재건축사업이 구조안전성 확보, 주거환경 개선 등 본래의 제도 취지에 맞게 진행되도록 안전진단 기준을 개선키로 했다고 밝혔다.

제목에서 '정상화'라는 단어가 나온다. 예사롭지 않음을 알 수 있다. 과거 처음 재건축 제도가 출발할 때는 2018년 현재의 규제보다 강도가 훨씬 약해서 비교적 자유롭게 사업을 진행할 수 있었다. 이번 정책에서 연한 규정은 적용하고 있지 않지만, 당초 재건축 연한은 '준공 후 20년'이었는데, 노무현 정부가 40년으로 늘렸고, 박근혜 정부는 30년으로 완화했다. 규제도 노무현 정부 때 강화된 것을 박근혜 정부가 다소 완화시킨 것이다. 당초 느슨한 형태에서 강화된 형태로, 그리고 다소 완화된 상태인데, 어느 시절로 가는 것이 정상화인지 여러분들이 한번 판단해보시길 권한다.

여기서도 현황 인식으로 시작한다. 그간 재건축사업 추진을 결정하는 첫 단추인 안전진단의 절차와 기준이 지속 완화되어 왔고, 이로 인해 현재의 안전진단은 사업 추진 필요성을 결정하는 본래의 기능이 훼손되고, 형식적인 절차로만 운영되는 상황으로 인식하고 있다.

그리고 최근 시장 과열과 맞물려 재건축사업이 본래 취지와 다르게 추진되어, 많은 사회적 자원 낭비와 사업에 동의하지 않은 주민들의 재산권 침해 등 부작용이 나타난다는 지적이 제기되어 왔다고 한다. 이에 따라 지속된 규제 완화로 인한 부작용을 방지하고 안전진단 제도가 본래 취지대로 운영될 수 있도록, 그간 과도하게 완화된 규정을 정상화하겠다고 한다. 하여튼 정부의 문구는 옮겨 적기도 힘들 정도로 딱딱하다.

주요 개선 내용으로는 시장·군수가 안전진단실시 여부를 결정하는 단계인 현지조사 단계 때부터 전문성 있는 공공기관한국시설안전공단, 한국건설기술연구원이 참여할 수 있도록 했다. 시장·군수는 전문성이 요구되는 구조안전성 분야에 대한 조사에 한계가 있으니, 현지조사를 공공기관에 의뢰할 수 있는 근거를 마련해 전문성과 객관성이 담보되도록 했다는 것이다.

다음으로는 안전진단 종합판정을 위한 평가항목별 가중치를 조정했다. 그간 구조적 안전보다는 주거의 편리성과 쾌적성에 중점을 둔 주거환경중심평가(구조안전성 20%, 주거환경 40%, 시설노후도 30%, 비용분석 10%)를 통해 재건축 여부를 결정해왔다. 하지만 구조적으로 안전한데도 재건축 사업이 추진되는 사회적 낭비 사례가 발생하고 있다며, 구조안전성 확보

■ 재건축 안전진단 평가항목별 가중치 변경

구분	가중치	
	현행	개정
주거환경	0.40	0.15
건축마감 및 설비노후도	0.30	0.25
구조안전성	0.20	0.50
비용분석	0.10	0.10

출처: 국토교통부, 재건축 안전진단 기준 정상화, 2018.2.20., p.3

■ 개정 전·후 절차 비교도

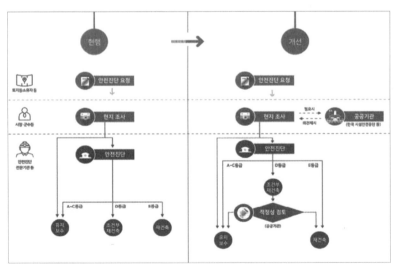

출처: 국토교통부, 재건축 안전진단 기준 정상화, 2018.2.20., p.4

광기의 실험, 시장의 반격

라는 재건축사업의 본래 취지를 살려 구조안전성 비중을 50%까지 상향 조정(주거환경15%, 시설노후도 25%, 비용분석 10%)했다.

학계에서는 재건축 연한을 늘리는 것에 대해 찬성과 반대의 시각이 공존한다. 찬성하는 쪽의 주장은 다음과 같다. 먼저 철근콘크리트의 수명이 최소 60년 이상이라는 점을 근거로 재건축 허용 연한을 늘려야 한다고 한다. 오래 쓸 수 있는 것을 버리는 것은 환경적으로도 부담이 되고, 사회적으로도 자원 낭비라는 인식이다. 다음으로는 재건축 물량이 집중되어 주택수급에 많은 불균형이 생겨 불안한 부동산시장을 자극할 수 있다고 지적한다. 그리고 재건축 대상 아파트가 투기의 대상이 될 것을 우려하고 있다.

반대 의견은 다음과 같다. 정부가 재건축 연한을 규제하는 이유로 '자원 낭비'를 들고 있지만, 이 논리를 다른 재화에는 적용하지 못하면서 유독 부동산에만 적용시켜 규제하는 것은 모순이라며 주장이다. 예를 들어 자동차의 사용 연한이 10년이면, 그 전에 바꾸는 것도 불허해야 하는 게 아니냐는 얘기다. 그리고 구조적 안정성이 확보되더라도 부족한 주차장과 녹물이 섞여 나오는 수돗물, 자주 고장 나는 엘리베이터 등 이런저런 불편한 사항을 감내하라고 하는 것은 지나친 간섭이라는 의견도 있다.

게다가 재건축으로 주택을 공급하면 기존 가구수보다 50~100%를 추가로 공급할 수 있어 주택 공급에도 도움이 된다고 보고 있다. 또 재건축 대상 아파트는 대부분 입지가 좋은 곳이어서 주민들이 원하는 유형의 주택을 원하는 곳에 공급하는 효과도 크다고 본다. 어느 얘기가 맞을까?

결과적으로 재건축 안전진단 기준이 바뀐 2019년 7월 기준으로 탈락률이 16배 증가했다고 한다. 즉 개정 전에는 재건축 불가 판정이 2%였지만, 개정 후에는 33%로 폭증했다(비즈한국, 2020.11.15.).

이외에도 재건축·재개발 규제를 지속적으로 강화한 박원순 서울시장은 25만 2,000가구의 공급 차질을 초래했고, 집값 급등의 일등 공신이란 비판을 받기도 했다(매일경제, 2020.12.13.).

여론의 반응

2018년 2월 21일 자 한겨레신문에서는 **"안전성 문제 없는 아파트, 재건축 못한다"는** 기사를 실었다. 바뀐 정책을 소개하며 '조건부 재건축' 판정을 받으면 시설안전공단 등 공공기관의 적정성 검토를 거치도록 의무화했다는 내용을 상세히 설명하고 있다. 조건부 재건축은 안전진단 결과 구조 안전성에 큰 결함은 없는 것으로 나타났지만 지방자치단체가 재건축 시기를 조정하면서 사업을 추진할 수 있게 하는 판정 유형으로, 90% 이상이 여기에 해당한다고 한다. 지금까지는 '조건부 재건축' 판정을 받은 대부분 단지가 시기조정 없이 바로 재건축에 착수해 실효성이 없다는 지적을 받았다고 한다.

말미엔 안전진단 강화로 인해 이제 막 재건축 추진을 시작한 단지들의 집값 상승에 제동이 걸릴 것으로 보고 있다는 내용도 실었다. 한 전문가는 "올해부터 재건축 개발 이익의 최대 50%를 환수하는 초과이익환수제가 부활해 재건축 투기가 확산되긴 어렵다. 신규 주택 공급이라는 순기능도 고려해 재건축사업은 극단적인 과열이나 위축 없이 정상화되는 게 바람직하다"고 진단했다.

같은 날 조선일보는 **"무너질 위험 없으면, 재건축 못한다"**는 기사를 냈다. 서울에서만 약 10만 4,000가구가 강화된 재건축 안전진단 기준의 적용을 받을 것이라고 전망했다. 한 전문가는 "구조안정성 강화는 사실상 재건축을 막겠다는 것인데, 정부가 노후 아파트 거주자의 생활 편의를 지나치게 가볍게 여기는 것" 같다고 말했다.

대다수 부동산 전문가는 서울 재건축아파트에 대한 투자 심리가 한풀 꺾일 것으로 예상했다 한다. 실제 압구정 현대아파트 33평형의 경우 호가가 23억원까지 오른 것이 최근 21억원짜리 매물이 나왔다 한다. 다른 전문가는 "재건축이 막히면 서울 요지 신축 아파트는 희소성 때문에 값이 더 오를 가능성이 크다"고 했다.

다른 기사인 **"목동 아파트 등 10만 가구 직격탄"**에서는 목동 주민이 "주차난이 심각한 목동 아파트는 등록차량 대비 주차 공간이 0.45대에 불과해 불이 나도 소방차가 못 들어오는 상황"이라며 "정부 조치는 노후 아파트 주민의 안전은 나 몰라라 하는 식"이라고 비난했다는 내용을 실었다.

2월 22일 자에는 **"재건축 사다리 걷어차기"**라는 칼럼에서 강남 재건축과의 전쟁에서 직격탄을 맞은 곳은 비강남권이라는 얘기를 싣고 있다.

말미에는 서울에 대규모 택지가 바닥났는데, 재건축까지 닫아버린다면 몇 년 안에 신규 아파트 부족 사태를 빚을 것이라고 마무리했다.

3월 20일 자 한겨레신문이 **"박근혜 재건축으로 돌아가자는 여당 중진 의원들"**이라는 칼럼을 실었다. 재건축 안전진단 강화에 반대하는 유권자가 많은 지역구 의원들이 박근혜 정부 시절보다 재건축을 더 쉽게 하자는 법안을 발의한 것에 대한 비판이다. 국회의원의 법안 제출이 일부 지역구 유권자의 이익만 일방적으로 대변하는 것이라면 너무 가볍다면서, 어차피 통과 안 될 테니 지역구 주민에게나 잘 보이자는 '입법 쇼'인지, 공익을 위해 법을 고치는 것이 옳다는 소신에 따른 것인지 밝혀주기 바란다고 촉구했다.

2월 26일 자 조선일보는 **"안전진단 강화 후폭풍, 강북 신축아파트 들썩"**이라는 기사를 실었다. 재건축을 압박하니, 주변 신축 아파트값과 분양권 가격이 급등했다는 것이다. 그리고 '비강남권 차별 저지 범국민대책본부'(가칭)를 조직하고 있다고 전했다.

2월 27일 자에는 **"1대1 재건축 압구정 현대, 부담금 정면 돌파"**라는 기사가 나왔다. 조합원 수만큼 아파트를 건축해 재건축 초과이익환수제의 부담금을 줄이겠다는 것이다. 소형 아파트나 임대주택을 넣지 않고 대형 평형 위주의 '고급 단지'를 만들겠다는 의도도 있다 한다. 한 공인중개사는 "강남에서도 최고의 입지에 차별화된 단지를 만들면 장기적으로 주택 시세가 훨씬 올라갈 것으로 기대된다"고 말했다. 다만 재건축을 위해 조합원이 내야 하는 분담금이 크게 늘기 때문에 주민 동의를 받기가 쉽지 않을 것이라는 의견도 있었다.

같은 날 "**서울시도 재건축 압박, 송파 2,800여 가구 이주 3~6개월 늦춰**"라는 기사가 나왔다. 관리처분계획 인가는 구청의 고유 권한이지만, 서울시는 이주 시기 심의를 통해 재건축사업의 속도를 조절할 수 있다고 한다. 한 전문가는 "정부가 적극적으로 강남 집값 잡기에 나선 상황에서 서울시도 재건축 단지 압박에 동참하는 것으로 보인다"고 말했다.

2월 28일 자에는 "**자가보유율 70% 못 넘는 까닭은?**"이라는 기사가 나왔다. 기사는 문 대통령이 "아파트 가격도 중요하지만, 자가보유율이 더 중요하다고 본다"는 김현미 장관 임명식 때 한 발언으로 시작한다. '자가보유율'은 자기 집을 소유한 가구의 비율을 의미하고, '자가점유율'은 자기 집에 자기가 사는 비율을 의미한다. 우리나라 자가점유율은 2016년 기준으로 56.8%이고, 자가보유율은 59.9%였다.

하지만 선진국에서도 자가점유율 70%는 '마의 벽'으로 여겨진다고 한다. 글로벌 경제통계 사이트인 '트레이딩 이코노믹스'에 따르면 선진국 자가점유율은 대부분 60%대다. 2017년 말 기준 미국은 64.2%이며 일본 61.9%, 캐나다 66.5%, 영국 64.2%, 프랑스 64.9% 등이다. 예외적으로 중국(90%)이 전 세계에서 가장 높고, 러시아도 87.1%에 달한다고 한다.

그렇지만 주거안정을 위해 자가점유율 수치에 집착하는 것은 바람직하지 않다는 비판도 있다. 한 연구원은 "허름한 집이나 터무니없이 좁은 집에 살면서 자가점유가 무슨 의미가 있느냐"며 "질 좋은 주택, 저렴한 임대주택을 안정적으로 공급하는 것이 정책 목표가 돼야 한다"고 말했다.

다음 날 기사에서는 **"'법정으로' 화난 재건축 주민들 집단행동 나섰다"** 는 기사에서 강남을 넘어, 과천, 부산, 대구, 울산 등 지방 재건축 단지까지 소송에 동참했다는 기사다. 안전진단 기준 강화에 대한 반대한다는 입장이다.

3월 2일 자에는 **"'재건축 부담금 못낸다' 5년째 싸우는 한남연립"** 이라는 기사에서 한남연립이 헌법소원까지 낸 사연을 싣고 있다. 재건축 초과이익환수제는 재건축으로 발생한 이익 중 정상 상승분을 제외한 초과이익의 최대 절반을 정부가 부담금으로 환수하는 제도다. 여기서 관계자는 "현행법은 부담금을 개인이 아닌 조합에 부과하는데, 조합원 31명 중 7~8명은 소재 파악도 안된다"면서 "남아 있는 사람이 부담금을 내야 하는데 이렇게 되면 주민 간 소송이 벌어질 수도 있다"고 말했다.

아예 계산법 자체에도 큰 결함이 있다고 했다. 개시 시점 가격을 공시지가로 잡고 종료 시점 가격을 실거래가로 하면 가격 상승분보다 훨씬 더 큰 이익이 날 수밖에 없다는 것이다. "지금 당장 샀다가 팔아도 현재 산식대로라면 초과이익이 생기는 어처구니 없는 상황"이라고도 말했다.

3월 5일 자에는 **"서울 아파트 매매가 상승 폭 3주 연속 줄어"** 라는 기사에서 정부의 재건축 안전진단 기준 강화와 서울시의 관리처분계획인가 시점 조정 방침이 발표되면서 서울 아파트값 상승 폭이 그해 들어 가장 낮은 수치를 기록했다고 한다.

3월 12일 자에는 **"강남 재건축 단지 시세 24주 만에 마이너스 기록"** 이라는 기사가 실렸고, 3월 26일 자에는 **"서울 아파트 전세 시세 5년 8개월**

만에 하락", 4월 2일 자에도 **"강남 아파트값 상승률, 작년 9월 이후 최저"** 라는 기사가 실렸다. 불은 꺼진 것일까?

시장의 반응

    2018년 2월까지 여러 대책을 내놓았지만, 강력한 제도는 8.2 대책과 12.13 대책, 그리고 2.20 대책으로 볼 수 있겠다. 그 각각의 효과를 아파트 매매가격지수의 월별 상승률로 보면 다음 그림과 같다.

    8.2 대책의 효과는 모든 지역에서 효과를 발휘했으나, 특히 서울과 강남에서 1~2개월 정도 효과를 보였다. 그러나 서울과 강남 아파트가 재차 상승하고, 이후 12.13 대책이 나와도 거침없이 상승세를 이어간다. 그러다가 2.20 대책으로 하락하는 모습을 보인다. 하지만 그마저도 여름을 지나면 재차 상승한다. 이때는 모든 지역이 상승세로 돌아설 것 같은 그림이다.

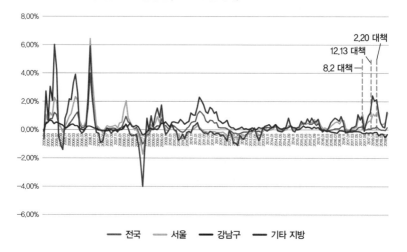

■ 아파트 매매가격지수 월별 상승률(2017년 말까지)

아파트 매매가격의 주간 상승률은 보다 더 드라마틱하다. 강남구는 8.2 대책으로 마이너스권으로 갔으나, 재차 폭발했고 이는 2.20 대책까지 이어진다. 그리고 2.20 대책 이후 다시 상승세가 잡혔으나, 7월 초 바닥을 찍고 다시 급상승한다. 서울도 이보다는 덜하지만 비슷한 패턴을 보였고, 기타 지방은 계속해서 마이너스권에 있음을 알 수 있다.

이쯤 되면 가을께 정부에서 뭔가 나올 것 같다는 느낌이 들지 않은가?

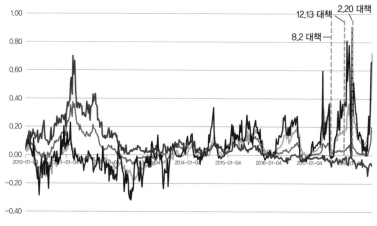

■ 아파트 매매가격지수 주간 상승률(2018년 8월 말까지)

전국 ── 서울 ── 강남구 ── 기타 지방

집값 대책, 강남만 보면 또 *必敗*한다

(2018년 2월22일, 문화일보 칼럼)

정부가 지난 20일 재건축 안전진단 기준을 강화하는 방안을 발표했다. 보도자료 어디에도 강남 집값을 잡기 위한 방편이라는 말은 없다. 그러나 국민 대다수는 이것이 강남 집값을 잡기 위한 대책임을 안다. 현 정부는 출범 이후 숨 가쁘게 정책들을 쏟아내고 있다. 다주택자 및 고가주택 보유자를 대상으로 한 대출 규제와 양도세 중과, 재건축 초과이익 환수, 그리고 이젠 재건축 안전진단 기준 강화다. 앞으로도 분양가상한제, 보유세 인상 등 굵직한 것들이 더 남아 있다.

실제 강남의 재건축 대상 아파트를 비롯한 일부 아파트는 올라도 너무 많이 올랐다. 그러나 강남 전체와 서울, 전국을 놓고 보면 지금이 폭등 상황인지 판단하기 어렵고, 일련의 정책들이 꼭 필요한지도 의심스럽다. KB부동산지수를 보면 최근 5년간 강남 아파트는 연평균 3.21% 올랐고, 수도권은 2.27%, 그리고 지방 아파트는 0.03% 올랐다. 지금 폭등이라고 인식되는 것은 몇몇 단지의 현상일 가능성이 크다는 뜻이다. 실제 서울 중에서도 강남권 외의 집값은 안정적 흐름을 보이고 있다. 과거에는 강남 집값이 오르면 서울 집값이 오르고, 이어서 수도권과 지방도 올랐기 때문에 강남 집값 대책이 의미 있었으나, 지금은 지방 집값 하락이 무서운 상태이므로 실효성이 작다.

현 정부 들어 지금까지 쏟아낸 정책들이 본격적으로 시행되지도 않은 시점에, 그리고 그 효과가 나타나기도 전에 새로운 규제를 계속해서 남발하고 있는데, 과연 그 파장이 어디까지 미칠지 매우 우려된다. 게다가 정부가 지금까지 내놓은 대책 대부분이 단기 적으론 그럴듯해 보이나, 중장기적으론 오히려 가격 상승을 부추길 가능성이 커서 더 혼란스럽다.

재건축 안전진단 기준의 강화는 시장에 큰 혼란을 줄 것으로 보인다. 규제가 적용되는 아파트값은 급락하고, 이를 피해간 곳은 희소성으로 인해 급등하는 등 지극히 불안한 상태가 유지될 듯하다. 금융위기 극복을 위해 풀린 막대한 유동성이 어디로 튀어서 풍선효과가 나타날지는 예측하기 힘들다. 이러한 대책은 4월부터 시행되는 다주택자 양도세 중과 효과와 맞물려 단기적으론 집값을 잡을지 모르나, 중장기적으론 공급물량 축소에 따른 또 다른 가격 폭등도 가능한 상황이다.

지자체의 권한에 중앙정부가 개입할 정도로 지금이 위기 상황인지 모르겠다. 재산권 행사가 제한되고, 수준 높은 주거 환경을 추구할 권리마저 희생당하는 것이 적절한지도 의심스럽다.

지금은 강남 집값만을 생각할 때가 아니다. 2003년부터 지방 아파트에 대한 지표를 산정했는데, 처음으로 재작년과 지난해에 0.67%와 1.39% 빠졌다. 지난해 경남 창원시 성산구의 아파트값은 무려 8.6%나 빠졌다. 성산구 전체가 8.6%이니, 몇몇 단지는 10% 이상 빠졌을 것이다. 거제시도 6.1%나 빠졌다. 외환위기 때 전국 집값이 12.4% 빠진 데 비하면 작지만, 신용카드 사태 때 그렇게 경제가 어렵다고 느꼈는데도 집값은 2.1%밖에 빠지지 않았다. 지금 지역별로는 심각한 상황이다. 최근 한국GM의 군산공장 폐쇄 소식을 시작으로, 미국의 무역 제재로 인한 지방경제 악화도 예상되기 때문이다. 지방은 미분양이 심각한 수준이다.

정부의 의도대로 강남 집값이 잡혀도 머리 아프다. 지방 시장은 붕괴로 연결될 수도 있기 때문이다. 이젠 강남에 집착 말고 나라 전체 시장을 고민해야 한다. 단기 대책보다는 장기 대책을 고민해야 시장 불안과 왜곡을 막을 수 있을 것이다.

7장

토지공개념,
종합부동산세
그리고 공급

난 공공선이 개인의 이해관계보다

더 우선한다는 원칙에 따라 모든 사람이

자신의 힘으로 취득한 자산을 계속 보유하기를 원한다.

하지만 국가는 통제권을 보유해야 하며

모든 소유주는 자신을 국가의 대리인으로 생각해야 한다.

아돌프 히틀러

토지공개념을 공론화하라

2018년 3월 22일 자 한겨레신문에서는 **"토지공개념 헌법 명시, 투기 막는다"**는 기사가 실렸다. 청와대는 이미 헌법 전문 수정 및 기본권·국민주권을 강화한 개헌안을 발표한 데 이어, 두 번째로 총강·경제·지방분권 분야를 공개했다. 공공성과 합리적 사용을 위해 토지 이용에 제한을 둘 수 있다는 토지공개념을 도입했다 한다.

개헌안은 현행 헌법 122조 조항을 수정하는 것인데, 현행 122조는 "국가는 국민 모두의 생산 및 생활의 기반이 되는 국토의 효율적이고 균형 있는 이용·개발과 보전을 위하여 법률이 정하는 바에 의하여 그에 관한 필요한 제한과 의무를 과할 수 있다"다. 이를 "토지의 공공성과 합리적 사용을 위해 필요한 경우에 한해 특별한 제한 또는 의무 부과를 할 수 있도록 한다"고 수정하는 안이다. 그리고 개헌안은 헌법 총강에 '수도에 관한 사항은 법률로 정하도록 한다'는 조항도 신설해 수도 이전의 근거를 명문화했다. 여러분들도 어느 것이 좋은지 고민해보시길 권한다.

사실 토지공개념은 2017년 말에 추미애 더불어민주당 대표가 개헌을 통해 명시하는 방안을 논의하겠다고 한 내용이다.

같은 날 조선일보는 **"토지공개념, 처음으로 헌법에 명시, 학계 '사유재산제 근간 흔들어"**라는 기사를 실었다. 먼저 토지공개념은 국가가 땅에 대한 개인의 권리를 제약하는 근거가 될 수 있어 사유재산제와 충돌한다는 지적을 받아왔다고 시작한다.

헌법재판소도 토지공개념에 기반한 '택지 소유 상한에 관한 법률', '토지 초과 이득세법' 등에 대해 각각 위헌과 헌법 불합치 결정을 내린 바 있는데, 이번 대통령 개헌안은 헌법에 토지공개념을 명확히 해 위헌 소지를 아예 없애버리겠다고 한다. 이에 재계 관계자는 "토지공개념이 헌법에 들어간 사례는 전 세계적으로 한 군데도 없다"며 "토지공개념이 적용되면 자유 시장경제의 근간인 재산권 보장이 위축되고 경제 활력을 떨어뜨릴 것"이라고 말했다 한다.

학계에서도 사유재산제의 근간을 흔들 수 있는 규정을 헌법에 구체적으로 담는 것은 무리가 있다고 지적한다. 한 교수는 "중국식 사회주의로 가는 것도 아닌데 토지공개념을 도입하자는 것을 이해할 수 없다"며 "경제민주화에다 토지공개념까지 더해지면 시장경제를 질식시키게 될 것"이라고도 말했다.

광기의 실험, 시장의 반격

3월 23일 자 한겨레신문에서는 **"토지공개념이 사회주의 조항? 개헌안에 색깔론 퍼붓는 한국당"**이라는 기사가 났다. 토지공개념을 놓고 자유한국당이 사회주의 조항이라며 맹공을 퍼붓고 있다고 한다. 여기에 대해 더불어민주당은 미국, 홍콩, 싱가포르, 네덜란드, 스웨덴, 핀란드 등 세계 각국에서도 토지의 공공성을 강조하고 있다고 반박했다. 기사 말미에 여당 의원이 "땅 가지고 장난해서 자기 배는 불리고 남의 눈에 피눈물 나게 하는 일이 우리 사회에 만연하는 건 막아야 하지 않겠냐"며 "지대가 경제 발목을 잡고 있고, 자산의 양극화가 소득의 양극화보다도 훨씬 더 심각해서 사회적인 갈등을 야기하는 잠재적인 위협으로 작용하고 있다. 이런 현실을 생각한다면 지금보다 토지공개념이 조금은 더 강화될 필요가 있다"고 말했다.

3월 27일 조선일보는 **"문 대통령, 일방통행 개헌, 국무회의서 40분 만에 통과"**라는 기사에서 졸속개헌 논란을 실었다. 같은 날 한겨레신문에는 **"토지공개념과 부의 불평등"**이라는 칼럼이 실렸다. 야당의 '사유재산권을 침해하는 사회주의적 발상'이라는 반발을 '색깔론에 기댄 공격'이라고 못박았다. 현행 헌법에도 이미 토지공개념의 내용이 담겨 있다고 했다. 그리고 불평등 해소를 위해서라도 필요하다는 주장을 펴고 있다. 이미 담겨 있는데 왜 굳이.

3월 30일 자 조선일보에는 **"전 정권 정책, 빚내서 집 사라는 식, 국토부 부적절했다"**며 "자아비판"이란 기사가 나왔다. 바로 전날 '국토부 주요 정책에 대한 1차 개선권고안' 발표회가 열렸는데, 발표 주체는 '국토교통분야 관행혁신위원회'였다. 당시까지 보도자료 등을 통해 공식적으로 발표된 적이 없던 조직이었다.

위원장은 민변민주사회를 위한 변호사들의 모임 부회장인 김남근 변호사였다. 여기서 위원회는 분양가상한제와 다주택자 양도세 중과 폐지, 청약 규제 완화 등과 '빚내서 집 사라' 정책을 추진한 것은 부적절했다며, 재건축 규제 완화도 비판했다. 이러한 위원회 지적에 대해 국토부는 '개선 방향'이란 형식으로 답변했는데, 대부분 "향후... (중략)...않을 계획입니다"라고 답변했다고 한다. 이에 한 공무원은 "당시엔 주택 경기 침체에 따른 하우스 푸어 문제 등을 해결하라는 정부 정책 방향에 맞춰 일을 한 것뿐인데, 정권이 바뀌었다고 이런 식으로 자아비판을 시키면 앞으로는 어떻게 일을 하겠느냐"고 말했다 한다.

같은 날 한겨레신문은 **"살지 않는 집 팔라더니, 청와대 참모·장관 24명이 다주택자"**라는 기사를 실었다. 정부 부처 장차관급과 청와대 핵심 참모진을 비롯한 고위공직자 상당수가 다주택자인 것으로 집계됐으며, 특히 이들이 보유한 주택은 서울 강남·송파구, 세종시 등 투기과열지구로 지정된 지역에 쏠려있다고 했다. 부동산 정책을 이끄는 국토교통부의 경우 장관을 제외한 1급 이상 간부 8명 중 절반이 다주택자였다. 일부 매각한 경우도 지방이나 비강남 주택을 먼저 처분하고 강남 4구의 고가주택을 보유해 '똑똑한 한 채' 흐름에 편승하는 것 아니냐는 얘기도 나왔다.

광기의 실험, 시장의 반격

헌법에 토지공개념이 추가되어야 하나

(2018년 5월, 월간 〈헌정〉, pp40~42)

작년부터 정부에서는 강력한 부동산 대책을 내놓고 있다. 대책을 내놓을 때마다 강남 집값이 논란의 중심이었다. 그러면 강남집값이 진짜 문제인가에 대한 검토가 필요하며, 실제 우리나라 부동산시장이 이러한 특단의 대책을 줄줄이 내놓을 정도로 심각한 상황인가에 대한 점검이 우선 필요하다.

우리나라가 KB국민은행에서 주택가격조사를 시작한 지는 30년이 넘었다. 지난 31년간 평균 아파트가격의 연간 상승률은 전국이 5.58%, 서울 6.12%, 강남 5.76%이다. 금융위기 이후 10년간을 살펴본다면 더욱 안정된 모습을 보여주고 있는데, 전국, 서울, 강남의 아파트값이 각각 2.65%, 1.30%, 1.05%이다. 물가 상승률에도 못 미치는 값이다. 게다가 일반인들의 상식과 다르게 최근 10년간 강남 아파트는 정확히 5년 오르고 5년 하락했다. 최근 몇 년간 강남 아파트의 문제는 강남권 전체의 문제도 아니고 몇몇 재건축단지의 문제일 가능성이 높다는 의미이다.

얼마 전 IMF에서도 일부 지역의 과열 우려는 있으나 우리나라 전체 주택시장은 긍정적인 것으로 평가한 바 있다. 지금은 오히려 지방시장 침체를 우려해야 할 시기이기도 하다. 지방 집값은 2003년 지표를 산정한 이래 처음으로 2년 연속 마이너스를 보이고 있고, 올해도 좋지 않을 전망이다. 계속해서 미분양이 쌓여가고 있음에도 해소될 기미는 나타나지 않고 있으며, 최근 지방경제 상황과 대외경제 여건을 보았을 때, 이러한 침체가 더 이어질 것으로 보여 아주 우려스러운 상황인데도 정부는 지금까지보다 더 강력한 대책을 예고하고 있다. 지금까지도 세계에서 유례가 없을 정도로 강력한 부동산 대책들을 남발하였는데 앞으로 얼마나 더할지 시장은 숨죽여 보고만 있는 상황이다.

시기적으로도 적절한지 의문이다. 위헌판결 받은 법률이 나올 당시는 그야말로 부동산 망국론이 나올 정도로 심각한 상황이었다. 1988년과 1989년에 전국 아파트값이 20.0%, 20.2%나 올랐고, 정부에서 특단의 대책을 쏟아낸 다음 해인 1990년에는 무려 32.3%나 폭등하였다. 이때 서울과 강남의 아파트는 37.6%, 38.9%나 올랐다. 정말 부동산 망국론이 나올만한 상황이었다. 불과 2~3년 만에 어떤 아파트는 두 배, 세 배가 오르는 게 보통인 시기였다. 그래서 정부에서 특단의 강력한 대책을 마련하게 된다. 이른바 토지공개념 3법인데, 택지소유상한제와 토지초과이득세, 개발부담금제이다.

최근 청와대에서 개헌안이라고 발표한 것을 살펴보면 아직은 구체적 내용 검토가 부족하긴 하나, 그 의도는 충분히 짐작할 수 있을 것 같다. 청와대는 "현행 헌법에서도 해석상 토지공개념이 인정되고 있다고 하면서, 택지소유상한에 관한 법률은 위헌 판결을, 토지초과이득세법은 헌법불합치 판결을 받았고, 개발이익환수법은 끊임없이 공격을 받고 있는 상황"이라고 규정하였다. 이러한 인식을 바탕으로 "사회적 불평등 심화 문제를 해소하기 위하여 토지의 공공성과 합리적 사용을 위하여 필요한 경우에 한하여 특별한 제한을 하거나 의무를 부과할 수 있도록 하는 토지공개념의 내용을 명시한다"고 발표하였다. 선진국에서는 찾아볼 수 없는 조항을 헌법에서 사상초유로 규정하겠다는 것이다.

청와대에서 예로 든 택지소유상한제에 따른 택지초과소유부담금은 661m², 즉 200평을 넘는 택지소유를 금지하는 법안인데, 땅값이 오르지 않더라도 땅값의 최고 11%를 매년 세금으로 내도록 하였다. 10년 동안 세금을 내다보면 땅값이 다 없어지는 것이다. 그래서 초과된 면적의 땅을 옆집에 거저 주겠다고 하는 사람들도 나타났다. 결국 위헌 판결을 받았다.

청와대에서 또 다른 예로 들고 있는, 헌법불합치 판결을 받은 토지초과이득세는 개인이 소유한 유휴 토지나 비업무용 토지에 대해 과세하는 정책이다. 장래 공장 확장 등을 예상하여 보유하더라도 가격이 상승할 경우 세금으로 거둬들이겠다는 것이다. 이 때문에 당시 유휴지 판정을 받지 않기 위해 임시 건물을 세우는 웃기지도 않는 상황이 빈발했다. 사회적으로 지불하지 않아도 되는 비용이 추가로 발생하게 된 것이다. 게다가 토지초과이득세는 3년 단위로 평가하여 지가상승분에 대해 최고 50%나 되는 막대한 금액이 세금으로 부과되는데, 실현되지 않은 이익에 대해 과세한다는 논란이 일다가 폐지되었다. 청와대에서 발표하면서 이런 제도를 대표적으로 언급한 것을 보면, 다시 실행하지 않겠나하는 인상을 강하게 받게 된다.

정부에서 인식하고 있듯이 현행 헌법에서도 토지공개념은 널리 인정되고 있다. 즉 헌법 제23조 제2항에 따르면 "공공필요에 의한 재산권의 수용·사용 또는 제한 및 그에 대한 보상은 법률로써 하되, 정당한 보상을 지급하여야 한다"는 규정과, 제122조 "국가는 국민 모두의 생산 및 생활의 기반이 되는 국토의 효율적이고 균형 있는 이용·개발과 보전을 위하여 법률이 정하는 바에 의하여 그에 관한 필요한 제한과 의무를 과할 수 있다"는 규정이다. 대부분의 선진국에서도 이와 유사한 규정을 헌법에 두고 있거나 법

해석상 토지공개념이 널리 인정되고 있는 상황이다.

그러나 정부에서 밝힌 것처럼 헌법에 새로운 사항을 추가한 국가는 거의 볼 수 없다. 특히 정부에서는 "사회적 불평등 심화문제를 해소하기 위하여"라는 목적을 상정하고 있는데, 이는 시장주의의 근간을 뒤흔들 정도로 영향이 클 것으로 보인다. 실제 사회적 불평등을 심화시키는 소득 불균형은 대부분이 근로소득에서 기인하므로 여기에 대한 대책이 근원적 처방이 된다. 그런데 사회적 불평등의 원인 중에서 작은 부분을 차지하는 토지를 규제하여 불평등 심화를 막겠다는 것이 실효성이 얼마나 되는지 의심스럽다. 그리고 도대체 어느 지역이, 그리고 얼마만큼 올라야 사회적 불평등이 심화된 것인가에 대한 기준을 정하기는 더욱 힘들 것으로 보인다. 지금까지 정부의 정책방향을 보았을 때 아마도 강남 주택소유자에 대한 더욱 강화된 규제를 만들기 위한 수순이 아닌가 싶다.

정부 발표문에는 "토지의 공공성과 합리적 사용을 위하여"라는 문구도 있는데, 이것도 독소조항이 될 가능성이 높다. 수많은 국가들이 공공성과 합리적이라는 말로 계획을 수립하고 집행한 결과가 사회주의 몰락과 정부실패로 나타났다. 지금도 현행 헌법을 기반으로 하여 공영개발을 할 때 주민들 의견을 묻지도 않은 상태에서 토지를 수용하고 있는 상황이다. 이러한 토지수용제도는 세계적으로 유례를 찾아보기 힘들 정도로 강한 재산권 침해로 여겨지고 있다. 얼마 전 수만명이 줄을 서서 기다린, 강남을 비롯한 서울의 로또청약도 정부가 분양가를 인위적으로 억누르고, 당첨자를 규제함에 따라 나타난 정부실패로 보아야한다. 이제 새로운 헌법이 통과된다면 정부실패 문제는 더욱 불거질 가능성이 높고, 사회적 비용이 더욱 늘어날 것이다.

헌법에 새로운 토지공개념이 반영되어 지금보다 강력한 규제가 시행된다면 시장충격은 가능할 수 없을 정도로 어마어마할 것이다. 먼저 우리나라 경제성장의 상당 부분을 차지하고 있으며 서민 경제와 직결된 건설업과 부동산업이 크게 위축될 것이다. 즉 국민 경제 전체가 힘들어지게 되고, 지금까지의 경험에 따르면 이에 따른 피해는 서민들이 더 크게 받을 것이다.

다음으로는 임대주택 공급의 축소에 따른 피해이다. 지금도 다주택자를 옥죄는 각종 정책으로 인해 염려되는 상황인데, 지금보다 더 강력한 대책들이 헌법조문을 근거로 남발된다면 이들이 투자를 줄이게 될 것이다. 현재 다주택자들은 전체 임대주택의 80%가 넘는 물량을 공급하고 있는데, 이들이 물량을 줄인다면 선진국에서 경험한 것처럼 임대료가 폭등할 가능성도 있다. 지금 당장이야 그런 효과가 작을지 몰라도 몇 년 못가서 임대료 폭등에 따른 서민 생활고 가중이 예상된다. 결국 서민들을 위한 선의의 정책이 오히려 더 힘들게 만드는 격이 된다.

절차적으로도 문제가 있다. 일반 정책을 입안할 때조차도 예상 효과를 검토하고, 이를 근거로 집행하는데 헌법 개정과 같이 중대한 사안을 발표하면서 이로 인한 영향에 대한 검토가 아주 미흡하다. 국민경제에 미치는 효과와 서민생활에 미치는 영향, 그리고 장기적 영향에 대한 철저한 검토가 이루어져야 하는데 이러한 검토가 제대로 되었는지 의심스럽다. 적어도 개헌논의를 한다고 하면, 지금이라도 다시 검토하여, 새로운 방향을 모색하여야만 서민들의 피해를 줄일 수 있지 않을까 생각된다.

광기의 실험, 시장의 반격

세금을 더 올려 시장을 잡아라

연일 계속되는 정부의 강공에 시장은 적당히 반응하면서 꿋꿋이 간다. 이 부분은 6장 말미의 그래프를 보면 알 수 있듯, 7월까지 부동산 가격 상승세가 둔화되지만 곧 반등한다. 이후 기사는 이러한 반응에 대한 내용과 또다른 이슈인 종합부동산세 논란이 주류를 이룬다.

2018년 4월 3일 자에는 **"새집에 살고 싶다, 영등포 청약 920대1"**이라는 기사가 나왔고, 이런 청약 열풍에 대해 국토교통부는 '서울 등 투기과열지구에서 분양되는 주요 아파트에 대해 지방자치단체 특별사법경찰과 함께 직접 실태조사를 벌이고, 위장전입 등을 단속할 방침'이라고 말했다. 전문가들은 "정부가 청약시장 과열의 원인을 투기로만 생각하는 것이 문제"라고 말했다. 한 전문가는 "최근 정부가 재건축 안전진단 강화,

대출 규제 등을 강화하면서 재건축이나 기존 아파트의 투자 매력이 떨어지고, 분양가상한제가 적용되는 새 아파트에 대한 투자 매력이 높아진 것이 사실"이라면서도 "서울 새 아파트 수요가 여전히 많다는 사실을 인지하고 접근해야 정책의 효과가 나타날 것"이라고도 했다.

4월 9일 자의 **"양도세 중과 일주일, 거래절벽 현실로"**라는 기사에서 1,572가구 규모인 신반포2차 아파트는 이달 들어 일주일간 딱 한 건 거래됐다고 하면서, '거래절벽' 사실을 전하고 있다. 이를 두고 한 전문가는 "양도세 중과를 의식한 다주택자들이 4월 이전에 다 처분했다는 의미"라고 해석했다. 다른 전문가는 "청약 대박 행진 등으로 미뤄봤을 때 '조금만 내리면 사겠다'는 실수요자가 상당한 것으로 보여, 가격이 크게 내릴 가능성은 낮은 것 같다"고 말했다 한다.

같은 날 한겨레신문은 **"거래세↓, 보유세↑, 강병구 교수 유력"**이라는 기사를 실었다. 출범 일정이 늦춰져 온 재정개혁특별위원회가 출범함을 알리는 내용이다. 강 교수는 다른 세미나에서 "부동산 보유세는 경제에 미치는 파급효과가 작아 효율적일 뿐 아니라 주택가격의 변동 폭을 축소하고, 주택 버블의 문제를 완화하는 경향이 있다"며 "부동산 세제는 여러 관련 세제를 종합적으로 고려해 단계적으로 개편하되, 개편 방향은 거래세 인하와 보유세 인상, 임대소득 과세 정상화가 돼야 한다"고 밝혔다. 임대소득세에 대해 필요경비율과 기본공제를 축소하고 임대소득에 대한 종합과세를 적용해야 한다고도 지적했다.

같은 신문 4월 10일 자에는 **"1가구1주택도 보유세 개편 논의 대상"**이라는 기사가 나왔다. 강병구 위원장은 회의에서 "특히 조세 및 재정 체계의 재분배 기능이 취약한 우리 현실을 고려할 때, 소득주도성장의 차원에서 재분배 기능을 강화시켜야 한다"고 말했다. 그리고 "다주택자에 대한 세제뿐만이 아니라 1가구 1주택까지도 여러 의견이 있는데 조세소위에서 균형 있게 고려해 세제 개편 방안을 도출하려 한다"고도 했다.

한편 강 위원장이 참여했던 참여연대 조세재정개혁센터는 지난달 종부세 과세표준 구간별 세율(주택·토지분)을 현행 0.5~2%에서 1~4%로 2배 인상하자는 내용의 '2018년 세법 개정안' 건의서를 제출한 바 있다.

4월 13일 자 조선일보에서는 **"상가 분양가, 서울 4,385만원^{3.3㎡당} 사상 최고, 수익성은 뚝"**이라는 기사가 실렸다. 저금리 기조가 계속되고 정부의 주택시장 규제가 강화되면서, 노후 대비용 재테크 수단인 상가로 돈이 몰린다고 했다. 가격이 올라가니 수익률은 4%대로 내려앉았다는 얘기도 있다.

4월 16일 자에는 **"강남권 아파트 1일 거래량 반토막"**이라는 기사가 실렸는데, 한 전문가는 "다주택자 양도세 중과 등의 영향으로 매도자들은 호가를 내리지 않고 숨 고르기 중이고, 매수자들도 급매물만 찾는 등 소극적인 모습으로 보이고 있다"고 말했다.

4월 19일 자에는 **"임대사업자 등록 3월에만 3만 5,000명"**이라는 기사가 나왔다. 3월 신규 등록 임대사업자 수는 전년 동기(4,363명)의 8배이고, 올해 2월(9,919명)의 3.8배에 이르렀다. 지역별로는 수도권 등록자가 74.8%였다. 8.2 대책과 임대주택 등록활성화 방안의 효과인데, 4월 1일부터는 최소한 8년 이상 장기임대주택으로 등록해야 각종 세금감면을 받을 수 있는 데 반해, 지난달까지는 '5년 이상 임대'로 등록해도 됐기 때문이라고 한다.

같은 날 "혹시나 했는데, 결국 부담금 폭탄, 고개 숙인 재건축"이 나왔다. 송파구 주공5단지의 전용면적 76㎡이 17억 6,800만원에 팔렸는데, 이는 1월 같은 면적이 19억원에 거래된 것과 비교해 두 달 만에 1억 3,000만원이 내렸다고 한다. 정부 규제가 영향을 미친 것이다. 헌법재판소는 11개 재건축 조합이 "재건축 초과이익환수제는 위헌"이라고 낸 소송에 대해 각하 결정을 내렸다. 이에 전문가들은 재건축 시장이 더 위축될 것이라고 예상했고, 재건축아파트를 향했던 수요가 최근 '로또 아파트' 열풍을 일으켰던 서울 신규 분양 시장으로 옮겨갈 것이라는 분석도 나오고 있다 한다.

4월 20일 자에는 "집값 고통받던 30~40대, 김포·양주까지 기웃"이라는 기사에서, 서울 집값과 전세금 강세가 이어지면서 주거비 부담을 느낀 30~40대들의 '서울 엑소더스'가 빠른 속도로 진행되고 있다고 했다.

4월 23일 자에는 "서울아파트 매매가 상승률 8.2 대책 직후 수준으로 내려"라는 기사가 나왔다.

4월 25일 자에는 "KDI의 경고, 주택 연금 이대로 두면 8조 손실"이라는 기사에서 부동산 상승 폭을 너무 높게 예측해서 정부가 엄청난 재정 부담을 감수해야 한다고 지적했다.

4월 26일 자에는 "서울 집값 상승 이유, 정말 공급 부족 때문일까"라는 기사가 나왔다. 채미옥 한국감정원 부동산연구원장이 '부동산포커스'에서 "서울에 주택 공급을 늘려야 한다는 주장은 타당성이 떨어진다"고 지적한 것을 실었다. 채 원장은 최근 서울과 경기도를 잇는 전철과 도로 등 교통 인프라가 크게 확대되면서 경기도 주택이 서울 주택의 대체재 성격이 과거보다 훨씬 강해졌다고 분석했다. 경기도로 유입되는 가구 수가 늘고 있지만, 워낙 공급량(주택 준공물량)이 많아 경기도 전세금은 하락세를 보이고 있다 한다. 채 원장은 "서울 주택가격이 상승한 이유가 공급 부족에 있다면 전세가격도 상승해야 하는데 오히려 전세금이 하락하고 있다"며 "서울 집값을 잡기 위해 서울에 주택 공급을 늘려야 한다는 주장은 타당성이 떨어진다"고 주장했다 한다. 그는 현재 주택시장은 '경기가 쇠퇴하는 변곡점'이라고도 판단했다. 그래서 "지금 필요한 것은 서울의 주택 공급 확대가 아닌 세입자 보호 대책 강화와 매매시장 연착륙을 위한 장기적인 주택수급 전략"이라고 말했다.

다양한 시장의 반응

2018년 4월 30일 자에는 "**서울 재건축 33주 만에 하락**"이라는 기사가 나왔다.

5월 1일 자에는 "**서울 아파트 공시가 10% 껑충, 보유세는 큰 폭 뛸 듯**"이라는 기사가 나왔고, 같은 날 "**송파구 공시가 상승률 1위, 잠실엘스 보유세 50% 폭등**" 기사도 실렸다. 집값 안정과 세수 확보 목적으로 공시가격을 시세 상승률보다 지나치게 많이 올린 것 아니냐는 비판을 싣고 있다. 국토교통부는 "시세가 뛴 만큼 올리는 것이 원칙이며, 시세 반영률은 예년 수준이었다"고 밝혔다.

하지만 작년 한 해 전국 공동주택 실거래가 상승률이 2.6%임에도 공시가격은 그 배인 5%를 올렸다면서, 현 정부 출범 전인 2017년도에는 실거래가가 3.5% 오를 때, 공시가격은 4.4% 오르는 수준이었다고 했다. 한 전문가는 "비싼 집, 큰 집을 가진 부자들로부터 더 많은 세금을 걷을 의도가 담긴 것으로 보인다"며 "증세를 하려면 국민적인 합의를 바탕으로 진행하는 게 바람직하다"고 말했다. 같은 날 **"지방 공시가는 하락세, 경남, 경북, 울산, 충남, 충북 마이너스"**라는 기사도 실렸다.

같은 날 한겨레신문에서도 **"서울 공동주택 공시가격 10%↑, 11년 만에 최대폭 상승"**이란 기사를 실었다. 부동산 업계에선 올해 실거래가 반영비율도 지난해와 비슷한 60~70% 선에 머무른 것으로 보고 있지만, 국토교통부는 그 비율을 공개하지 않았다고 한다.

5월 4일 자 한겨레신문에는 **"6억원 오른 아파트, 60만원 오른 보유세가 폭탄인가"**라는 칼럼이 실렸다. 대다수 언론이 '보유세 폭탄'이라며 반발을 부추기는 것이 과장된 주장이라고 했다. 아파트값이 급등한 것은 눈감은 채 보유세가 오른 것만 부각시키는 데 앞뒤가 맞지 않는다고 비판한다. 6억원 오른 아파트에 보유세가 60만원 늘어난 것을 두고 '폭탄'이라고 하니 염치없는 주장이라고도 했다. 특히 언론이 조세 저항을 조장하는 것은 무책임하기 짝이 없으며, 보유세 강화 움직임에 제동을 걸려는 의도가 아닌지 의심된다고 했다. 낮은 보유세 부담은 부동산 투기를 부추기고 자산 격차를 키우며 조세 정의에도 어긋난다면서, 이번만큼은 터무니없는 '보유세 폭탄론'에 휘둘리지 말고 제대로 된 개편안을 내놔야 한다고 글을 맺고 있다. 같은 신문에 **"보유세 OECD 평균의 1/3, 7~8월까지 개편안"**이 실렸다.

같은 날 조선일보에는 **"어, 김과장도 집 샀어?"**라는 기사가 나왔다. 30

대가 최근 서울 아파트 시장 최대의 '큰손'으로 떠올랐다 한다. 전체 서울 아파트 구매자 가운데 30대 매수인이 차지하는 비중이 30% 선을 돌파, 40대를 밀어내고 연령대별 순위에서 1위를 차지했다는 것이다. 8.2 부동산 대책 효과가 상당 부분 작용했다는 분석이다. 특히 30대는 영등포·마포·성동 등 강북권에서 직장이 가깝거나 교통이 편리한 지역을 많이 선택한 것으로 집계됐다. '실수요자 내집 마련이 늘었다'는 해석과 함께, '결과적으로 젊은 층이 다주택자 매물을 비싸게 사들인 것 아니냐'는 우려도 나온다.

5월 5일 자에는 **"경제학자들 '시장과 싸우지 말라', 70%가 성장동력이 우선"**이라는 기사에서 한국경제연구학회의 경제학 교수 350인 대상 설문조사 결과를 실었다. 같은 신문의 **"전문가에게 정책 맡기고, 경제를 정치 논리로 풀면 안돼"**라는 기사에서는 부동산과 관련해서는 수요 억제와 공급 확대를 병행해야 한다는 의견이 많았다고 한다. 한 교수는 "과열지역만 제한하는 규제 위주의 정책이 아니라, 교육·환경 등의 정책과 조화를 이루면서 수급을 조절하는 부동산 정책이 필요하다"고 말했다. 다른 교수는 "극약 처방이 단기적으로는 효과가 있을지 모르지만, 시장 경착륙으로 다양한 후폭풍을 불러올 수 있다"며 "재개발·재건축을 죄악시해 과도한 규제를 하기보다 실수요자가 금융 조달을 통해 주택을 구입할 수 있도록 숨통을 터줘야 한다"고도 했다.

5월 9일 자에는 **"미 주택시장 봄, 경제 전체가 봄"**이 실렸다. 소비자가 집을 사들이면서 집값이 오르고, 이 수요를 겨냥한 건설사가 새집을 지

광기의 실험, 시장의 반격

으면서 일자리가 늘어나고, 여기서 돈을 번 사람들이 다시 주택 구매를 포함해 전체 소비를 늘리는 모습의 선순환 구조가 작동한다는 것이다.

그런데 한국은 GDP에서 건설업이 차지하는 비중도 15% 이상인데, 정부 규제로 인해 미국과 정반대다. 정부는 8.2 부동산 대책을 시작으로 거의 매달 부동산 규제책을 내고 있기 때문에, 건설투자 성장률이 하반기에는 마이너스로 역성장한다는 것이다. 한 전문가는 "주택가격을 시장 논리에 맡기는 미국 등 선진국과 달리, 우리 정부는 강남 재건축아파트값이 오른다는 이유로 전방위적인 억제책을 내고 있다"며 "이러한 방향의 부동산 정책은 경제 성장의 발목을 잡는 역효과를 낼 수 있다"고 말했다.

같은 날 **"다주택자 규제로 2~3년 내 임대료 폭등 가능성"**이라는 인터뷰가 실렸다. 여기서 필자는 문 정부의 부동산 정책에 대해 점수를 준다면 '60점'이라고 평가했고, 조만간 임대료가 폭등할 가능성이 있다고 했다. 그리고 이러한 정책들로 인해 서민들이 고통을 받게 될 것이며, 건설

출처: 조선일보, 2018년 5월 9일

경기 위축으로 인해 또 서민들이 피해를 입을 것이라고 했다. 그리고 지방 시장의 어려움에 대해서도 얘기한 바 있다.

5월 10일 자 한겨레신문은 **"다주택 절세방안 1순위, 임대사업자 등록 늘까?"**가 실렸다. 올해 서울 공동주택 공시가격이 지난해보다 10.19% 뛰어올라 세금부담이 커지면서, 주택임대사업 등록이 늘어날지 관심이 쏠린다는 내용이다. 임대사업으로 등록하면 종합부동산세 과세 주택 수에서 제외되기 때문이다. 한 전문가는 "공시가격 상승으로 올해 세금 부담이 늘어난데다 하반기에는 보유세 부담을 강화하는 세법 개정도 예정돼 있어, 절세를 위해 임대사업 등으로 돌아서는 이들이 늘어날 것"이라고 전망했다. 지난 3월 말 현재 전국의 개인 주택임대사업자는 31만 2,000명, 이들이 등록한 주택은 11만 5,000채에 이른다고 한다.

5월 14일 자 조선일보에서는 **"강남 전세호가 최고 4,000만원 뚝"**이라는 기사가 실렸다. 부동산114에 따르면 매매가도 플러스권 약세이고, 전세 시세는 하락 폭이 크다고 했다. 송파구 아파트는 전주보다 0.37%나 내렸다 한다. 한국감정원 조사에서는 강남 4구 아파트 매매가격이 1주일 전보다 0.06% 내린 것으로 집계되었고, 5주 연속 하락세라고 한다. 한 조사에서는 플러스이고, 다른 조사에서는 마이너스여서 혼란스럽긴 하나 시장 분위기가 좋지 않음은 분명하다. 정부는 기뻐했으리라.

우리나라에서 부동산 시세와 관련된 자료는 크게 4가지 정도다. 가장

광기의 실험, 시장의 반격

오래전부터 조사를 해온 KB국민은행의 자료가 있고, 한국감정원 자료, 부동산114 자료, 그리고 실거래가 자료다. 실거래가는 거래한 가격을 기초로 하므로 가장 정확한 자료라고 할 수 있지만, 실제 신고하는 데까지 시간이 걸리기 때문에, 바로 현황을 파악하는 데는 한계가 있다.

나머지 3개 자료가 현재 시점의 시장 상황을 파악하는 자료다. 공인중개사들한테 직접 물어보고, 실거래가와 매매사례 등을 참조하여 자료를 입력한다. 각각 샘플 수에 차이가 있어서 완전히 같을 수는 없지만, 그래도 차이가 심하게 나타나는 경우가 종종 있다. 일반적으로 한국감정원 자료가 가장 저평가하는 경향이 있고, KB국민은행은 중간 정도, 부동산 114 자료는 값이 좀 크게 나타나는 것으로 알려져 있다. 현장에서 시세를 파악할 때는 KB국민은행 자료를 많이 참고한다는 게 중론이다.

5월 4일 자에서 **"다주택자 사라지면 임대주택 누가 다 책임지나"**가 실렸다. 『부동산 상식의 허와 실』이라는 책을 출간한 건국대 손재영 교수의 인터뷰다. 그는 정부 부동산 대책에서 살펴볼 수 있는 대표적인 편견 중 하나로 다주택자에 대한 부정적 시각을 꼽았다. "정부 정책만 보면 다주택자는 내집 마련 기회를 빼앗고 있는 나쁜 사람이라는 인식을 갖게 한다"며 "민간에 임대주택을 공급하는 긍정적인 기능은 빼 버리고 마치 벌을 주듯 세금을 중과하고 있다"고 말했다.

손 교수는 "우리나라 보유세 비중이 낮아 손을 봐도 된다고 생각하지만, 거래세까지 합치면 이미 전체적인 부동산 조세 부담은 높은 수준"이라고 했다. 2016년 세수稅收 기준 국내총생산GDP 대비 부동산 보유세의 비율이 우리나라는 0.8%로, OECD 국가 30개국 중 16위다. 거래세는 1.91%로 가장 높다. 보유세와 거래세를 합친 부동산 조세 부담(3.04%)으로는 7위로 높은 수준에 속한다. 손 교수는 "정부가 부동산에 한이 맺힌 게 아니라면 보유세도 미국·영국처럼 1등을 해야 한다는 주장에 동의할 수 없다"고도 했다.

그는 지난 2~3년간 서울 집값이 많이 오르긴 했지만, 앞서 2007~2014년 장기간에 걸쳐 주택가격이 정체됐다는 사실을 감안해야 한다고 설명했다. "같은 기간 물가, 소득 증가율과 주택 질의 향상을 고려하면 버블을 논할 만큼 비합리적인 급등은 아니다"는 주장이다.

마지막으로 손 교수는 "정부가 특정 시기에 특정 지역만 바라보고 정책을 세우고 집행하는 것은 위험하다"며 "부자가 더 부자가 되는 것을 막으려 하기보다 가난한 서민들의 주거복지를 개선하는 데 정책의 초점이 맞춰져야 한다"고 마무리 했다.

5월 17일 자에는 **"부담금 폭탄 떨어지자, 일반분양 없애고, 조합 설립 늦추고"**가 실렸다. 재건축 초과이익환수제 부담금 액수에 따라 재건축 단지들이 조합 설립 연기, 1대1 재건축 추진 등 부담금 규모를 줄이기 위한 대책 마련에 나섰다는 것이다. 정부가 정책을 만들면, 시장은 대책을 만든다는 말이 떠오른다.

부담금 산정의 '출발점'이 재건축 추진위 설립 시점이기 때문에, 올해 집값 상승분이 내년 공시가격에 반영된 이후 본격적인 재건축에 나선다는 계산이다. 개포주공 6·7단지가 추진위 설립을 연기했다 한다.

일반분양 수익을 포기하고 1대1 재건축을 추진하는 단지도 늘고 있다고 한다. 가구 수를 늘리지 않고, 조합원 수만큼만 아파트를 짓기 때문에 재건축 종료 후 단지 전체 아파트값이 급격히 상승하지 않을 것이라는 기대 때문이다. 개발이익을 줄여 재건축 부담금을 최소화하고, 재건축 사업 후 시세 상승을 노리겠다는 의도라 한다. 올해 들어서 용산구 이촌동 왕궁아파트, 강남구 압구정동 특별계획 3구역, 서초구 반포동 강남원효성빌라, 광진구 광장동 워커힐아파트 등이 1대1 재건축을 추진한다고 했다.

이렇게 되면 그나마 재건축을 통해 늘어나던 주택도 이젠 공급이 줄어들 것이다. 정부 정책으로 공급 물량이 줄게 되면 서울시 집값은 올라갈 가능성이 더욱 높아진다. 그나마 새로 지어지는 것도 고급 주택이 될 가능성이 높다. 낮은 용적률로 쾌적하면서도 많은 돈을 투입한 공사비 덕택으로 호화주택이 들어설 것이다. 결국 정부 정책은 공급량을 줄이면서 호화주택 건설을 부추긴 셈이 되었다.

5월 19일 자에는 **"서울 아파트 전세가율 60% 아래로 떨어졌네"**라는 기사가 실렸고, 5월 21일 자에는 **"부담금 폭탄에, 재건축아파트값 약세"**가 나왔다.

문재인 정부 1년과 부동산 정책

(2018년 5월 15일, 디지털타임스 칼럼)

작년 5월에 출범한 문재인 정부가 일 년을 맞았다. 선거를 치르자마자 인수위 없이 바로 임기가 시작되면서 걱정도 많고 우려도 큰 상황에서 출범했다. 대선 공약만으로 정부의 정책을 판단해야 했기에 더욱 그러했다. 당시에도 신정부의 정책을 가늠하기 위해서 대선 공약들을 많이 참조했는데, 오랜만에 다시 보게 됐다. 부동산 부분은 4대 비전, 12대 약속 가운데 주거문제 해소라는 공약으로 정리돼 있다. 공적임대주택 공급 확대와 도시재생뉴딜 실시 그리고 저소득층과 청년, 신혼부부를 지원하는 주거복지 관련 항목이 나열돼 있다.

다음으로 정부의 방향을 살펴볼 수 있는 중요한 자료로 100대 국정과제를 꼽는다. 거기에는 서민과 청년, 신혼부부를 위한 과제가 2개 선정돼 있고, 그 외에 국가균형발전과 도시재생뉴딜이 과제로 선정되어 있다. 100대 과제 중 4개가 선정되어 운용되고 있다.

이상에서 살펴본다면 정부의 부동산 정책은 주거복지에 치중하고 있음을 알 수 있다. 그래서 가계부채 대책과 주거복지 로드맵에 많은 공을 들였다. 가계부채 대책은 선진국의 부채감축 과정에서 나타난 부작용을 미리 방지하고자 소득계층별로 꼼꼼하게 작성해 대책 적용에 따른 서민들의 피해를 최소화하고자 한 점은 특히 높이 살만하다. 그리고 주거복지 로드맵은 수차례 발표를 연기할 정도로 세밀하게 작성됐다. 투입 재정에 대한 우려와 과도한 공급 목표치에 대한 걱정은 있지만, 저소득층과 청년, 신혼부부, 장애인, 고령자 등 사회적 약자 모두를 포용하는 진일보한 것으로 평가할 수 있을 것이다.

정부에서 중요시하는 도시재생도 우려는 있지만, 어느 정도 순조롭게 진행되고 있는 듯하다. 작년에 이어 올해에도 지자체를 선정하여 지원하는 등 정부가 하고 있는 각고의 노력은 높이 사야할 것이다. 다만 5년 안에 50조를 사용하겠다는 공약에 지나치게 매달린다면 오히려 예산 낭비로 귀결될 수 있으므로 주의를 요한다 하겠다.

사실 이러한 공약과 국정과제는 그리 큰 관심을 끌지 못했다. 오히려 정부가 밝힌 정책 운용기조와는 다소 괴리가 있는 다주택자에 대한 규제와 특정지역 집값 잡기 정책이 사회를 뜨겁게 달구었던 한해로 기억된다.

선진국에서는 수십 년에 걸쳐 나올 정책들을 지난 일 년 만에 쏟아낸 것이다. 숨 가쁜 한해였다. 1~2개월 단위로 쏟아진 규제의 대부분은 다주택자에 대한 규제 강화와 선례를 찾기 힘들 정도로 강력한 제약을 특정지역 특히 강남에 쏟아붓는 것이었다. 아직 그 효과를 판단하기 어려움에도 불구하고, 주간 단위로 발표되는 집값을 기준으로 정책이 먹혀들었다 혹은 아니다하는 설왕설래가 지속되고 있다.

주택정책은 크게 보아 두 가지로 요약될 수 있다. 시장 안정과 주거복지이다. 주거복지에는 많은 시간을 들여 고민하고 꼼꼼한 정책을 내놓았음에 반해, 시장 안정과 관련된 것들은 허술한 점이 많다. 부처 간 혼선으로 우왕좌왕했고, 고위인사들 간에도 조율되지 않은 발언으로 시장 불안이 더 가중됐다. 몇몇 정책은 발표 후 얼마 되지도 않아 보완책을 내놓는 해프닝도 벌어지고 있다. 실질적 분양가상한제의 실시로 인해 로또 청약 광풍은 지금도 계속되고 있다. 과거 정부가 하던 즉흥적 정책으로 일관하고 있다는 인상을 받는다. 주택 공급과 배분, 관리에 있어서 산적한 근원적 문제에 대한 고민은 부족하고, 지금 당장만을 생각하는 정책기조는 과거와 유사하다.

지금 정부에서 서민을 위한다고 하는 정책으로 인해 실제 서민들이 혜택을 받는 것인지, 아니면 중장기적으로 오히려 피해를 입는 건 아닌지에 대한 진지한 고민이 선행돼야 할 것이다. 고민이 부족한 즉흥적 대책은 시장 혼란만 불러일으키고, 이로 인한 고통은 서민들이 고스란히 받았다는 역사적 경험을 겸허히 받아들여야 한다. 남은 4년만을 위한 정부가 아니라 이후도 생각하는 대한민국의 정부라는 자세로 임해야 서민들과 국민경제도 발전할 것이다.

8장

이젠 보유세다

선한 세금이란 존재하지 않는다.

윈스턴 처칠

반드시 필요한 것 이상의 세금을 징수하는 것은

합법적 강도행위이다.

캘빈 쿨리지

종합부동산세를 공론화하라

　　보유세는 부동산을 가진 사람이 내는 세금으로, 중앙정부가 가져가는 종합부동산세와 지방자치단체가 가져가는 재산세로 나뉜다. 재산세는 모든 주택이나 토지에 부과되는 반면, 종합부동산세는 주택의 경우 기준시가가 6억원(1가구1주택자는 9억원)이 넘는 경우에 소유자 개인에게 부과되는 세금이다. 종합부동산세는 2008년 11월 헌법재판소에서 "가구별 합산 부과 규정은 혼인한 사람을 독신자나 사실혼 관계의 부부에 비해 차별 취급하므로 헌법에 어긋난다"며 위헌으로 판결했고, 이에 정부는 당초의 가구별 합산 방식을 개인별 합산으로 바꾸었다. 이제부터 이 세금을 어떻게 할지 논의가 본격화된다.

　　2018년 5월 21일 자에는 "**부동산 보유세 개편안 내달 발표, 종부세부**

터 손본다"가 실렸다. 세율 개정과 공시가격 현실화, 공정시장가액비율 인상의 3가지 시나리오별 특성을 분석했다. 간단히 표현하면 아래 수식에서 세액 공제를 제외한 나머지 변수들을 조정하여 세금을 결정하겠다는 것이다. 세율 인상은 국회를 거쳐야 하니 힘들다고 보고, 공시가격을 현실화하는 것은 공시가격 평가 방법을 새롭게 고쳐야 하므로 상당한 시일이 걸린다. 그래서 시행령에 규정되어 있는 공정시장가액비율을 올리는 게 가장 간편하다. 현재 공정시장가액비율은 재산세의 경우 주택·건물 가격의 60%, 종합부동산세는 80%로 정해져 있는데, 종합부동산세 공정시장가액 비율을 90~100% 수준으로 올리는 것이다.

■ 종합부동산세 납부세액 결정 방식

출처: 최병호, 공평과세 실현을 위한 종합부동산세제 개편 방향, 재정개혁특별위원회, 2018.6.22., p7

　한 전문가는 "정부 입장에선 가장 손쉽고 간편한 방법을 택할 것"이라며, 위 방법들을 복합적으로 적용할 가능성도 있다고 분석했다. 즉 여당 의원이 지난 1월에 발의한 종부세법 개정안에서 세율과 공정시장가액비율을 모두 현행보다 높일 것으로 제안한 것이 그 근거다.

　재정개혁특위 강병구 위원장은 지난 11일 "올해 하반기에 조세체계 전반에 대한 개편안을 집중적으로 논의할 것"이라며 "부동산 세제는 보유세, 취득세, 양도소득세, 임대소득세 등 관련 세제를 종합적으로 고려해 과세 공평성을 제고해야 한다"고 말했다 한다.

같은 신문에서 **"종부세, 노무현 정부 때 첫 도입, 조였다 풀었다"**는 기사도 나왔다. 학계와 민간에서는 "투기를 막기 위해 당연하다"는 주장과 "주식, 채권 등 다른 자산을 가진 사람과 형평상 맞지 않는다"는 반론이 팽팽히 맞선다고 전했다. 기사 말미에 학계 의견을 실었다. 소득세와 법인세 정책이 정부에 따라 바뀌는 경우는 많지만, 우리나라처럼 안정성이 중요한 주택·부동산 세제가 자주 바뀌는 경우는 드물다는 점에서 문제라는 지적으로 글을 맺고 있다.

5월 22일 자에는 **"얼어붙는 강남 재건축, 자고 나면 1,000만원 뚝뚝"**이라는 기사가, 23일 자에는 **"부동산 급속 위축, 서울 아파트 하루 거래량 절반으로"** 기사가, 25일 자에는 **"전세 하락 1년 후 떨어진 집값, 이번에도?"**와 **"강남 유명 대단지 2억 넘게 빠졌는데, 쳐다보지도 않네요"**라는 기사가 실렸다. 28일 자에는 **"서울 재건축아파트값 변동률 하락폭 커져"**라는 기사가, 30일에는 **"수도권 미분양 늘어나는데, 신규 공급 줄줄이 대기"**가 실렸다.

5월 24일 자 한겨레신문에는 **"단독주택 공시가격, 시세 70%로 높인다"**가 실렸다. 고가 단독주택과 상가 등 공시가격이 실거래가의 50% 수준에 그쳐 보유세가 제대로 부과되지 못한다는 비판으로, 정부가 단계적으로 부동산 공시가격의 실거래가 반영률을 70% 이상 수준으로 끌어올리겠다고 한다. 그리고 고가 아파트일수록 실거래가 반영률이 떨어지는 문제를 개선하는 내용도 검토하여 올 하반기에 '부동산 가격공시제도 개선 5개년 로드맵'을 발표한다고 했다.

같은 신문에 **"이건희 회장 한남동집 시세 498억, 현재 공시가 261억 불과"**라는 기사도 실렸다. 여기서 한 전문가는 "정부의 개입 없이 객관적인 가격 산정만 이뤄져도 형평성은 자연스럽게 제고될 것"이라고 말했다. 공시가격의 활용 범위를 재검토해야 한다는 견해도 소개했다. 현재 공시가격은 생계 급여 수급 기준이나 건강보험료 부과 등 60여 가지 행정 목적으로 활용되고 있어, 공시가격이 급등한 제주의 경우 생계 급여 수급자격에서 탈락하는 저소득층이 잇따르는 등 문제가 있다고 한다.

6월 1일 자 조선일보에는 **"'이제와 집값 10억 내라고' 판교 임대아파트 날벼락"**이 실렸다. 판교신도시에 공급된 '10년 임대아파트' 1만1,000여 가구의 첫 분양 전환 시점이 임박하면서 불거진 '분양 전환 가격' 논란을 싣고 있다. 5년 임대 분양 전환가는 '건설 원가와 감정평가액의 중간 값'인 반면에, 10년 임대는 '감정평가 금액 이하'로만 규정되어 10년 임대가 더 불리하다고 하며, 감정평가액은 대개 실제 가격의 약 95% 수준에서 결정된다고 한다. 한 입주자는 "정부는 놔둬도 될 민간 아파트 가격이 오르는 데에는 수시로 개입하면서, 정작 책임져야 할 임대주택 분양가가 이 지경이 될 때까지 뭘 했는지 모르겠다"고 말했다.

6월 4일 자에는 **"서울 재건축아파트값 6주 연속 떨어져"**라는 기사가, 5일 자에는 **"경매시장에선 강남아파트 웃돈 주고 사간다"**에서 낙찰가율이 112%에 이르렀다는 내용을 소개하고 있다.

광기의 실험, 시장의 반격

7일 자에는 **"사라진다던 서울 전세, 다시 늘어나"**가 실렸는데, 갭투자가 늘어난 것으로 분석했다. 서울 아파트 전세가율집값 대비 전세금 비율은 5월 기준 65.8%인데, 입주하지 않고 전세를 활용하는 갭투자를 하면 집값의 35%만 내고도 집을 가질 수 있다 한다.

12일 자에는 **"5월 임대사업자 등록, 3월의 20% 수준 급감"**이라는 기사가, 14일 자에는 **"강남아파트 거래 작년 9분의 1 수준"** 기사, 15일 자에는 **"새 아파트 4가구 중 1가구는 빈집"**이, 18일 자에는 **"보유세 개편 눈앞, 부동산 거래 '뚝'"**이라는 기사가, 20일 자에는 **"강남 4구, 주택 거래량 작년보다 60% 급감, 대구는 35% 늘어"**, **"아니 벌써, 주택담보대출 금리 5% 육박"** 기사가 나왔다.

6월 21일 자에는 **"가계부채 1,500조, 대출 금리 2%포인트 오르면 46만 가구 벼랑 끝으로"**라는 기사가 실렸다. 한국은행이 최근 전세가격 하락에 따른 임대가구의 위험이 커질 수 있다고 경고했다 한다. 전세가격이 20% 급락할 경우, 전체의 21.6%(약 60만 가구)가 부실 위험이 있다고도 했다. 같은 신문에 **"경매 4년 만에 증가세, 부동산 불황 시작됐나"**가 실렸다.

드디어 보유세 개편안이 발표된다.

종부세로 부동산을 잡겠다!

2018년 6월 22일 대통령 직속 재정개혁특별위원회가 종합부동산세 인상을 골자로 한 '보유세 개편안'을 발표했다. 한국조세재정연구원의 최승문 연구위원이 '부동산 보유세의 현황과 쟁점'이라는 주제로 파워포인트 30페이지짜리를 발표했고, 최병호 재정개혁특별위원회 위원은 "공평과세 실현을 위한 종합부동산세제 개편 방향"이라는 주제로 파워포인트 38페이지 원고를 발표했다.

먼저 최승문 연구위원의 내용을 살펴보자. 부동산 보유세 강화 논의의 배경부터 시작한다. 자산격차 확대로 부의 불평등이 심각함을 먼저 얘기하고, 강남 지역의 부동산 가격이 급상승했다는 점, 부동산 보유세를 통해 부의 재분배를 이룰 수 있고, 부동산 가격 안정을 추구할 수 있다고 설명한다. 그리고 부동산, 특히 토지에 대한 과세는 경제적 왜곡이 적다고 강조한다. 다음으로 부동산 보유세 현황에 대해 서술하면서 우리나라의 보유세 실효세율이 낮다고 주장한다.

그다음으로 부동산 보유세 관련 쟁점을 다루는데, 우리나라의 경우 보유세 강화의 여지가 있다며, 실제 가격 대비 과세표준의 비율인 과표 현실화율이 여전히 낮다고 한다. 과표 현실화율을 높이기 위해서는 공시가격의 실거래가 반영률을 높이거나 공정시장가액비율을 높여야 한다며, 단기적으로는 공정시장가액비율을 높일 수 있고 중장기적으로는 공시가격이 실거래가를 최대한 반영하도록 해야한다고 주장했다. 그리고 법인에 대해서도 언급하는데, 법인은 종합부동산세 납부인원의 6%를 차지하지만 세액 72%를 차지한다며, 법인의 지나친 부동산 보유는 경제적 비효율성이 크다고 주장하였다.

이어 결론에서 부동산 보유세는 다른 세목에 비해 경제활동에 대한 왜곡이 적은 효율적인 조세임을 명시하고, 이를 지속적으로 유지되기 위해서는 보유세를 인상하더라도 조세저항을 최소화할 수 있도록 설계되어야 한다고 주장했다. 마지막으로는 주택뿐만 아니라 토지, 특히 법인이 소유한 토지에 대한 적극적인 논의가 필요하다고 끝을 맺고 있다. 최 연구위원의 내용은 우리나라 보유세가 낮으니, 올려야 한다는 필요성을 강조한 것으로 요약할 수 있겠다.

실제 제도 변화와 관련한 최병호 위원의 공평과세 실현을 위한 종합 부동산 세제 개편 방향의 내용도 살펴보자. 배경에서 부동산 가격의 상승 대비 세수 증가는 미미하였고, 누진 세율체계에도 불구하고 세 부담의 누진성은 미약하였으며, OECD 평균에 비해 낮은 보유세 부담률과 낮은 보유세 실효율을 지적했다. 목적으로는 '공평과세를 위한 종합부동산세제 개편 방향 및 대안 모색'과 '효율성 및 형평성 제고를 위한 세제 합리화'를 꼽고 있다.

2장에서는 '종합부동산 세제: 현행 제도와 변천'을 통해 종합부동산세의 내용을 소개함과 동시에, 제도의 도입부터 그 변화를 다루었다. 3장에서는 '종합부동산세 관련 현황'이라는 제목 하에 개인 주택 관련 현황과 부동산 보유(관련)세 세수 추이, 종합부동산세 세수 추이, 종합부동산

■ 종합부동산 세제의 단기적 개편 대안

대안	내용	배경
제1안	−공정시장가액비율 인상 (점진적 인상, 일시 인상)	−실거래가 반영률 제고
제2안	−세율 인상, 누진도 강화	−최근 공시지가 인상 반영 −완만한 세 부담 증가 유도
제3안	−공정시장가액비율 인상 −누진세율 강화	−실거래가 반영률 제고 −과세의 수직적 형평성 제고 등 자산과세 정상화
제4안	−1주택자와 다주택자 차등 과세 (1주택자는 공정시장가액 비율만 인상, 다주택자는 제3안과 동일) −토지분은 제3안과 동일	−자산과세 정상화 −실수요자인 1주택자 우대
기타	−과표구간 조정 −3주택 이상 추가 과세 등	

출처: 최병호, 공평과세 실현을 위한 종합부동산세제 개편 방향, 재정개혁특별위원회, 2018.6.22, p.22

세의 과표 대비 실효세율 추이, 종합부동산세 관련 현황을 실었다. 4장 '종합부동산세제의 평가와 문제점'에서는 부동산 가격 대비 낮은 세 부담을 꼽았고, 국제비교를 통해 우리나라 보유세 부담이 낮음을 지적했다.

5장의 '종합부동산세제 개편 대안'에서 개편 방향으로 효율성 및 형평성 제고를 위한 세제 합리화와 세제개편의 수용성 고려, 중장기적으로는 부동산 관련 세제의 전반적 개편 필요를 제시했다. 단기적 개편 대안으로 4가지 안을 내놓으면서 각각의 효과와 특징을 분석했다.

대안1은 공정시장가액비율 인상인데, 주택 및 종합합산토지의 공정시장가액비율을 연 10%씩 단계적으로 인상하는 안이다. 대안2는 세율 인상 및 누진도 강화다. 주택은 6억원 초과를 대상으로 각 구간별 세율을 차등 인상하고, 토지도 구간을 구간별 세율을 차등 인상하는 안이다.

또 대안3은 공정시장가액비율을 점진적으로 인상함과 동시에 누진세율도 강화하는 안이다. 공정시장가액비율을 주택과 종합합산토지의 연 2~10%포인트씩 인상함과 동시에 세율도 대안2 수준으로 인상 시키는 것이다.

대안4는 1주택자와 다주택자를 차등 과세하는 안이다. 1주택자는 공정시장가액비율만 인상하고, 다주택자는 공정시장가액비율 및 세율도 인상시키는 것이다. 토지에 대해서도 공정시장가액비율과 세율을 인상시킨다. 그리고 마지막으로 기타 대안으로 과표구간을 조정하는 안과 3주택자 이상에 대해 추가로 과세하는 안이 제시되었다.

6장의 결론에서는 공정시장가액비율 및 세율 인상과 관련된 문제와 1주택자 우대문제 등을 기술하고, 향후 과제로 취득세의 세율 및 세 부담을 점진적으로 인하하는 것과 보유세를 점진적으로 강화하는 내용을 제시했다. 임대사업자 등 주택임대소득에 대한 과세 정상화와 1세대 1주택 장기보유특별공제제도의 개선을 통한 주택양도차익에 대한 과세 합리화도 제시하면서 끝을 맺고 있다.

이후 7월 3일에는 재정개혁특별위원회가 전체회의를 개최하여 '상반기 재정개혁 권고안'을 정부에 제출한다. 권고안에서는 공정시장가액비율을 연 5%포인트씩 단계적으로 인상시키자고 했다. 그리고 주택분 세율은 과표 6억원 초과 구간을 0.05%~0.5%포인트 인상하되, 다주택자의 세부담 강화 방안을 검토하자고 했다. 종합합산토지분 세율은 과표구간별로 0.25%~1%포인트 인상하고, 별도합산토지분 세율은 전 과표구간을 일률적으로 0.2%포인트 인상시킨다.

또 주택 임대소득세 개편도 해야 한다면서, 주택 임대소득 분리과세 시 적용되는 기본공제(400만원)는 임대등록사업자에게만 적용하거나, 공제금액 축소 또는 폐지할 것을 권고했다. 소수의견으로 정책적 일관성과 임대시장 안정을 위해 현행대로 기본공제를 유지하자는 의견도 있었다 한다.

여론의 반응

2018년 6월 23일 자 조선일보에서는 **"종부세, 최대 35만명이 1조 3,000억 더 낸다"**는 기사가 나왔다. 시나리오별로 1주택자는 세 부담이 5~25% 가량 늘어나고, 다주택자는 6~37% 늘어날 수 있다고 분석했다. 가장 강도가 센 시나리오의 경우에도 시가 10억원 안팎의 1주택 소유자는 세금 부담이 10만원 늘어나는데 그칠 것으로 보았다. 한 전문가는 "종부세는 애초부터 세수보다 집값 안정이 목표인 세금"이라며 "주택 수요를 억제하자는 게 정부 생각이겠지만 노무현 정부 사례를 볼 때 늘어난 세 부담이 전월세 세입자에게 전가되고, 시장에 매물만 사라져 거래가 위축되는 부작용이 우려된다"고 말했다.

같은 신문에서 **"15억짜리 두 채 가진 다주택자, 종부세 1,053만원→1,463만원"**이라는 기사가 나왔고, **"재정특위, '종부세 늘린 만큼 취득세**

는 내리겠다"는 기사도 나왔다. **"대출 막고 금리 오르고 종부세 조이고, 부동산 3중고"**에서는 한 전문가가 "정부의 보유세 인상 타깃인 강남 고가주택 소유자가 매물을 내놓을지 의문"이라며 "수도권 비인기지역이나 지방소재 주택을 우선 처분하고 강남 등 '똘똘한 한 채'에 집중하는 트렌드가 강해질 것"이라고 말했다.

같은 날 한겨레신문에서는 **"종부세 10년 만에 강화, 최대 1조 2,952억 더 걷는다"**라는 기사가 나왔다. **"공시가 손 안대고, 고가 1주택 봐주고, '누더기 개편'되나"**라는 기사에서는 4가지 시나리오가 공정시장가액비율과 세율을 소폭 손질하는 선에서 그쳤다는 비판과 세부 개편안이 미흡하다는 평가를 전하고 있다. 한 전문가는 "단순히 공정시장가액비율과 세율만 손질하는 것을 과연 개혁이라고 할 수 있는지 의문"이라며 "가구별 합산까지는 아니어도 최소한 미국처럼 부부 합산 과세를 고려해야 한다"고 주장했다. 전체 주택보유자의 0.5%(6만 9,000명)에 불과한 공시가격 9억원 이상 1주택자를 지나치게 배려한 것 아니냐는 지적도 있었다 한다.

'똘똘한 한 채'로 불리는 고가주택 쏠림 현상을 가속화하고 강남 고가주택 보유자와 지방 다주택자 간의 형평성이 더 악화될 것이라는 비판도 실려있다. 그리고 과세의 기준이 되는 공시가격 문제를 거론하지 않은 것에 대해 강한 비판을 하고 있다. 공시가격 상승률이 실거래가 상승률을 따라잡지 못하기 때문에 형평성을 훼손하고 있다는 주장이다. 같은 신문에 **"문재인 정부는 왜 증세에 소극적일까요"**라는 기사와 **"공시가격 현실화 빠진 보유세 개편안 보완해야"**라는 칼럼도 실렸다.

같은 신문 25일 자에는 **"고가주택 종부세 폭탄? '30억 집' 세금증가 85만~174만원"**이라는 기사에서 세 부담이 크지 않다고 주장했다. 그리고 무엇보다 공시가격이 실거래가격 상승률에 크게 못 미치는 현실을 고려하면, 보유세 부담은 실질적으로 과세 형평성을 담보할 만큼 늘어나지 않는 것이라는 지적도 소개했다.

또 **"부동산 투기 옹호하는 '다주택 종부세 폭탄론'"**이라는 칼럼이 실렸다. 보수 언론들이 '종부세 폭탄' '징벌적 종부세' 등 비판을 하는 것에 대한 반론이다. 그리고 보수 언론들의 주택 공급을 늘려야 한다는 주장에 대해서는, 투기 수요를 거둬내지 않고 공급만 확대하면 투기 세력에게 좋은 먹잇감만 던져주는 꼴이라고 비판했다. 다주택 보유를 막으려면 집을 많이 가지고 있을수록 세금 부담만 커진다는 것을 피부로 느끼게 해야 한다며, 보유세 강화는 투기를 차단하고 집값을 안정시킬 수 있는 가장 확실한 방법이라고 결론 맺고 있다.

같은 신문에 **주택 종부세 대상자 총 27만명, 30억 넘는 집 소유자 1만명뿐**이라는 기사도 실렸다. 여기서 한 전문가는 "수십억원 다주택자의 세 부담을 왜 걱정해줘야 하는지도 모르겠고, 이 정도 세 부담으로 20억~30억원어치 주택을 구매하는 사람들의 행위 변화를 유도할 수 있을지도 의문"이라며 "세제개편은 대체로 세수확보 혹은 행위 변화 유도 등이 목적인데, 이번 종부세 개편은 도대체 무엇이 목적인지 알 수가 없다"고 말했다.

조선일보 6월 25일 자에는 **"보유세 발표 후 서울 아파트시장 관망세 지속"**이라는 기사가, 26일 자에는 **"3분기 입주 가구 작년보다 13% 줄어"**,

28일 자에는 "**집값 6년 만에 하락세 전환, 내년까지 침체 지속될 듯**", "**미분양 증가, 영남·충청권 집중**"이 실렸다.

7월 2일 자에는 "**보유세 발표에도 서울 비강남권 아파트값 올라**"라는 기사, 3일 자에는 "**보증금 최소 33억 '나인원한남' 청약 1,800명 몰려**", 4일 자에는 "**시장 가라앉아도, 오를 곳은 오른다**"는 전문가들 하반기 집값 전망 기사가 나왔다.

7월 3일에는 재정개혁특별위원회가 '상반기 재정개혁 권고안'을 발표한다.

7월 4일 자에는 "**774만 명 근로소득 면세자은 세금 안 내는데, 부동산·금융 소득자만 겨눈다**"라는 기사가 실렸다. 강남의 12억 원 1주택자는 종합부동산세가 51만 원에서 58만 원으로 7만 원 인상에 그치고, 33억 원 2주택자는 1,229만 원에서 352만 원 오른 1,581만 원을 내야 한다고 분석했다. 한 시민단체가 "매우 실망스러운 수준"이라고 반응했다는 내용과 종부세 인상이 강남 집값을 잡는 데 효력이 있을지에 대해서 회의적인 시각이 많다고 전했다. 또 2016년 기준 전체 근로자 1,774만 명 중 근로소득세를 한 푼도 내지 않는 근로자는 774만 명으로 46.3%에 달하는데, 이들 면세자 축소 문제는 철저히 외면해 '반쪽 개혁'이라는 비판도 실었다.

6일 자에는 "**재정특위 증세 3종 세트, 넉달 전 참여연대 건의서와 판박이**"라는 기사에서 재정특위 14인 중 절반이 참여연대 출신 등 강성 증세론자인 점을 전했고, 참여연대가 3월에 발표한 내용과 거의 흡사하다는 내용을 실었다.

광기의 실험, 시장의 반격

정부의 개정안 발표

그리고 정부는 7월 6일에 세법 개정안을 내놓게 된다.

7월 7일 자에는 **"30억공시가 집 1채 땐 종부세 716만원, 10억짜리 3채 땐 2,235만원"**이라는 기사가 실렸다. 개정안 내용을 먼저 다루는데, 재정특위에서는 공정시장가액비율을 연 5%포인트씩 100%까지 인상한다고 했으나, 개정안은 90%까지 인상하기로 했다. 세율도 권고안을 따르되 추가로 조금 더 올리는 형태다.

정부는 집을 3채 이상 가진 자산가들에 대해 세금 부담을 더 늘리는 데 초점을 맞추었다 한다. 즉 "강남이라도 전용면적 85㎡ 아파트를 가진 1주택자의 세금은 크게 늘어나지 않도록 설계했고, 대신 서울과 수도권 요지에 집을 여러 채 가진 사람들은 향후 2~3년간 급격한 (종부세) 부담 인상을 체감하게 될 것"이라고 정부 고위관계자가 말했다.

같은 지면의 **"똘똘한 1주택 전략이 옳았다"**라는 기사에서 '큰 충격은 없을 것'이라는 전문가 의견을 실었다. 한 전문가는 "소유냐 매각이냐에 대한 다주택자의 결정은 이미 올 초에 내려졌고, 이번 종부세 개정안이 당시의 결정을 뒤집게 할 만큼 강력하진 않다"며 "다만 다주택자가 집중 타깃이 되고 있다는 심리적 부담감 때문에 가족 간 증여는 늘어날 것으로 보인다"고 말했다.

집값 하락 가능성도 단기적으로는 크지 않다는 분석과 일부 풍선효과를 우려하는 전망도 실렸다. 즉 주택과 빈 땅나대지 등에 대한 종부세가 모두 올랐지만, 상가나 빌딩, 공장 부지 등 '사업용 토지'에 대한 종부세는 종전대로 유지되기 때문에 은퇴자가 아파트·빌라 대신 상가·꼬마 빌딩을 선택하는 경우가 늘어날 것이라는 예상이다. 다른 지면의 **"합계 12억 넘는 3주택자 이상엔 종부세 추가로 0.3%포인트 더 물린다"**는 기사에서 부자 중세 기조를 강화한 것으로 해석했다.

7월 7일 자 한겨레신문에서는 **"공장 등에 딸린 땅 세율 안 올려, '가계와 형평성 안 맞아' 비판"**이라는 기사가 실렸다. 정부가 경제 성장에 부정적 영향을 주지 않겠다며 세율 인상을 하지 않기로 한 별도합산토지는 상가와 빌딩, 공장 등에 딸린 부속 토지를 말하는데, 이 조치를 두고 재벌 대기업과 가계 간 과세 형평성에 어긋난다는 비판을 싣고 있다. 과세 기준액이 80억 원 초과분인데, 주택 6억 원과 종합합산토지 5억 원보다 훨씬 높고, 세율도 주택(0.5~2%)이나 종합합산토지(0.75~2%) 보다 낮은 0.5~0.7%인 현행 세율을 유지한다는 데 대한 지적이다.

이날 다른 지면에서는 **"국민 2명 중 1명, 종부세 인상해야"**라는 기사가 실렸다. 문재인 정부의 부동산 정책 전반에 대해 '잘하고 있다'(24%)는 응답보다 '잘못하고 있다'(31%)는 답이 더 많았고, 절반 가까운 46%가 '평가 유보'의 의견을 냈다는 설문조사를 소개하고 있다. 잘못하고 있다고 답한 이들은 주된 이유로 '집값 상승'(20%)과 '보유세·종부세 인상'(12%) 등을 꼽았다고 한다. 정부의 과세 강화 대책에 대해 응답자의 51%가 "현재보다 종부세를 올려야 한다"고 답했다 한다.

같은 날 **"종부세 또 후퇴, 재정특위안보다 세수 연 3,500억 줄어"**라는 기사에서 한 전문가가 "정부가 부동산을 통한 경기 부양에 대한 미련을 여전히 버리지 못한 것으로 보인다"며 "부동산 투기에 의한 부의 창출과 양극화를 막겠다는 의지가 없다는 것을 확인시켜줬다"고 말했다.

7월 10일 자 한겨레신문에 **"종부세 개혁, 자신감을 가져라"**라는 칼럼이 실렸다. 지금은 조금 약하니, 좀 더 강하게 그리고 과감하게 정책을 펼 것을 주문했다. 그리고 보유세 강화는 피할 수 없는 과제라고 끝을 맺고 있다.

7.5 부동산 대책:
신혼부부와 청년을 지원하라

"행복한 결혼과 육아를 위한 신혼부부·청년 주거지원방안"

참고자료 포함 58페이지에 이르는 방대한 내용이다. 먼저 신혼부부와 청년의 주거 불안을 저출산의 원인으로 지목하고 있다. 즉 결혼이나 출산을 원하지 않는 청년은 소수이나, 주택마련 등 결혼비용에 대한 부담과 양육 부담이 결혼을 주저하게 만드는 주요인이라는 것이다. 신혼부부는 가족계획 시 주거문제(31.2%), 양육·교육비용(30.6%), 경제 여건(19.1%) 순으로 고려하나, 청년·신혼가구의 주거안정성은 일반가구보다 취약하다고 평가했다. 그리고 사회진입 단계에 있는 청년들의 경제적 어려움이 커지는 상황에서 이들을 위한 맞춤형 주거지원이 부족했다고 한다. 이미 발표한 주거복지로드맵을 통해 신혼부부·청년을 위한 주거지원 방안을 마련했지만 수혜 대상이 한정적이고, 한부모가족에 대한 지원은 미흡하여 대책을 발표한다고 했다.

정책의 기본 방향으로 두 가지를 제시하고 있다. 먼저 신혼부부의 주거지원 공백을 해소하고 육아여건도 개선하는 것이다. 이를 위해 공공주택과 분양가상한제가 적용되는 민간주택을 특별공급하고, 주택도시기금 등을 통해 총 88만쌍을 지원한다.

다음으로 청년이 집 걱정 없이 학업과 생업에 종사할 수 있도록 지원을 강화하겠다는 것인데, 이를 위해 청년 맞춤형 주택과 금융지원 등을 통해 총 75만 가구를 지원하겠다는 것이다. 세부 내용은 다음 그림과 같다.

지원대상	공공주택 및 창업·보육설 지원	금융지원
신혼부부 주거지원	**1. 공적임대주택 25만호 공급(+5)** – 공공임대 20→23.5만, 공공지원 0→1.5만 – 매입·전세임대 입주자격 확대 – 매입임대 아이돌봄시설 100개소 설치	**1. 구입자금 15만가구 지원(+8.5)** – 소득요건 완화, 대출한도 확대, 최저금리 1.20~2.25%로 인하 – 연 3만 가구로 지원 확대(+1.7만)
	2. 신혼희망타운 10만호 공급(+3) – 주거복지로드맵 대비 3만호 확대 – 신규후보지 23개소 추가공개 – 입주자격 등 공급방안 구체화	**2. 전세자금 25만가구 지원(+10)** – 소득요건 완화, 대출한도 확대, 최저금리 1.00~1.60%로 인하 – 연 5만 가구로 지원 확대(+2만)
	3. 분양가상한제 적용주택 10만호(공공 3만, 민간 7만) 특별공급 – 특별공급 확대(공공 15→30%, 민영 10→20%) – 일부물량 소득기준 완화(100→120%)	**3. 전세금 안심대출보증 및 반환보증 3만가구 지원(+1.5)** – 보증한도 확대(80%→90%) – 보증료 인하(10%)
	4. 한부모가족 공공주택 지원강화 – 모든 유형의 공공주택 신혼부부 지원 프로그램에 한부모가족의 신청 허용	**4. 한부모가족 기금지원 강화** – 구입자금대출 우대금리(0.5%p) 도입 – 전세자금대출 우대금리(1%p) 요건 완화
청년가구 주거지원 (75만가구)	**1. 청년주택 27만실 본격 공급(+2)** – 일자리연계형·셰어형 등 다양한 형태 – 매입·전세임대 입주자격 확대, 1만호 확대 – 집주인임대사업 청년 우선공급 1만호 확대	**1. 구입자금 15만가구 지원(+8.5)** – 소득요건 완화, 대출한도 확대, 최저금리 1.20~2.25%로 인하 – 연 3만 가구로 지원 확대(+1.7만)
	2. 대학생 기숙사 6만명 입주(+1) – 대학 기숙사 5만명 입주 – 기숙사형 청년주택 1만명 지원	**2. 기금대출 40만가구 지원(+13.5)** – 보증부 월세대출 신설 – 단독세대주 대출한도 확대 – 버팀목대출 청년 0.5%p 우대 – 중기 취업청년 임차보증금 융자
	3. 청년 일자리 창출을 위한 희망상가 공급 – 임대주택 단지내 상가를 청년·소상공인·사회적 기업에 저렴하게 임대	**3. 민간은행 이용 2만가구 지원(+2)** – 2금융대출→버팀목 전환 확대 – 전세금안심대출보증 보증한도 확대(80→90%) 및 보증료 인하(10%p)

( )는 주거복지로드맵 대비 증가 규모 : 신혼부부 60→88만, 청년 56.5→75만

출처: 행복한 결혼과 육아를 위한 신혼부부·청년 주거지원방안, 관계부처 합동, 2018.7.5., p.6

여론의 반응

　7월 5일 자에는 **"신혼부부 10명 중 8명 신혼희망타운 청약가능, 모호한 기준 불만"**이 실렸다. 정부가 신혼부부 88만 가구, 청년 75만 가구에 막대한 지원을 쏟아부어 시세보다 싼 임대·분양주택과 1%대의 초저금리 대출 등을 지원한다지만, 정부가 어떤 기준으로 지원 대상을 정했는지 모르겠다는 불만이 있다고 지적했다. 소득과 혼인 등 기준을 '무 자르듯' 정해 주거 지원 여부를 결정할 수 있느냐는 비판이다. 그리고 초혼 신혼부부의 사례로 본다면 전체 신혼부부의 80% 정도가 신혼희망타운에 청약할 자격이 생기는 셈인데, "지나치게 지원 대상이 많은 것 아니냐"며 "정책 지원 대상에서 소외된 신혼부부나 주거에 어려움을 겪고 있는 중장년층들의 불만이 늘어날 것으로 보인다"는 지적도 소개했다.

　혼인 기준이 7년 이내인 것에 대한 불만도 실었다. 부동산 업계는 7년이라는 기준이 출산이나 육아 활동 중인 신혼부부에 지원을 집중하려는 정부의 의도겠지만, 그래도 이 기준에서 벗어나는 수요층의 불만을 살 우려가 있다고 했다.

생애 최초로 주택을 구입할 때 받을 수 있는 신혼부부 전용 구입자금 대출도 부부합산 소득이 연 7,000만원을 넘으면 받을 수 없는 것에 대한 불만도 실렸다.

7월 11일 자 한겨레신문에는 **"신혼부부에게 집 사라는 정부"**라는 칼럼이 실렸다. 공적임대주택 확충 정책과 취득세 감면은 반대 방향의 정책이라며, 신혼부부가 4억원 이하 주택을 구매할 때 취득세를 50% 감면하는 조항에 대해 문제점을 제기했다. 이 때문에 빚을 내서라도 집을 사도록 청년들을 부추겼다는 지적이다. 신혼부부가 집을 사지 않아도 안정된 주거를 확보할 수 있는 사회를 만드는 게 옳은 방향이고, 공적임대 확대가 옳다고 강변했다.

또 **"청와대는 미투, 여당은 미스리"** 칼럼도 실었다. 7월 3일 대통령 직속 재정개혁특위가 종합부동산세와 금융소득 종합과세, 주택임대소득세 등에 대한 조세 강화 권고안을 발표했는데, 사흘이 지난 6일 기획재정부가 더 완화된 종부세를 발표한 것에 대한 비판이었다. 기껏 대통령이 전문가들을 모아 개혁안을 만들어달라고 했으면 좀 더 시간을 두고 각계 의견도 듣고 검토해야 하는데, 사흘 만에 묵살하고 자기 방안을 만들었다고 지적했다. 이러한 논란에 대해 청와대는 "기재부의 선택과 결정을 존중한다"고 밝혀 '미투!'라하고, 여당도 청와대와 의견이 같다고 나선 것을 '미스리!'라고 끝을 맺고 있다.

다른 지면에서는 "**부동산 공시가격 현실화율 높여야**"라는 기사에서 '국토교통분야 관행혁신위원회'가 낮은 현실화율과 형평성 문제로 논란을 빚고 있는 부동산 공시가격에 대해 국토교통부의 조속한 개선책 마련을 권고했다는 내용을 실었다. 국토교통부는 현실화율 정책지표인 시세반영률을 개선하기 위해 시세분석의 통일된 방법과 기준을 포함한 가이드라인을 만들 계획이라고 밝혔다고 한다.

한겨레신문 7월 19일 자에는 "**진보지식인들, 현 정부 첫 집단선언 '재벌개혁 등 후퇴 우려'**"가 실렸다. '지식인 선언 네트워크'가 여러 얘기를 하면서 '후퇴한 종합부동산세 개편안 즉시 폐기'를 요구했다고 한다. 지식인 선언에는 교수와 시민활동가 등 323명이 서명했다고 한다. 네트워크는 "부동산 공화국 해체에 가장 강력하고 적절한 정책 수단은 부동산 보유세를 강화해 불로소득을 차단하는 것"이라고 강조했다 한다.

신혼부부 주거지원 대책의 시사점

(2018년 7월 9일, 디지털타임스)

정부가 최근 신혼부부 88만 쌍을 대상으로 공공주택과 금융지원을 확대하고 75만 청년가구에게도 기숙사와 청년주택 및 금융을 지원하는 정책을 발표했다. 청년의 원활한 사회진입을 지원하고 저출산 등 인구구조 변화에 따른 충격도 막기 위한 사회적 고심이 담겨서인지 공급 물량이 획기적으로 늘어난 것이 인상적이다.

정부의 이런 자세는 환영할 만한 것이며 반드시 성공해야 할 정책이다. 그래서 우리 모

두가 지원해야 하고 잘 되길 염원해야만 한다. 그러나 정부의 정책안을 보면 우려되는 사항이 있어 조금 염려된다. 우리는 지금까지도 막대한 재정을 투입했는데 왜 저출산 등의 문제는 악화되기만 했는지 반성할 필요가 있다.

과연 정부의 이런 대대적 주거지원이 인구구조 충격을 해소하는데 도움이 되는지 아니면 다른 정책이 복합적으로 이루어져야 하는지를 반성하고 개선해야 할 것이다. 집만 주면 애를 낳을 것이라는 냉소적인 시각도 있다. 진정으로 저출산 문제 해결 방안을 고민해야지 속도전과 물량전으로 본질을 잊는 것은 절대 있으면 안될 일이다. 지난 정부에서의 오류가 반복될 수 있다는 것도 생각해야 한다. 대선 공약 등과 같은 숫자에만 매몰될 경우 진정한 목적은 사라진 채 건설이라는 수단만 남을 수 있다.

보금자리주택으로 인한 혼란과 행복주택 건설과정에서의 극렬한 반대, 기숙사 건립에 대한 주민들의 저항을 기억해야만 한다. 과거에도 선의로 시작한 정책이었지만 자기 임기 내에 실적을 만들기 위한 무리한 진행으로 낭패를 본 적이 많다.

청년이 취업이나 창업을 원활히 하고 신혼부부가 집 걱정 없이 살면서 육아를 할 수 있는 시스템을 범정부 차원에서 마련해야 한다. 부처별로 대안을 만드는 것을 탓할 수는 없으나 이제는 총력적인 지원책을 만들어야 한다. 숫자에만 매몰되다 보면 정작 공급받는 대상자들이 원하지 않는 입지가 많아질 우려가 크다. 내실 있는 정책을 펼쳐야 한다.

이제는 다른 이슈로 시장은 흘러간다: 여의도 통개발

조선일보 2018년 7월 5일 자에는 **"7조 몰린 나인원 한남…고급주택, 부자들의 로또 되나"**라는 기사가, 9일 자에는 **"부자들, 4년 후 집값 더 오를 것 베팅"**이라는 기사에서 나인원한남의 인기를 두고 4년 임대 후 분양 전환 시 시세 차익이 클 것으로 기대한다는 내용이 실렸다.

같은 날 "서울 단독주택 중위 가격 7억원 돌파"라는 기사가, 10일 자에는 **"하반기 전국 주택가격·거래·공급 모두 떨어질 것"**이라는 주택산업연구원의 시장전망이 실렸고, 같은 날 **"런던·시드니 하락세, 글로벌 집값 정점 찍었나"**라는 내용이 실렸다.

12일 자에는 "가계 대출 증가세 주춤, 작년보다 6조 6,000억 줄어", "서울 강남권 재건축 1만 3,000가구 이주 시작, 전세금 오를까"라는 기사가, 17일에는 **"최고가 주택 나인원한남 사실상 완판"**이, 18일에는 "6월 서울 아파트 거래량, 작년의 반토막"이라는 기사가, 19일에는 **"세테크 위해, 한 아파트 당첨자 절반이 부부 공동명의로"**라는 기사에서 세금 절감을 위해 부부간 증여가 인기라는 내용을 실었다.

20일 한겨레신문은 **"서울 강남4구 아파트값 15주만에 상승전환, 보유세 별거 없자, 매수자들 움직이기 시작"**을 실었다.

조선일보 7월 21일에는 **"개발 호재에 여의도·용산 들썩, 서울 집값 다시 오르나"**라는 기사가 나왔다. 7월 12일 박원순 서울시장이 싱가포르에서 "여의도를 통으로 재개발, 신도시에 버금가는 곳으로 만들겠다"고 발표함에 따라 여의도가 올랐고, 개발 마스터플랜을 준비 중인 용산 일대도 오른다는 얘기다. 재건축 규제와 다주택자 양도세 중과 등으로 약세를 보이던 강남권의 아파트도 소폭 오르는 모습이 나타났다.

24일 자에는 **"박원순 시장이 띄운 용산·여의도 개발, 김현미 장관이 제동"**이 실렸다. 국토교통부 장관이 국회에서 "서울역과 용산역은 국가소유인데, 이를 서울시가 개발하겠다고 발표하는 것은 부적절하다"며 "중앙정부와 협의해서 함께하지 않으면 현실성이 없다"고 말했다 한다. 서울시 관계자는 "국토부와 협의하고 있다"며 "여의도 마스터플랜은 서울시 도시계획이기 때문에 중앙정부와 협의할 내용이 많지 않다. 부동산시장에 영향을 미칠 경우 정부와 협의하겠다"고 말했다.

25일 자 한겨레신문 칼럼은 **"박원순 시장의 '여의도 통개발' 유감"**을 실었다. 비수기인데도 여의도와 용산의 재건축 추진 아파트들이 일주일 새 호가가 1억~2억원씩 뛰었다고 하면서, 박 시장의 발언이 진정세를 보이던 아파트값에 기름을 부은 꼴이라 비판했다.

　26일 자 조선일보는 **"부동산 주도권 놓고, 박원순 vs 김현미 2라운드"**를 실었다. 여의도와 용산의 개발을 놓고 신경전을 벌인 두 사람이 표준지 공시지가 결정권을 두고 충돌한 내용이다. 서울시가 국토교통부에 '단독주택이나 빌라, 상업용 건물 등에 대한 공시지가 평가 권한을 넘기라'고 요구한 것에 대해, 국토교통부는 단번에 거절했다고 한다. 정치권에서는 '차기 대통령감'으로 꼽히는 박 시장을 견제하고 나선 것이라는 해석도 있다고 전한다. 한 전문가는 "대형 개발계획과 집값 안정 문제가 산적한 상황에서 서울시와 국토부 간 정책 혼선으로 인해 주민과 기업들은 피해를 입을 수 있다"며 "양 기관이 사전에 정보를 공유하고 충분하게 협의해야 한다"고 말했다.

　8월 2일 자에는 **"집값 잡다가, 연 7만개 늘던 건설 일자리, 6,000개** 2분기 기준 **사라졌다"**라는 기사가, 8일 자에는 **"집값 단속 나서자, 문 닫은 중개업소"**라는 내용이 실렸다.

성급한 보유세 인상이 불러올 역효과

(2018년 6월 27일, 서울경제 칼럼)

지난 22일 부동산 보유세 개편 관련 공청회가 열렸다. 한국조세재정연구원과 대통령 직속 재정개혁특별위원회에서 각각 발표했다. 두 편의 발표문에서 보유세 및 종합부동산세 인상의 필요성과 현황, 쟁점 그리고 개편 방향과 대안을 제시하고 있다.

세금 인상의 필요성으로 먼저 적시한 것은 자산격차 확대로 부의 불평등에 대한 관심이 높아졌고 경제적 불평등 해소 차원에서 관련 조세부담을 강화해야 한다는 점이다. 이어 선진국에 비해 낮은 보유세 부담률을 국제 비교해 근거로 들었다. 발표에서도 인용한 경제협력개발기구OECD의 국내총생산GDP 대비 부동산 과세 비교자료를 보면 보유과세는 평균이 1.1%인데 우리는 0.8%로 낮은 것으로 나온다. 하지만 이 내용과 같이 조사된 자료에서 거래과세를 포함한 재산과세의 경우 OECD 평균이 1.92%임에 반해 우리는 그보다 훨씬 높은 3.04%에 이르는 것으로 나타난다. 이 수치를 보면 우리는 부동산에 세금을 오히려 많이 부과하는 나라에 속한다고 간주될 수 있어 정부의 인식 자체가 편향되지 않았나 하는 의심이 든다.

그리고 2015년 부동산 자산 총액 대비 보유세 부담률도 예를 들었는데, 우리나라가 OECD 내 13개국 평균인 0.33%의 절반 이하인 0.15%라고 인용하며 세율 인상의 근거로 제시하고 있다. 그러나 같은 문건에서 밝혔듯이 총 조세수입 대비 보유세 비중은 거의 비슷한 것으로 나와 있다.

여하튼 보유세가 인상되면 경제적 불평등을 해소할 수 있다고 보는데 과연 그런지 의심스럽다. 발표자료에도 나타나 있듯이, 선진국 평균의 두 배가 넘으면서 가장 높은 수준의 보유세를 물리는 영국과 미국은, 불평등에 관한 저술로 유명한 토마 피케티도 언급했듯이 우리보다 더 심한, 세계에서 가장 불평등한 국가들로 알려져 있다. 이에 반해 우리보다 불평등 정도가 훨씬 덜한 나라로 알려진 독일은 우리보다도 낮은 0.13%여서 실제 보유세의 높고 낮음이 부의 불평등 해소에 도움이 되는지는 확실치 않다.

다음으로 강남을 예로 들면서 특정 지역의 부동산 가격 상승 억제를 통한 부동산 가격 안정을 필요성으로 언급했다. 이론적으로 보유세 인상은 일회성으로 한 차례 하락시키는 것으로 알려져 있다. 그러나 이후에는 수요와 공급에 따라 움직이기 때문에 장기적으로 오히려 반대인 경우도 많다. 미국의 많은 대도시들은 오랜 기간 우리보다 훨씬 높을 뿐 아니라 세계적으로도 최고 수준인 1%의 실효세율을 부과해왔음에도 지속적으로 가격이 상승했고 급기야 2000년대 초중반에 가격 폭등으로 연결됐다.

게다가 지금 당장 할 수 있는 대안들은 수십퍼센트 정도의 인상이기 때문에 실제 강남 집값을 잡을 수 있을지는 극히 회의적이다. 1년에 몇백만원 정도의 보유비용이 늘어난다고 해서 강남 자산가들이 집을 내다 팔까 하는 생각이 들고 4월 양도세 중과 이전에 팔 사람은 다 판 것으로 보여서 더욱 그렇다.

지금 가장 우려되는 점은 정부의 의도와 달리 서민들이 피해를 당하지 않을까 하는 것이다. 이러한 규제 일변도 정책은 필연적으로 건설업과 부동산업을 포함한 거시경제에 악영향을 주게 된다. 특히 우리 경제에서 서민들의 생활과 직결된 부분이라 더욱 그렇다. 적어도 이러한 세금 정책에 따른 거시경제 충격과 최근 악화되고 있는 건설 관련 산업의 영향이 어느 정도인지는 가늠하고 이러한 충격을 어떻게 줄일지도 동시에 고민해야 한다. 아무리 급하다고 해도 조세정책을 이러한 분석과 대책 검토 없이 진행한다면 국민경제 위축과 이에 따른 서민의 생활고를 더욱 심화시킬 것이기에 이제부터는 정책을 좀 더 가다듬어야 할 것이다. 그리고 우리보다 부의 불평등이 더욱 심하고 부동산 가격도 더 급등했던 선진국들은 왜 우리와 같은 정책을 성급하게 만들지 않았는지도 음미해봐야 한다.

보유세 인상과 서민경제

(2018년 6월 29일, 서울신문 칼럼)

22일 대통령 직속 재정개혁특별위원회가 종합부동산세를 강화하는 내용을 중심으로 한 부동산 보유세 개편안을 공개했다. 공청회에서 단기적 방안과 중장기적 방향을 발표하였는데, 단기적으로는 종부세 과표인 공정시장가액비율을 인상하는 방안과 6억원 초과 주택에서 구간별 세율을 차등적으로 인상하는 안, 공정시장가액비율과 세율을 동시에 인상하는 방안과 마지막으로 1주택자를 배려하는 방안이 제시되었다. 이외에도 3주택 이상 보유자에 대한 추가 과세와 법인 보유 부동산에 대한 것도 언급되어 있다. 법률 개정까지 하는 가장 강력한 방안이 도입될 경우 다주택자의 세금 부담이 최고 37.7%까지 늘어난다고 한다.

보유세 인상의 필요성으로 들고 있는 경제적 불평등 해소에 어느 정도 도움이 될지 의심스럽고, 강남 집값을 잡는 데 효과가 있을지도 의심스럽다. 우리보다 보유세율이 훨씬 높은 나라들 가운데 부의 편중이 더 심한 나라가 있다는 점은 경제적 불평등 해소에 한계가 있음을 시사한다. 그리고 다주택자에 대한 양도세 중과가 시작되기 전인 3월까지 거래량이 폭증한 점을 보면 이미 팔 사람은 다 판 것으로 보이고, 작년부터 똘똘한 한 채로 주택수를 줄인 사람들이 많아서 물량 출회로 인한 가격 하락효과는 지극히 제한적일 것으로 보인다. 게다가 지금까지 버티고 있는 강남 자산가들이 과연 이 정도 세금 인상으로 영향을 받을지도 모르겠다. 수십 년간 추가로 세금을 낸다고 해도 한 해만 오르면 그 정도 이상은 오르기 때문이다.

보유세가 주택시장에 미치는 영향도 정부 의도대로 될지 불분명하다. 지금 당장이야 주택수가 줄어들지도 않으니 세금 인상으로 가격이 하락할 수 있다. 그러나 보유세 인상으로 투자수익이 줄어들게 되면, 주택 투자를 줄이게 되고, 이로 인해 중장기적으로 주택 공급도 줄어들게 될 것이다. 여기에 다주택자에 대한 다른 규제와 합쳐지면 주택 공급은 더욱 줄어들게 되고, 이러한 공급 감소는 필연적으로 임대료 상승으로 연결된다. 이 경우엔 보유세를 세입자에게 전가하는 현상도 나타날 것이다. 정부가 의도하진 않았겠지만 중장기적으로 전월세값이 더욱 오르게 되고, 결국 세입자들의 대다수인 서민들만 더 고통을 받게 된다.

국민경제에 미칠 영향도 걱정이다. 그렇지 않아도 경기침체로 곤란을 겪고 있는데, 보

광기의 실험, 시장의 반격

유세 인상으로 인해 수요가 더욱 위축된다면 우리 경제의 12%나 차지하는 건설관련업이 타격을 입게 되고, 여기에 무역 분쟁 등 다른 이슈가 더해지면 장기 침체로 빠질 수도 있다. 특히 이들 산업은 타 산업에 비해 서민경제와 밀접한 연관이 있어서 서민들의 생활고가 더 심해질 것으로 보인다.

시기도 애매한 감이 있다. 지금 지방 부동산시장은 지표를 산정하기 시작한 이래 처음으로 3년째 하락하는 중이다. 그나마 서울 집값이 상승해서 이 정도로 버티고 있는데, 서울 집값마저 꺾인다면 투자심리 위축으로 인해 지방시장은 거의 붕괴될지도 모른다. 강남집값 조차도 작년까지의 상승에 대한 부담감과 재건축규제 강화로 인한 하락을 전문가들이 예상하고 있고, 최악의 고용여건과 국내외발 악재로 인한 거시경제 불안, 거기에 금리 인상까지 예상되는 시기여서 더욱 염려된다.

지난번 공청회에서 발표된 것은 정부의 확정안이 아니다. 향후 정부가 정책을 확정할 때까지 적어도 국민경제와 서민생활에 미칠 영향을 미리 파악하고, 악영향을 줄이는 방향으로 조정해야 할 것이다. 선진국에서는 조세정책을 마련할 때 그 영향에 대해 철저하게 조사하는데, 이는 국민경제와 서민생활에 미치는 영향이 워낙 막대해서다. 지금처럼 외국보다 보유세가 낮으니 높여야 하다고 주장하는 것은 곤란하다. 우리나라 법인세가 선진국보다 높은데도, 더 인상한 것을 어떻게 설득하겠는가.

조세 정책은 국민경제에 미치는 영향이 너무나 크기 때문에, 단기적 영향과 중장기적 영향을 철저하게 살펴야 하고, 그 영향이 소득 계층별로 어떠한 영향을 미칠지도 꼼꼼히 살펴야 한다. 성급한 정책으로 인해 서민들이 고통받는 상황만은 절대 피하는 방향으로 정책을 만들어가야 할 것이다.

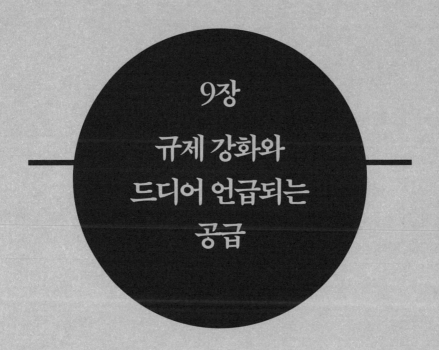

9장

규제 강화와
드디어 언급되는
공급

진실은 언제나 우리의 가장 가까운 곳에 있다.

다만 사람들이 그것에 주의하지 않을 뿐이다.

항상 진실을 찾아야 한다.

진실은 우리를 늘 기다리고 있다.

블레즈 파스칼

강한 시장의 반응

2018년 8월 2일 자 조선일보에서 **"서울 집값 들썩, 주택 공급 충분한 게 맞나요?"**라는 기사가 실렸다. 국토교통부가 작년 8.2 부동산 대책을 발표하면서 "서울과 수도권의 최근 주택 공급량은 예년을 상회하는 수준으로 공급 여건은 안정적인 편"이라며, 주택 입주물량을 제시하였는데 그것이 실제로는 다르다는 반박이었다.

국토교통부는 서울의 경우 최근 10년 평균 입주량은 6만 2,000가구, 5년 평균은 7만 2,000가구였으며, 작년에는 그보다 많은 7만 5,000가구가 입주할 예정이라고 설명했는데, 김현아 의원의 분석 결과는 다르다는 것이다. 작년 서울에는 집이 6만 8,782채가 지어졌는데 국토교통부의 예상보다 6,000채 작고, 진짜 문제는 원래 있던 집이 4만 7,358채가 사라졌다는 것이다. 재건축과 재개발 등으로 멸실된 것이 누락된 것이다.

입주 주택수에서 멸실 주택수를 뺀 '순증 주택수'를 계산하니 2017년 서울 아파트 순증분은 2만 1,424가구로, 2016년 순증분 4만 6,370가구나 이전 5년 평균 순증분인 4만 6,456가구의 절반에도 못 미쳤다는 분석이다. 지난 10년간 최저 수준이라 한다. 김 의원은 "정부가 반쪽짜리 통계만 앞세워 공급 부족에 따른 집값 상승 가능성은 아예 접어두고, 수요만 억누르는 정책을 펴면서 시장이 왜곡되고 있다"며 "지금이라도 현실을 직시하고 수요에 맞는 공급대책을 세워야 한다"고 촉구했다 한다.

8월 13일 자에는 **"지방 미분양 7년 만에 최대, 지자체들 중앙정부에 SOS"**라는 기사가, 8월 18일 자에는 **"건설 경기 침체에 임시·일용직 일자리도 23만 개 날아가"**라는 내용이, 8월 20일 자에는 **"규제에 억눌린 서울 집값의 반란"**이, 8월 22일 자에는 **"1채만 있어도 보유세 폭탄, 마포·잠실 아파트 2배 낸다"**에서는 공시지가(아파트는 공시가격) 인상을 통해 보유세를 올리겠다는 내용이 실렸다.

8월 23일 자에는 **"서울 올 상반기 아파트값 상승률 10년 만에 최대"**라는 기사가, 8월 24일 자에는 **"서울 투기지역 추가지정 검토"** 기사와 **"정부 독선·무능이 부른 양극화 10년 만 최악"**이라는 칼럼이 실렸다.

8월 27일 자에는 **"박원순, 여의도·용산 개발계획 보류"**가 실렸다.

들썩이는 부동산시장, 대책 없나

(2018년 8월 26일, 서울경제 칼럼)

최근 부동산시장의 움직임이 심상치 않다. 서울은 급등하고 지방은 하락하는 현상이 지속되고 있기 때문이다. 서울 강남의 전용면적 84㎡ 아파트가 29억 5,000만원을 찍어 과열임에 반해 지방 시장은 미분양이 급증하고 입주율도 계속해서 하락하고 있다. 이런 현상은 지표를 통해서도 나타나고 있다. KB에서 조사한 주간 자료를 보면 지난 8월20일 기준으로 전국 아파트는 0.19% 상승했음에 반해 서울은 0.72%, 수도권은 0.37%, 지방은 −0.07%로 나타났다. 그중에서 여의도가 포함된 영등포구와 용산은 서울시장의 개발구상발표에 따라 각각 1.36%, 1.72% 상승해 최고로 올랐고 강남구는 0.77% 올라 일주일간 오른 폭치고는 많이 올랐다. 상대적으로 소외됐던 강북 지역도 용산구를 필두로 강북구와 동대문구·종로구·은평구를 중심으로 상승폭을 키웠다. 최근 3년간 급등한 강남에 대한 투자부담과 상대적으로 규제가 적은 지역으로 확산하는 풍선효과로 인해 강북뿐만 아니라 강남 접근성이 뛰어난 수도권 지역으로까지 상승세가 확산되는 양상이다. 풍부한 시중 유동성을 바탕으로 조금이라도 유리할 것으로 생각되는 지역으로 빨리 옮겨가는 것이다.

이런 현상은 지난해부터 그렇게 초고강도의 규제책을 폈다는 점을 감안하면 더욱 실망스럽다. 이렇게까지 된 데에는 여러 이유가 있겠지만 결국은 수요와 공급으로 요약될 수 있다. 수요측면에서는 금융위기 극복과정에서 풀린 막대한 자금을 먼저 들 수 있다. 사실 당시 위기상황에서 선진국 대부분 국가에서 유사한 정책을 펴는 바람에 최근까지도 글로벌 대도시의 집값이 폭등했다. 그런데 우리 정부는 투기꾼들이 가격 상승을 올린 주범이라 지목하고 이들에 대한 규제에 집중했다. 대표적으로 다주택자에 대한 양도세 중과와 대출 규제, 보유세 인상 등을 계속해서 추진했다.

그 결과 올해 초까지는 거래량이 폭증했다가 이후 거래절벽 현상이 나타났고 3주택 소유자는 60%가 넘는 양도세로 인해 시장에 매물을 내놓지 않게 돼 공급이 줄어들게 됐다. 또한 정부에서 임대사업자 등록을 반강제로 진행함에 따라 이들도 장기간 매매 대상에서 제외돼 단기적인 공급은 더욱 줄어드는 효과가 나타났다. 중장기적인 공급 축소는 더 심할 것으로 보인다. 재건축 안전진단의 대폭 강화와 사상 초유의 막대한 금액이 부과되는 재건축초과이익환수를 실시함에 따라 당분간 재건축으로 인한 공급은 크게 위축될 것으로 예상된다. 게다가 신규택지개발을 통한 공급도 그린벨트 해제와 같은 획기적인 발상의 전환이 없다면 효과가 지지부진할 것으로 보여 중장기적인 대량공급도 사실상 힘든 상황이다.

수요 측면에서 지방 사람들의 서울아파트 매입 현상도 빼놓을 수 없다. 지방 경제의 부진과 인구감소로 인해 지방 아파트값이 계속 하락하고 있고 당분간 해소될 기미가 보이지 않자 이들이 대거 서울 수요에 가세하고 있다. 지난해에 강남과 용산에서 거래된 아파트의 25%를 지방 사람들이 샀다는 점이 이러한 수요를 반영하고 있다. 즉 시장 여건과 정부의 다주택자 규제로 인해 똘똘한 한 채로 자산을 집중하는 현상을 낳게 됐고 이는 부동산시장의 양극화를 더욱 부추기고 있다.

지금까지 나타난 부동산시장의 혼란을 막으려면 균형 잡힌 정책으로 회귀해야 한다. 선진국처럼 다주택자를 임대주택 공급자로 인정하고 이들에 대한 과도한 규제를 풀어야 서민주거안정에 도움이 될 것이다. 그리고 강남에 집착한 규제책으로 인해 지방부동산시장이 얼어붙는 것은 아닌지도 고민해야 할 것이다. 특정 지역의 집값에 목매지 말고 대한민국 전체를 생각하는 균형 감각이 필요한 것이다. 이제는 정책 발표 스타일도 조정해야 할 것으로 보인다. 몇 주간 집값이 오르고 내림에 따라 효과가 있네 없네 하면서 단기적이고 즉흥적인 정책을 남발할 것이 아니라 최소한 정부 내에서만이라도 고민을 충분히 하고 조율돼 나와야 시장에 혼란을 줄일 수 있을 것이다.

광기의 실험, 시장의 반격

8.27 부동산 대책:
규제 강화와 공급 확대 시도

"수도권 주택 공급 확대 추진 및 투기지역 지정 등을 통한 시장 안정 기조 강화"

먼저 시장 동향분석으로 시작한다. 금년 초부터 전국적인 안정세를 보이던 주택시장이 서울과 일부 지역을 중심으로 국지적 과열 양상이 나타난다고 보았다. 즉 서울의 아파트 매매 거래량은 예년보다 적은데 가격만 상승하는 이례적인 상황이라며, 이런 국지적 과열 현상은 수도권 공급 부족에 대한 우려와 마땅한 투자처를 찾지 못한 자금의 해당 지역 유입, 개발계획발표 등이 복합적으로 작용한 것으로 보았다. 그래서 서울 등 수도권의 주택 공급을 확대한다고 했다.

서울 등 수도권의 주택 수요 및 공급에 대해 분석한 결과, 향후 5년간 (2018~2022년) 서울 등 수도권의 주택수급은 원활할 것으로 전망했다. 공급은 충분하다는 얘기다. 그러면서 이러한 안정적인 주택수급 기반 위에 향후에도 수도권 내에서 교통이 편리한 지역에 양질의 저렴한 주택 공급 확대를 위해, 30만호 이상의 주택 공급이 가능토록 다양한 규모의 30여 개 공공택지를 추가로 개발할 계획이라 밝혔다.

그러면서도 국지적 불안이 발생하고 있는 서울과 수도권 일부 지역으로 유동자금이 과도하게 쏠리는 현상을 완화하기 위해 투기지역과 투기과열지구, 조정대상지역을 신규 지정했다. 집값 및 청약시장이 안정세이며, 과열 우려가 상대적으로 적은 일부 지방은 조정대상지역의 지정을 해제한다고도 했다.

향후에도 주택시장 상황을 면밀히 모니터링해 지역별 맞춤형 수급대책을 지속 추진할 계획이라고 밝혔다. 서울을 중심으로 하는 국지적 이상 과열의 지속에 대해서는 자금조달계획서를 엄격히 검증하고, 편법 증여와 세금탈루 등에 대한 조사도 지속적으로 실시한다고 했다. LTV·DTI 규제 준수 여부 및 편법 신용대출 등에 대해 집중점검을 강화할 계획이라고 했다. 이와 함께 주택시장 안정을 위한 금융·세제 등의 제도적 보완방안도 준비 중에 있다고 밝혔다.

광기의 실험, 시장의 반격

여론의 반응

2018년 8월 28일 자 한겨레신문에서는 **"정부 '서울 집값 잡겠다' 단기 처방 내놨지만, 시장은 글쎄"**라는 기사가 나왔다. 정부가 규제와 공급대책을 내놓았으나, '똑똑한 한 채'에 대한 투자 수요와 집값 상승에 대한 기대를 꺾을 수 있을지는 미지수라고 평가했다. 투기지역과 투기과열지구, 조정대상지역 등 추가지정은 일단 해당 지역 주택시장에 충격을 줄 것으로 보인다고 분석했다. 일단 주택시장이 실수요 중심으로 재편되는 효과가 있을 것이라는 의견과 역부족이라는 지적도 실었다.

또 종부세 인상과 공시가격 조정으로 고가 1주택자의 보유세까지 크게 높이지 않는 한 최근 강남4구 등 수요가 많은 지역의 가격 상승 요인을 막기는 어려울 것이라는 내용도 소개했다. 한 전문가는 "시장에 다주택자의 보유 주택 매물이 나오게 하기 위해선 투기지역 등에 대해 양도세를 지금보다 크게 높이고 임대사업자 혜택을 손질하는 한편, 일정 기간 내 매각하는 사람에 대해선 혜택을 더 주는 등 정책 조정이 필요해 보인다"고 조언했다.

같은 날 조선일보에서는 **"불붙은 서울 집값 번질라, 수도권 대출 죄고 양도세 중과"**라는 기사를 실었다. 이에 대해 전문가들이 효과가 크지 않고, 공급엔 시간이 필요해 과열된 시장을 안정시키기에는 역부족이라고 평가한다는 내용을 싣고, 정부도 비슷한 판단이라고 전했다. 그래서 국토교통부와 기획재정부 등 관계 부처가 이미 합동으로 별도의 추가 규제 마련에 들어갔다고 했다. 한 전문가는 "이번에 나온 규제들은 이미 8.2 대책에서 처음 공개된 후 1년이 흐르는 동안 수도권 시장에 내성이 생긴 것"이라며 "사람들이 정부의 규제에도 아파트 가격은 오른다는 것을 경험을 통해 너무 잘 알고 있어 큰 효과를 기대하기 어렵다"고 말했다.

또 다른 전문가는 30만 가구 규모의 30개 신규택지 공급에는 긍정적인 평가를 했다. 장기적으로 잘한 조치라는 것인데, "택지지정은 단기적으로는 개발 기대감으로 주변 지역 지가가 올라 현 정부엔 악재"라며 "그럼에도 정부가 길게 보고 추가 지정에 나선 것은 높이 살 만하다"고 말했다. 다만 시간이 오래 걸리므로 당장 급한 불을 끄기엔 무리라는 평가도 실었다. 그리고 다음 규제가 무엇이 나올지에 대한 예상이 실렸다.

평당 1억원짜리 '귀족 아파트' 만든 부동산 정책

(2018년 8월 30일, 중앙일보 칼럼)

지난주 부동산시장에서 가장 뜨거운 이슈는 단연 서울의 아파트 가격이었다. 강남에 있는 전용면적 84㎡인 아파트가 29억 5,000만원에 거래됐다. 3.3㎡당평당 1억원이 넘는 가격이다. 이 소식을 접한 무주택자와 서민은 망연자실했을 것이다. 작년부터 최고 강도의 규제가 시행됐음을 고려할 때 더욱 놀랍다. 얼마 전까지 부동산 가격 급등은 주로 강남권에서 벌어졌다면, 이제는 강북에까지 옮겨붙고 있다. 정부의 부동산 정책이 실패한 게 아닌가 하는 우려도 나오고 있다.

정부가 설명했듯이 불과 얼마 전까지만 해도 가격이 안정세를 보였고, 전셋값은 하락하기까지 했다. 그런데 최근 다시 가격 급등 현상이 나타나자 8.27 대책을 발표하더니 추가 대책을 또 마련하고 있다 한다. 지난해 8월 다주택자 규제 중심의 8.2 대책을 낸 이후 국토교통부에서는 부동산시장 안정, 즉 강남을 중심으로 한 서울 집값을 잡기 위해 안간힘을 썼다. 이에 반해 서울시에서는 가격 상승에 영향을 줄 호재성 정책을 연이어 발표해 시장 혼란을 부채질했다. 이로 인해 강력한 수요억제책으로 인한 '거래절벽' 현상 속에서도 가격은 계속 올라가는 기현상이 나타나고 있다.

2008년 미국발 금융위기 이후 유동성이 급증한 시장에 대한 이해 부족과 이를 다주택자 규제로 일관해 해결하려는 정책이 한계에 부닥치고 있다. 재건축 규제 강화와 서울시 인허가 과정의 난맥으로 인해 공급은 오히려 줄어들 것으로 보여 이런 혼란은 더 심해질 것이다. 선진국들은 시장 상황에 즉흥적으로 일일이 대응하는 정책을 마련하는 경우는 거의 없고 장기적·안정적으로 주택을 공급하는 시스템을 갖추는 데 주력하고 있다. 이에 반해 한국의 부동산 정책은 너무 조급한 게 아닌가 싶다. 결국 이런 즉흥적 대응으로 인해 시장의 변동성은 더 커지고 결국에는 정부 실패로 귀착될 가능성이 높다. 그리고 그 피해는 서민들이 더 크게 입게 될 것이다.

얼마 전까지 박원순 서울시장이 옥탑방 생활을 해서 화제가 됐다. 그 과정에서 굵직한 개발구상을 내놓았다. 대표적인 것이 여의도와 용산 개발, 그리고 강북에 대한 대대적 투자계획이었다. 중앙정부와 조율이 잘 안된 것 때문인지 서로 다른 얘기가 신경전으로 느껴질 정도로 나왔다. 이런 혼란 중에 집값 안정을 중심목표로 하는 중앙정부의 우려대로 박 시장의 개발 계획은 부동산 가격에 그대로 반영되고 있다. KB에서 조사한 주간 자료를 보면 지난 20일 기준으로 전국 아파트는 0.19% 상승했지만 이에 반해 서울은 0.72%, 수도권은 0.37%, 지방은 −0.07%로 나타났다. 그중에서 여의도가 포함된 영등포구와 용산은 각각 1.36%와 1.72% 상승했다. 박 시장의 발언이 가격 상승의 기폭제가 됐음을 알 수 있다. 지금까지가 강남 중심의 상승이었다면 이제는 강북 재개발에 대한 기대로 강북구와 은평·종로구 등을 중심으로 서울 전역에서 가격이 상승하는 양상을 보여주고 있다.

이런 상황에서 급기야 박 시장은 지난 주말에 개발 구상을 보류하겠다고 발표했다. 발표 후 해당 지역의 부동산시장은 더 큰 혼란을 거듭하고 있다. 보류하더라도 실질적으로 가격 안정 효과는 미미할 것으로 보인다. 과거 용산국제업무지구 개발계획이 좌초되고 '용산 민족공원'이 지연돼도 가격은 계속 오른 것을 보면 그렇다.

거기에 더하여 며칠 전 국토부에서 추가로 투기지역을 지정하는 것과 택지공급을 대폭 확대하는 대책을 발표했다. 공급대책은 진즉에 냈어야 했는데 뒤늦게 나왔다. 신규 주택 공급의 절반 정도를 맡은 택지공급은 항상 장기적이고 안정적으로 공급돼야 한다. 그러나 한국은 정권에 따라, 경기 부침에 따라 물량이 급변해 부동산 경기의 진폭을 더 키웠다. 이제야 깨닫고 공급 확대 방안을 담은 것은 환영할 만하지만 택지공급 사업 자체가 적어도 6~8년 이상 지나야 입주가 가능한 방안이라 정부의 뒤늦은 대응이 아쉽기만 하다.

중앙정부와 서울시는 지금 당장만을 생각하는 포퓰리즘 성격의 정책이 아니라 국민이 장기적·안정적으로 생활할 수 있는 근원적 시스템 개혁에 집중해야 한다. 수십 년 전부터 땜질식으로 유지해온 공급 체계와 청약 방식, 운영 방식 등을 제로베이스에서 검토해 시장을 안정적으로 운영할 수 있는 기반을 확보해야 한다. 조율도 되지 않은 정책을 거의 한 달에 한 번꼴로 남발해 시장 혼란을 부추기지 말아야 한다. 그보다는 장기적으로 서민들에게 도움이 되는 정책을 신중하게 마련하는 것이 필요하다. 특히 강남만을 생각해서 지방과 국가 전체를 망각하는 부동산 정책은 피해야 한다.

9.21 부동산 대책: 공급을 더 늘리자

"수도권 주택 공급 확대 방안"

2018년 9월 21일에는 국토교통부가 '수도권 주택 공급 확대 방안'을 발표했다. 서울 및 수도권의 주택은 원활히 공급되고 있다며, 향후 5년간 서울 및 수도권의 주택수급도 안정적일 것으로 전망하고 있다. 안정적 수급 기반이라도 양질의 저렴한 주택 공급을 지속할 필요가 있다며, 택지 확보와 도심 내 주택 공급을 위한 제도개선 등을 통해 2022년 이후에도 안정적인 주택 공급 플랜을 제시한다고 밝혔다.

수도권 내 공공택지는 약 54만 2,000호 물량을 이미 확보하고 있는데, 입지가 좋은 곳에 30만호 규모의 공공택지를 추가로 공급해 향후 안정적인 수급 기반을 구축하겠다 한다. 1차로 중·소규모 택지 17곳, 3만 5,000호를 선정한다. 서울에는 11곳, 약 1만호를 공급하겠다는데 제일 규모가 작은 곳은 단 340호를 공급한다. 정말 눈물겹게 물량을 발굴한 점을 느낄 수 있다.

다음으로는 향후 대규모 택지를 조성하여 약 20만호를 공급하겠다는 것이다. 1백만 평 이상 대규모 택지를 4~5개소 조성한다고 밝혔다. 그리고 추가로 도심 내 유휴부지와 군 유휴시설, 장기 미집행 도시계획 시설 등에 중소규모 택지를 조성하겠다고 했다. 서울 개발제한구역의 일부를 활용하는 방안도 검토한다고 했다. 분양가상한제가 적용되는 수도권 공공택지 내 공공분양주택에 대해서는 전매제한을 최대 6년에서 8년으로, 거주의무도 최대 3년에서 5년으로 강화했다.

그 외에 신혼희망타운(분양, 임대) 공급 일정을 최대한 단축해 사업을 신속히 추진하겠다는 내용이 실려 있고, 마지막으로 제도 개선을 통해 도심 내 주택 공급을 늘리는 계획이 포함됐다. 즉 서울 상업지역에서 주거용 비율 및 용적률을 상향하고 준주거지역 용적률도 상향하며, 개발사업의 기부채납 대상에 임대주택도 포함하고 역세권 주택 공급도 확대하겠다 한다. 그리고 소규모 정비사업을 활성화해 공급을 늘리는 안도 포함되어 있다.

■ 수도권 주택 공급 확대 방안 주요 내용

◆ **수도권 공공택지 확보를 통한 30만호 추가공급**

신규택지
확보
	⟨1⟩ 1차 17곳, 3.5만호 선정
	  ○ (서울) 11곳 약 10,000호, (경기) 5곳 17,160호, (인천) 1곳 7,800호
	
	⟨2⟩ 향후 26.5만 택지확보 계획
	  ○ 서울과 1기 신도시 사이 대규모 택지 4~5개소 20만호, 중소규모 택지 약 6.5만호 공급

주택공급	① 공급시기를 최대한 앞당겨 '21년부터 순차적으로 주택 공급 ② 전매제한 강화(최대 8년), 거주의무기간(5년) 등 투기목적 주택구입 방지
투기방지	① 모니터링 강화, 개발행위 제한, 투기단속반 투입, 토지거래허가구역 등 지정

◆ **신혼희망타운 조기 공급**

조기 공급	① (부지확보 실적) 전국 목표 10만호 중 택지 8.0만호 확보 완료(확보율 80%) 수도권 공급목 표 7만호 중 택지 6.0만호 확보 완료(확보율 86%) ② (조기 공급) 올해 첫 분양(위례, 평택 고덕), '22년까지 수도권 5.4만호 분양

◆ **집 걱정 없이 일하고 아이를 키울 수 있는 나라, 대한민국**

신규택지 확보	⟨1⟩ 도시규제 완화를 통한 상업지역 등 주택공급 확대 ① (상업지역) 주거용 비율 80%로 상향, 주거용 용적률 상향(400→600%) ② (준주거지역) 초과용적률의 50%이상 임대 공급시 용적률 상향(400→500%) ⟨2⟩ 개발사업의 기부채납 제도 개선 ① (대상확대) 기부채납 시설을 공공임대주택까지 확대 ⟨3⟩ 역세권 분양·임대주택 공급확대를 위한 제도 개선 ① (역세권 종상향) 역세권 용도지역 상향을 통해 주택공급 확대 추진 ② (주차장 설치기준) 지자체 조례로 완화할 수 있도록 위임범위 확대 검토
소규모 정비 활성화	① (인센티브 확대) 공적임대주택이 세대수의 20%인 경우에도 인센티브를 부여하고, 기반시 설 설치시에도 인센티브 제공 ② (요건 완화) 사업 대상에 연립주택 추가 및 가로구역 인정 요건 완화 ③ (금융지원 등) 일반분양분 전량 매입 임대리츠 설립 및 기금 융자기간 연장

출처: 수도권 주택 공급 확대 방안, 국토교통부, 2018.9.21., p.3

現 정부의 공공택지 확정 현황('18.9월 기준)

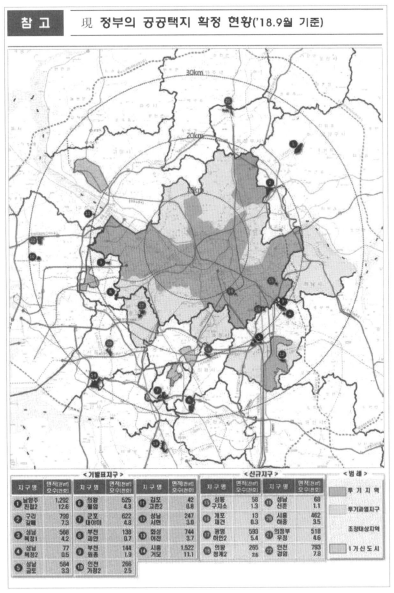

< 기발표지구 >					< 신규지구 >				
지구명	면적(천㎡) 오수(천호)	지구명	면적(천㎡) 오수(천호)	지구명	면적(천㎡) 오수(천호)	지구명	면적(천㎡) 오수(천호)	지구명	면적(천㎡) 오수(천호)
❶ 남양주 진접2	1,292 12.6	❻ 의왕 월암	525 4.3	⓫ 김포 고촌2	42 0.8	⓯ 성동 구치소	58 1.3	⓳ 성남 신촌	68 1.1
❷ 구리 갈매	799 7.3	❼ 군포 대야미	622 4.8	⓬ 성남 서현	247 3.0	⓰ 개포 재건	13 0.3	⓴ 시흥 하중	462 3.5
❸ 성남 복정1	568 4.2	❽ 부천 과안	138 0.7	⓭ 화성 어천	744 3.7	⓱ 광명 하안2	593 5.4	㉑ 의정부 우정	518 4.6
❹ 성남 복정2	77 0.5	❾ 부천 원종	144 1.9	⓮ 시흥 거모	1,522 11.1	⓲ 의왕 청계2	265 2.6	㉒ 인천 검암	793 7.8
❺ 성남 금토	584 3.3	❿ 인천 가정2	266 2.5						

< 범 례 >	
	투 기 지 역
	투기과열지구
	조정대상지역
	1 기 신 도 시

출처: 수도권 주택 공급 확대 방안, 국토교통부, 2018.9.21., p.6

여론의 반응

2018년 9월 22일 한겨레신문에서는 **"분당·일산과 서울 사이에 3기 신도시 4~5곳 만든다"**는 기사에서 대책을 소개하고 있다. 같은 날 **"3기 신도시, 2기 때 시행착오 되풀이 말아야"**라는 칼럼에서 서울과 바로 인접한 지역에 1곳당 4만~5만호의 주택이 공급되면 집값 안정에 도움이 될 것으로 보인다고 평가했다. 공급은 2022년부터지만 실수요자가 불안에 쫓기지 않고 긴 안목에서 대기 수요로 남는다면 가수요를 억제하는 효과를 기대할 수 있다는 것이다.

그리고 처음부터 교통망 등 기반시설을 제대로 갖춘 체계적 개발의 필요성을 언급하면서, 공공주택 위주로 공급할 것을 주문했다. 투기세력을 막기 위해 의무거주와 전매제한 기간을 대폭 강화해야 한다면서, 개발이익 환수 장치를 꼼꼼히 마련할 것을 주장했다. 그린벨트 해제에 대해서는 신중히 접근해야 한다며, 재건축·재개발은 집값 급등의 원인이었으니 규제를 풀면 안된다고 하고 있다.

같은 날 조선일보에서는 **"위례 이후 10년 만에 신도시, 경기 그린벨트 풀어 아파트 짓는다"**라는 기사가 나왔다. 여기서 전문가들은 "결국 서울 주택 수요를 분산시킬 정도로 뛰어난 입지에서 얼마나 많은 새집을 조속히 공급할 수 있느냐가 관건"이라고 한 내용을 실었다. 그리고 입주까지 최소 5년 이상이 걸리므로 한계가 있다는 분석도 실렸다. 한 전문가는 "무주택자들에게 어느 정도 심리적 안정효과를 줄 수는 있겠지만, 지금 같은 과열에서 어느 정도 효과가 있을지는 미지수"라고 말했다.

또 **"서울 도심 상업지역 용적률 600%까지 허용, 국토부, '대책 안 먹히면 그린벨트 직권해제"**라는 기사도 실렸다. 토지 대비 건물 연면적 비율인 용적률을 늘려주는데, 늘어난 용적률 절반은 임대주택용으로 사용한다는 조건이다. 이에 대해 한 전문가는 "현재 아무것도 없는 빈 땅에나 해당하는 얘기"라며 "서울 전역에 이미 건물이 빼곡한 상황에서 효과가 얼마나 있을지 의문"이라고 말했다.

여기에 **"강남 수준 집이 계속 공급되면 집값 결국 잡힌다"**는 칼럼이 실렸다. 이번 발표를 수요억제책의 약점을 보완할 수 있는 정책으로 평가했다. 결국 서울 강남이나 분당에 필적하는 경쟁력 있는 신도시를 지어야 한다고 주장한다. 그러면서도 서울시와 그린벨트 해제에 대해 합의를 보지 못해, 신도시의 입지조차 발표하지 못한 것을 지적하면서 그린벨트를 마구 푸는 것은 옳지 않다고 주장했다. 마지막에는 도심과 기존 주거지역을 고층으로 수직 개발하는 방안도 배척하지 말 것을 주문했다.

같은 신문에 **"경기·인천에 2만 5,000가구, 일부 지역은 집값 내린 곳"**이라는 기사도 실렸다.

9월 27일 자에는 **"성난 경기·인천, 서울 집값 불났는데 왜 여기 물 퍼붓나"**가 실렸다. 집값 내리는 지역에서는 공급이 늘어나면 더 떨어질까 우려해서 반대하고, 정작 인기 있는 서울 등에서는 다른 용도로 계획된 것을 주택으로 짓겠다고 하니, 반대하고 있다 한다. 여기서 한 전문가는 "지금 집값 급등은 서울과 인접 지역 중심의 국지적 현상인데, 그저 수도권이라는 이유만으로 여기저기 공급을 늘린다고 해서 주택시장이 안정될지 의문"이라고 말했다. 다른 전문가는 "지금까지 공개된 공급계획 수준으로는 서울 집값이 큰 영향을 받지 않을 것"이라며 "정부가 공언한 미니신도시의 규모와 입지 등 내용이 더욱 중요해졌다"고 하였다.

또 **"서울 집값에 불 났는데, 왜 엉뚱한 곳에 물 퍼붓나"**라는 칼럼도 실렸다. 집값이 떨어진 곳에 지어봐야 강남 등의 집값은 잡히지 않는다는 반박하고 있다. 주택 수요자들은 강남 등 서울 지역 또는 그에 못지않은 인프라가 갖춰진 지역의 주택을 원하고 있는데 엉뚱한 지역에 집을 지어봐야 효과를 기대하기 어렵다고 했다. "서울 집값에 불이 났는데, 엉뚱한 곳으로 소방차를 보내 물을 퍼붓고 있다"는 말로 글을 마무리했다.

집값 잡으려면 수요 많은 곳에 공급하라

(2018년 10월 1일, 중앙일보)

문재인 정부 출범 후 가장 강력한 대책이라는 9.13 대책이 나왔다. 투기 수요 근절을 위해 세금 인상과 대출 규제 강화 위주의 수요억제책이었다. 일주일 뒤 수도권 주택 공급 확대 방안을 발표했다. 수요억제책 일색에서 공급 대책을 내놓은 점은 정책 기조의 전환이라 환영할 만하다.

정부는 지난달 21일 수도권 공공택지 확보를 통해 30만호를 공급하고, 신혼희망타운 10만호도 사업 단축을 통해 올해부터 분양에 착수하며, 도심 주택 공급 확대를 위해 규제를 완화하고 인센티브를 제공한다고 발표했다. 이 정도 물량이면 시장 불안을 잠재울 정도는 될 것이다.

그러나 당장에는 큰 효과가 없을 전망이다. 1차로 발표된 신규 택지 물량이 서울에는 1만호에 그쳐, 300만호가 넘는 서울의 집값 안정에 도움이 될지 의심스럽다. 택지 확보도 지자체와의 협의가 중요하기에 정부가 목표로 한 시기에 공급이 가능할지 의문이다. 일부 지자체는 주민들이 강력히 반대해 난항이 예상된다.

그런데도 정부의 택지 공급 발표에 주목하는 것은 신규 주택의 절반 정도가 공공택지에서 공급되기 때문이다. 재개발이나 재건축을 아무리 효율적으로 진행한다 해도 실제 시장에서 필요로 하는 물량을 감당하기에는 턱없이 부족하다. 1980년대 아시안게임과 올림픽을 앞두고 대대적으로 재개발하였음에도 집값이 폭등한 점을 보면 알 수 있다. 당시 폭등세는 200만호 건설과 이후 계속되는 택지 공급으로 진정되었기에 신규 택지 확보에 시장의 관심이 쏠리는 것이다.

일반적으로 대규모 택지를 공급하면 입주 시점까지 부동산 가격은 불안한 양상을 나타낸다. 신도시 발표를 개발 호재로 인식해 주변 땅값이 폭등하고, 개발 과정에서 풀려난 토지 보상금으로 땅값이 더 오르게 되나, 결국 입주 시점을 기점으로 집값은 하향 안정세를 보인다. 앞으로도 그럴 가능성이 높으므로 대책을 마련해야 할 것이다.

정부가 향후 택지를 확보하면서 주의할 점도 많다. 일부 신도시처럼 서울 집값에 영향을 미치기 어려운 지역에 대규모로 개발하는 것은 지양해야 한다. 실제 서울 강남과의 접근성이 뛰어난 곳에 주택 공급이 이뤄져야 집값이 안정될 것이므로 수요가 많은 곳에 공급이 이뤄져야 할 것이다.

그리고 과거 경험을 소중히 살려야 할 것이다. 이를 위해 정부는 해당 도시 주민들이 우려하고 반대하는 이유에 대해 경청해야 한다. 주택 위주의 개발로 인해 교통난이 더 심각해졌다는 점에 대해 반성하고, 대규모 임대주택 건설에 따른 주민 우려도 해소해야 한다. 대대적 대중 교통망과 간선 교통 공급이 수반되는 종합적 교통 대책이 선행되어야 한다. 또 주택 이외 업무시설과 편의시설도 동시 공급해 지나친 서울 의존도를 낮추는 작업이 병행돼야 한다. 이번 대책을 계기로 단순히 주택을 공급하는 방향이 아니라, 수도권 공간을 재편해 효율성과 형평성을 높이는 방향으로 고민해야 한다.

정부에서 내놓은 두 번째 공급대책인 신혼희망타운 조기 공급도 수치 달성에 치우치면 곤란하다. 신혼부부들은 주거지 선택에 있어 입지를 중시하는데 지금 발표된 것들을 보면 외곽 지역이 많아 큰 도움이 될지 의심스럽다. 물량 위주 공급보다는 실제 이들이 원하는 입지에 더 많이 공급되도록 노력하는 것이 중요하다.

정부의 마지막 공급 대책은 도심 내 주택 공급 확대이다. 용적률 상향과 인센티브 확대로 임대주택 공급을 늘리는 내용인데, 실제 어느 정도 실효성이 있을지 두고 봐야 할 듯하다. 현재 서울시 도시계획 인허가 체계가 워낙 느리게 진행되는 점을 고려하면 단기간에 성과를 기대하기가 어려워 보인다. 그동안 중앙정부와 서울시 간에 사사건건 충돌한 점을 고려하면 실효성도 의심스럽다.

그리고 필지별 개발 혹은 소규모 정비 사업 위주의 공급이어서 그 물량도 시장 안정에는 부족할 가능성이 크다. 개발 후 주차장 및 인프라 부족, 환경의 질 저하 등이 예상되므로 조심해서 접근해야 할 것이다. 차라리 재개발·재건축을 활성화해 공급을 늘리는 방안을 고민해야 하는 게 아닌가 싶다. 환경의 질을 적정하게 유지하면서 대량으로 도심에서 공급하는 방안으로 재개발·재건축만한 방식을 찾기 힘들다.

전반적으로 이번 대책이 방향은 제대로 잡은 것으로 보인다. 비록 단기적 실효성은 떨어질지라도 중장기적 안정을 위해 필요한 대책이기 때문이다. 그러나 방향이 옳다고 해서 성공까지 보장되는 것은 아니다. 중앙정부의 밀어붙이기식 정책으로 실패한 경험이 많기 때문에 철저하게 지역 주민과 같이 만들어나가야 정책이 성공할 수 있다.

그린벨트를 지키기 위한
도심 활용 방안

2018년 10월 2일 자 조선일보에는 **"도심의 노후 빌딩, 층수 높여줘 임대주택 짓게 하자"**는 기사가 실렸다. 박원순 서울시장이 그린벨트를 일부 해제해 신규택지를 마련하겠다는 정부안 대신 도심의 유휴공간을 활용하여 공공임대주택을 공급하겠다는 것이다. 광화문·종로·명동 권역의 공실률은 15.6%나 되니 이를 활용하겠다는 구상이다. 공실률이 높은 사무실 빌딩 중 일부를 공공임대주택으로 돌리는 방안도 검토하고, 도심의 노후건물을 허물고 새로 지을 때 임대주택을 포함하면 용적률을 풀어주는 방안도 추진한다고 한다.

많은 전문가는 박원순 시장이 밝힌 공급대책에 대해 "취지는 좋으나 '집값 잡기' 대책으로는 한계가 있다"고 평했다 한다. 한 전문가는 "건물주 동의는 물론 주거와 업무 공간을 어떻게 분리할지 등을 조율하는데 상당한 시간이 걸릴 것"이라고 말했다. 다른 전문가는 "사무용 건물 1개 당 100호씩 주택을 공급한다고 해도 잘해야 서울 도심에 공급할 수 있는 주택은 1만호 남짓에 그칠 것"이라고 추정했다. 또 다른 전문가는 "집값 잡기란 국가적인 숙제 해결을 위해서는 재건축·재개발 확대 정책이 필요하다"고 말했다.

그리고 10월 30일에는 국토교통부가 공공택지 발표지역 6곳을 토지거래허가구역으로 지정하여 투기를 막겠다는 발표를 한다.

집값 잡기 위한 정부의 안간힘,
집값 불안 요인은 모두 없애라!

조선일보 2017년 10월 25일 자에는 **"격론 끝에 정부, 현대차 삼성동 신사옥 인허가 연말까지 해결 추진"**이 실렸다. 정부가 지난 2년간 사업이 지연됐던 105층 규모의 현대차그룹 서울 삼성동 신사옥 착공 인허가 문제를 연말까지 해결하기로 했다는 소식이다. 약 1시간 40분간의 격론이 있었다는 후문이다. 국토부 수도권정비위원회는 현대차 양재동 사옥 근무 인력 계획 등을 문제 삼았지만, 실제로 서울 강남구 일대 집값을 의식한 것 아니냐는 추측이 무성하다고 한다. 24일 경제관계장관회의에서 강남 부동산 가격이 안정되는지 등을 충분히 살펴본 이후 인허가를 논의해야 한다는 의견이 상당수였던 것으로 알려졌다.

10월 31일 자에는 지난 24일 경제장관회의에서의 격론을 **"김동연 밀고 靑 찬성한 현대차 GBC 지원안, 김현미 혼자 막았다"**라는 제목으로 후

광기의 실험, 시장의 반격

속 보도했다. 회의에 참석한 18개 정부 부처 장·차관 및 청와대 수석 3명 중 김현미 장관만 유일하게 현대차 GBC 건립 인허가 규제 완화에 대해 반대 의견을 표명했다면서, 김현미 장관의 반대로 사실상 결론을 내리지 못했다고 보도하고 있다.

인허가 절차만 확 줄여도 집값 잡는다

(2018년 12월 17일, 디지털타임스)

지난 10월 말 열린 경제관계장관회의에서 경제부총리와 국토교통부 장관이 격론을 벌인 것으로 알려졌다. 그 내용은 서울 삼성동 현대차그룹 신사옥 추진 여부였다. 서울시 발표 자료에 따르면, 현대차의 글로벌 비즈니스 센터 사업이 진행될 경우 254.8조원의 경제적 파급효과와 121.5만명의 고용창출효과가 예상되며 신규 세수증가 또한 1.5조원 이상에 이를 것으로 기대되고 있다. 실로 어마어마한 사업이며 경기침체의 징후가 역력한 현 시점에서, 그리고 신규고용 하나가 아쉬운 상황에서 너무나 소중한 사업이다. 그래서 경제부총리는 사업 추진을 희망하였으나 국토교통부 장관은 부동산 값 상승을 우려해서 반대하였고 그 결과 아직 표류 중이다.

그로 인해 개발에 따르는 결실을 온 국민이 향유하기 보다는 오히려 비용이 천문학적으로 늘어나고 있는 중이다. 가뜩이나 어렵다고 얘기가 나오는 현대차 그룹이, 3년 전에 취득세를 포함하여 11조원 가량에 토지를 매입하였는데, 아직 인허가도 통과하지 못했다고 하니 그로 인해 발생한 비용이 가히 천문학적이다. 일반적으로 개발 사업을 할 때 조달하는 금리인 5%만 적용해도 벌써 1조 6,500억원의 비용이 허공으로 날아간 것이다. 그것도 일반인한테 토지를 매입한 것이 아니라 공기업 한국전력공사로부터 부지를 매입하였고 사전협상을 통해 상당기간 조율하였음에도 이러한 상황이다.

이보다 더 심각한 사례도 있다. 서울시가 개발을 진행하고 있는 상암동 사업에서 부지를 매입한 롯데백화점 사례다. 당해 사업의 인허가 기관인 서울시로부터 부지를 매입했음에도 불구하고 7년째 사업이 기약 없이 표류 중이다. 중소상인을 배려해야 한다는 원칙에 대해 반론을 제기할 사람은 많지 않을 것이나, 인허가 기관인 서울시의 도시계획을 믿고 토지를 매입한 사업자의 입장에서는 가혹하지 않나 하는 생각이 든다.

2,000억원이라는 토지비를 납부하고 나서 그 비용의 30% 가까운 금액이 인허가 지연으로 낭비된 것으로 추정된다. 물론 자기 자본으로 땅을 샀기 때문에 실제 나간 돈은 아닐지라도 다른 곳에 투자하거나 은행에만 맡겨도 이자가 생긴다는 점을 감안하면 실질적인 비용으로 볼 수 있다. 이밖에 우리가 알고 있는 굵직굵직한 사업들은 거의 예외 없이 인허가의 비효율성으로 인해 막대한 비용을 지불하고 있다는 것이 개발업계의 중론이다.

주택건설사업도 대동소이하다. 재건축과 재개발의 경우 인허가에 소요되는 기간이 지나치게 길어지고 있고, 개발에 따르는 부담금 등도 주택가격 상승 요인으로 작용하고 있으며, 인허가 절차가 계속해서 복잡해짐에 따라 소요되는 비용도 모두 집값 상승으로 연결되고 있다. 재건축과 재개발 사업 가운데 20년 이상 지연된 사업도 수두룩하다는 점을 감안하면 그 비용은 추정하기도 힘들 지경이다.

공공이 주도하고 있는 택지개발 사업의 경우도 별반 차이가 없다. 인허가 기간이 짧게는 수년에서 7~8년 이상 소요되는 경우가 많아, 원가 상승으로 연결되고 있다. 사업 초기에 추정한 조성원가와 실제 조성원가가 수십 퍼센트 차이가 날 지경에 이르고 있다. 이러한 원가 상승은 고스란히 집값 상승으로 연결되고 서민들의 생활은 더욱 팍팍해지게 된다.

선진국에서는 이러한 인허가 및 관련 규제로 야기되는 집값 상승에 대한 연구가 많이 이루어지고 있다. 연구 시기와 연구자에 따라 결과가 조금씩 다르게 나타나고 있긴 하나, 많게는 수십 퍼센트의 집값 상승요인으로 작용하고 있다고 보고 있다. 이와 관련하여 전미주택건설협회에서도 연구를 한 적이 있다. 미국에서 가장 많이 공급되고 있는 단독주택을 건설함에 있어서 집값의 25%에 이르는 부분이 정부 규제로 기인하는 것으로 나타났다.

최근에도 우리나라는 원가 관련 규제를 상당히 강하게 하고 있고, 원가내역까지 공개하는 등 집값 잡기에 안간힘을 쓰고 있다. 그러나 앞으로 더 효과를 내기위해서는 최종 부동산 가격의 상당한 부분을 차지하는 인허가 및 관련 규제의 개선에도 힘을 쏟아야 서민들도 체감할 수 있는 결실을 볼 수 있을 것이다.

12.19 부동산 대책:
차질 없는 공급을 위하여

"2차 수도권 주택 공급 계획 및 수도권 광역교통망 개선방안"

2018년 12월 19일 국토교통부는 기존의 공급계획에서 후속으로 하기로 한 것을 밝혔다. 지자체와의 협의가 완료된 41곳, 15만 5,000호에 대한 입지를 확정한 것이다.

규모별로 보면 100만㎡ 이상이 4곳, 12만 2,000호이고, 100만㎡ 이하는 6곳, 10만㎡ 이하 31곳이다. 이중 대규모는 남양주(1,134만㎡), 하남(649만㎡), 인천계양(335만㎡), 과천(155만㎡)인데, 서울 경계로부터의 거리가 1기 신도시는 5km이고 2기 신도시는 10km임에 반해, 3기 신규택지는 2km밖에 되지 않는다고 설명하고 있다. 그리고 지역별로는 서울은 32곳에 1만 9,000호, 경기도는 8곳에 11만 9,000호, 인천은 1곳에 1만 7,000호가 지정됐다. 서울 물량을 확보하기 위해 피눈물 나는 노력을 한 것으로 보인다. 규모가 20호짜리도 포함되어 있으니 말이다.

개발 방향으로는 서울 도심까지 30분 내 출퇴근 가능 도시와 일자리를 만드는 도시, 아이 키우기 좋은 도시, 지역과 함께 만드는 도시를 표방했다.

과거 신도시의 문제점이었던 광역교통망에 대해서도 '선교통, 후개발' 원칙으로 계획했다. 즉 수도권 광역교통망 개선방안을 만들어, 급행·간선 중심의 중추망을 조기에 구축하고, 버스 경쟁력·정시성 확보를 위해 전용 S-BRT^{간선급행버스체계}를 구축하는 등 대중교통 사각지대를 해소하고자 했다. 신속한 추진을 위해 광역교통의 통합·조정 전담기구인 대도시권 광역교통위원회도 만들기로 했다.

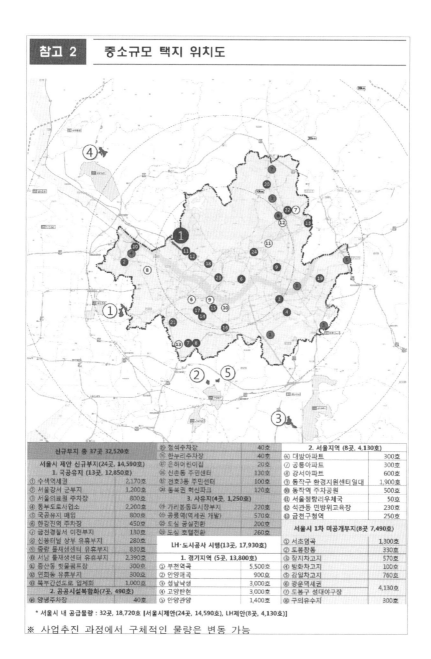

신규부지 총 37곳 32,520호		⑮ 청석주차장	40호	2. 서울지역 (8곳, 4,130호)	
서울시 제안 신규부지(24곳, 14,590호)		⑯ 한누리주차장	40호	⑥ 대방아파트	300호
1. 국공유지 (13곳, 12,850호)		⑰ 은하어린이집	20호	⑦ 공릉아파트	300호
① 수색역세권	2,170호	⑱ 신촌동 주민센터	130호	⑧ 강서아파트	600호
② 서울강서 군부지	1,200호	⑲ 전호3동 주민센터	100호	⑨ 동작구 환경지원센터일대	1,900호
③ 서울의료원 주차장	800호	⑳ 동북권 혁신파크	120호	⑩ 동작역 주차공원	500호
④ 동부도로사업소	2,200호	3. 사유지(4곳, 1,250호)		⑪ 서울청량리우체국	50호
⑤ 국공유지 매입	800호	㉑ 가리봉동㉑도시장부지	220호	⑫ 석관동 민방위교육장	230호
⑥ 한강진역 주차장	450호	㉒ 공릉역(역세권 개발)	570호	⑬ 금천구청역	250호
⑦ 금천경찰서 이전부지	130호	㉓ 도심 공실전환	200호	서울시 1차 미공개부지(8곳 7,490호)	
⑧ 신봉터널 상부 유휴부지	280호	㉔ 도심 호텔전환	260호	① 서초염곡	1,300호
⑨ 중랑 물재생센터 유휴부지	830호	LH·도시공사 시행(13곳, 17,930호)		② 도봉창동	330호
⑩ 서남 물재생센터 유휴부지	2,390호	1. 경기지역 (5곳, 13,800호)		③ 장지차고지	570호
⑪ 증산동 빗물펌프장	300호	① 부천역곡	5,500호	④ 방화차고지	100호
⑫ 연희동 유휴부지	300호	② 안양매곡	900호	⑤ 감일차고지	760호
⑬ 북부간선도로 입체화	1,000호	③ 성남낙생	3,000호	⑥ 광윤역세권	4,130호
2. 공공시설복합화(7곳, 490호)		④ 고양탄현	3,000호	⑦ 도봉구 성대야구장	
⑭ 양녕주차장	40호	⑤ 안양관양	1,400호	⑧ 구의유수지	300호

* 서울시 내 공급물량: 32곳, 18,720호 [서울시제안(24곳, 14,590호), LH제안(8곳, 4,130호)]

※ 사업추진 과정에서 구체적인 물량은 변동 가능

여론의 반응

　　2018년 12월 20일 자 조선일보에 **"교통 퍼스트 내건 신도시, 서울까지 30분 실현될까"**가 실렸다. 정부 대책을 소개하면서 실현 가능성을 문제로 삼았다. 특히 수도권 광역급행철도인 GTX-B 노선은 A·B·C 세 노선 가운데 가장 사업추진이 더딘 데다가, 노선이 길고 예상 이용객이 많지 않아 공공투자사업의 경제성을 평가하는 예비타당성 조사 통과가 어렵다는 분석을 실었다. **"남양주·하남·인천계양·과천, 서울서 2km 거리에 3기 신도시"**라는 기사에서는 신도시 계획을 소개하고 있다. 여기서 한 전문가는 "고강도 수요규제로 집값이 일단 잡힌 상태에서 강력한 '공급 신호'가 더해진 것이기 때문에 당분간 수도권 주택시장은 안정세가 이어질 가능성이 크다"고 말했다.

　　같은 날 한겨레신문은 **"남양주·하남·과천·계양에 3기 '미니 새도시'**

조성"이라는 기사에서 사업들을 소개하고 있다. 그리고 **"수도권 3기 신도시 4곳 모두 서울 경제 2km 거리, 판교 같은 'IT도시' 만든다"**라는 기사도 실렸다. 계획 내용을 소개하면서, 개발 구상 단계 때부터 자족기능 확보에 무게를 둔 것을 달라진 점으로 꼽았다. 대체로 입지는 양호한 편이라고 평가하면서, 내집 장만을 희망하는 실수요자들의 관심도 높을 것으로 예상된다고 했다.

그러나 주택의 양적 확대보다는 주택 공급 체계 개선과 강력한 투기 억제 장치가 선행돼야 한다는 지적도 나왔다고 한다. 한 시민단체는 이날 성명을 내 "남양주, 하남은 이미 다산·진건 새도시와 미사강변도시 등 개발제한구역그린벨트을 풀어헤친 개발로 인해 집값이 크게 상승한 지역으로 여기에 또 새 도시를 짓는다면 부작용이 심각해질 수 있다"며 "정부는 저렴한 공공주택 공급, 후분양제, 민간 토지매각 중단, 보유세 대폭 강화 등 주거안정 정책에 나서 달라"고 촉구했다.

시장에 미치는 효과는 기대반, 우려반이라고 표현했다. 한 전문가는 "광역급행철도GTX 등 광역교통망 조성 사업이 본격화하면 수도권에서 서울로의 접근성이 더욱 좋아져 서울 주택 수요를 다소 분산할 수 있을 것으로 예상된다"고 말했다. 반면 다른 전문가는 "새도시와 서울을 잇는 교통망이 모두 서울을 중심으로 뻗어 나가는 구조라는 점에서, 인접 도시끼리 연결되는 '연담화conurbation, 인접한 여러 도시가 상호연결되며 거대도시권을 형성하는 것' 현상만 가중시킬 뿐 서울 집값 안정에는 별다른 영향을 못 미칠 것"이라고 했다.

'어쩌면 마지막 신도시' 실패 없으려면

(2019년 1월 8일, 매일경제)

지난달 19일 정부는 남양주, 하남, 인천 계양, 과천 등 3기 신도시 총 4곳을 발표했다. 국토교통부 업무 담당자들 모두가 '007가방'을 들고 다니며 철통 보안을 유지했다고 하던데, 발표 내용도 예상을 뛰어넘었다. 국토부는 보안뿐만 아니라 위치 선정과 개발 구상을 수립하는 데 있어서도 기존 신도시에 비해 꽤나 신경 쓴 흔적이 많이 보인다. 먼저 입지 측면에서 볼 때 서울과 평균 거리가 2km로 1·2기 신도시보다 가깝다. 가장 위치가 좋은 과천지구 물량이 7,000가구에 그친 점은 아쉬운 부분이다. 그러나 일반적으로 지구 경계만 덜렁 공개하는 발표 초기 단계에서부터 광역교통 개선 대책을 함께 제시해 그간 신도시의 고질적 약점이었던 '교통지옥' 문제를 해소하려 시도한 부분은 평가받을 만하다.

물론 정부로선 9.13 대책 발표 때 제시한 수도권 30만 가구 공급 목표 달성을 위해 주택 수를 더 늘리고 싶은 유혹이 컸을 것이다. 그러나 주택 수를 늘리는 대신 일자리를 만드는 자족 용지를 주택용지만큼 배정했다는 점에서 3기 신도시는 처음부터 '베드타운'으로 만들지 않겠다는 강한 의지가 읽힌다. 국공립 유치원 100% 공급, 미세먼지 저감을 위한 수소버스 도입 등은 작지만 젊은 부부들 관심을 끌기에 충분한 아이템이다.

그러나 무엇보다 과거 신도시 건설 과정에서 가장 큰 '적폐'인 중앙정부의 일방적 발표를 없앴다는 점이 가장 중요하다. 사업 초기부터 지방자치단체와 수십 차례 토론하면서 논의했다. 신도시 개발에 있어서 그간 지자체는 철저히 배제되었다. 지자체는 해당 사업을 다음날 신문을 통해 알기 일쑤였고, 걸핏하면 '왜 우리 동네에 공공주택을 대규모로 공급하느냐'며 정부와 각을 세우는 것이 관행이었다. 그러던 것이 이번엔 신도시 4곳 시장·구청장이 모두 발표 당일 참석해 지역 발전 구상을 발표하고 국토부와 양해각서MOU도 체결했다. 지방자치단체와 사사건건 부딪쳐 사업이 지연되었던 과거 신도시 추진 과정을 돌이켜 보면 중앙정부가 지역 실정을 잘 아는 지방자치단체를 사업 동반자로 품은 것은 높이 평가받을 만하다. 다만 샴페인을 터뜨리기엔 아직 이르다. 신도시 건설은 오랜 시간이 걸리는 마라톤 경주다. 지금은 컨디션 좋은 마라톤 선수가 스타트를 잘 끊었을 뿐이다.

정부가 이번에는 신도시를 잘 만들 수 있을까 의심을 품고 있는 사람이 많다. 계획대로 입주 시기에 맞춰 교통시설을 잘 갖출 수 있을지, 그 많은 자족용지에 기업을 다 채울 수 있을지, 토지 보상 과정 등에서 지역 주민들과 갈등을 얼마나 원만히 해결할 수 있을지 등 아직 해결할 과제가 수북이 쌓여 있다.

이러한 과제를 해결하기 위해서 우선 이번 정부 임기 내에 주택을 최대한 많이 공급하겠다는 조급한 마음부터 버려야 한다. 실적을 채우기 위해 주택 위주로 먼저 공급하는 바람에 1·2기 신도시 주민들이 입주 초기에 얼마나 많은 불편을 겪었는지 정부는 잘 알고 있을 것이다. 똑같은 과오를 범하지 않기 위해 토지 보상과 함께 지하철 연장, 도로 신설 등 교통시설 공사에 착수하고, 주택용지보다 자족용지를 먼저 매각하여 교통과 일자리를 갖춘 상태에서 입주하도록 해야 한다.

또 입지 선정 단계에서는 007작전을 수행했으나, 이제는 도시·교통·건축 등 다방면의 전문가들도 참여시켜 살고 싶은 도시를 만드는 데 지혜를 모아야 한다. 즉 각계각층 아이디어를 모아서 새로운 시대적 문제를 해결할 뿐만 아니라 수도권 전체의 고질적 과제도 해결할 수 있어야 할 것이다.

더 나아가 일자리가 넘치는 도시를 만들기 위해 기업들의 니즈를 파악하여 계획에 반영해야 한다. 벤처기업 젊은 직원들을 위한 창업 주택을 자족용지와 함께 배치하고, 아이를 가진 신혼부부를 위해 직장 내에 국공립 유치원을 설치하며, 이전하는 기업들 부담을 줄여주기 위해 취득세를 인하해주는 방안도 제안해 본다.

인구 감소 시대에 어쩌면 마지막이 될 신도시를 제대로 만들었으면 한다.

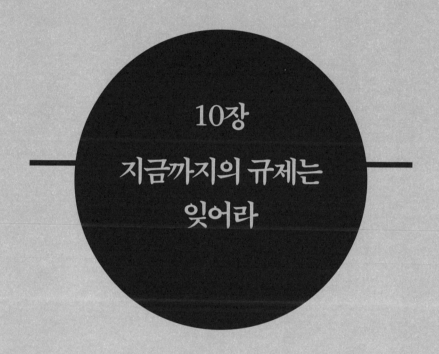

10장

지금까지의 규제는
잊어라

나의 이웃이거나 아마도 나의 고용자일 수 있는

백만장자가 나에 대해 가지는 권력은,

최하급 공무원이 국가의 강제력을 휘두르며

자신의 재량에 따라 내가 어디에 살고 일할 것인지를 결정할 때,

그가 내게 행사하는 권력에 비해 훨씬 더 적다.

프리드리히 하이예크

용서는 자기 자신에게 베푸는 가장 큰 베풂이자 사랑이다.

달라이 라마

강한 시장의 반응

　2018년 8월 28일 자 조선일보에서 **"평당 1억 아파트, 이 '한강뷰' 값이 2억입니다"**라는 기사에서 서울 서초구 반포동 아크로리버파크 단지가 3.3㎡당 1억원 시대를 열었다는 내용을 실었다. 전용 59㎡가 24억 5,000만원에 거래된 것이다. 전용 59㎡는 한강이 보이는 동은 24억원, 안 보이면 22억원부터 시작한다고 한다.

　8월 29일 자에는 **"반포 집값, 뉴욕 맨해튼 아파트와 맞먹는다"**라는 기사가 나왔다. 최근 평당 1억원을 돌파한 아파트가 나오자 '집값 거품' 논쟁이 가열되고 있다는 내용이다. 80㎡^{전용면적 59㎡}가 최근 24억 5,000만원에 거래되었는데, 평당 1억 208만원 꼴이다. 기사에서는 미국 뉴욕의 맨해튼에서 똑같이 강변^{허드슨강}에 자리 잡은 수리하이라인**Soori High Line** 아파트와 비교했다. 이 아파트의 공급면적 218㎡ 아파트 호가는 27일 기준 71

억원이어서, 평당 1억 757만원이라 한다.

국토교통부 관계자는 '서울 집값 거품론'의 근거로 임대료를 제시했다 한다. 그는 "전월세는 '시세 차익' 목적 없이 순수하게 그 집에서 살기 위해 지불하는 돈이라는 측면에서 실제 가치를 반영한다"며 "지금 서울 아파트 시장은 전월세가 안정된 상태에서 매매가격만 치솟고 있는데, 이는 집값에 거품이 끼었을 가능성을 말하는 것"이라고 말했다 한다.

'소득 대비 집값 비율**PIR, Price-to-Income Ratio**'은 대표적인 집값 비교 지표로, 중위 소득의 국민이 월급 몇 년 치를 안 쓰고 모아야 중간 가격대의 집을 살 수 있느냐를 가리킨다. 글로벌 부동산시장 분석업체 '넘베오'의 2018년 최신 데이터에 따르면, 서울의 PIR은 17.8로 조사 대상 302개 국가 중 31위라 한다. 위로는 홍콩(46.9), 타이베이(21.1), 런던(20.6), 파리(18.5) 등이 있고, 아래로는 도쿄(13), 토론토(12.1), 뉴욕(11.9), 베를린(10.4), 로스앤젤레스(7.9) 등이 있다. 서울 집값은 과연 비싼 것일까?

서민주택 공급 원활하면 버블 문제 안 된다

(디지털타임스, 2018년 10월 11일)

연일 고강도의 부동산 대책이 나오는 외중에 최근에는 버블이 아닌가 하는 얘기도 나오고 있다. 서울보다 훨씬 더 폭등하였던 글로벌 도시의 부동산도 조정을 보이면서 우리 시장도 폭락하는 게 아닌가 하는 우려이다.

연초에 서울 강남은 이미 거품이 끼어있고, 강북에서도 거품이 생기고 있다는 보고서가 나왔다. 그리고 IMF에서도 우리나라 부동산시장이 전국적으로는 안정되었으나 일부 지역은 과열이라는 진단을 내린 상태다. 금융위기 이후 처음으로 보는 상승인지라 부동산 버블이 아닌가 하는 우려와 이 버블이 꺼지면 어떻게 되나 하는 염려도 커지고 있다. 2000년대 중반에도 이러한 생각이 팽배했고, 그 결과 부동산 대폭락이라는 단어가 유행어처럼 번지기도 하였다. 당시에도 국책연구원에서 버블이라고 진단하였다.

그렇다면 버블이 무엇인가 하는 의문이 든다. 값이 많이 올랐을 때 거품이 있다고 한다면 도대체 얼마만큼 올라야 버블이라 할 수 있을까. 강남이 지금 폭등한 것을 버블이라 할 수 있을까. 그리고 대부분의 자산이 오르면 가격조정을 보이는데 어디까지 하락하면 자연스런 가격조정이고, 얼마나 하락해야 버블 붕괴라 할 수 있을까. 여기에 명쾌하게 답변을 내놓을 사람은 거의 없을 것이다.

일반적으로 시장이 잘 작동한다면 부동산 가격은 그 부동산이 지닌 내재가치와 같아지게 되는데, 간혹 시장가격이 내재가치에 비해 지나치게 비쌀 경우 그 차이를 거품이라 부르는 경우가 많다. 여기서 문제는 내재가치를 판단하기가 힘들다는 점이다. 그래서 거품인지 아닌지 알기가 어려워지게 된다. 게다가 시장 가격이라는 것이 항상 균형가격에 머물러 있는 것이 아니라 여러 요인으로 인해 균형가격과 괴리될 수 있으며, 그 결과 오버슈팅이 비일비재하게 나타난다. 오버슈팅 이후에는 가격 하락을 통한 조정을 겪게 된다. 이 경우는 거품이라 하지 않고 자연스런 가격조정으로 취급한다.

일본 대도시의 경우 1980년대에 거의 4배 가까이 폭등하고 나서, 잃어버린 20년이라는 말이 있듯이 거의 4분의1 토막이 났다. 이런 경우는 누가 봐도 부동산 버블이라고 진단할 수 있다. 이와 같이 버블이 붕괴되고 나서야 가격에 거품이 있었는지를 쉽게 판단할 수 있다. 그러나 지금 진행 중인 상황에서 서울 집값이 버블인지 아닌지는 판단하기가 상당히 어렵다.

KB에서 발표하는 아파트 매매지수를 보면 조사 시작 후 30년간 서울과 강남은 연평균 6.12%, 6.79% 올랐다. 그리고 작년에는 5.28%, 5.65% 상승하였다. 과거에 부동산 광풍이 불었을 때인 1990년에는 37.62%, 38.85% 상승하였고, 그 다음해부터 200만호 입주가 시작되면서 3년간 연 4% 정도씩 하락하였다. 그리고 2001년부터 3년간 연평균 20.10%, 23.84% 상승하였다가 2004년에 1.02%, 1.35% 하락하였으나, 그 다음해는 다시 상승하였다. 이런 모습은 가격폭등에 따른 버블 생성과 버블 붕괴로 해석하기보다는 자연스런 가격조정으로 이해하는 것이 맞을 듯하다. 물론 당시에는 부동산 거품이라는 진단이 팽배했었다.

대도시의 집값을 가장 오랜 기간 조사한 연구가 있다. 무려 347년간 암스테르담의 헤렌그락트 운하지구의 주택가격을 추적했다. 이 연구에서는 물가상승률을 제거한 실질

가격을 조사하였는데, 연평균 상승률은 0.56% 상승한 것으로 나타났다. 20세기 들어서는 가격이 훨씬 가파르게 상승했다. 각종 버블 붕괴와 경제위기가 발생하였으나 결국 상승하는 모습이다. 강남 아파트 값을 물가상승률을 빼서 살펴보면 지난 30년간 연평균 1% 대 상승으로 나온다. 헤렌그락트의 20세기 상승률보다 적다.

오랜 기록을 보유한 선진국을 참고하면, 집값은 오르기도 하고 빠지기도 한다. 그러나 대도시의 경우는 계속해서 상승하는 모습을 보여주고 있다. 그렇다면 정부가 가격을 인위적으로 조정하려고 노력하기보다는 이러한 상승과정에서 소외되는 서민층과 청년층 등을 돌보는 방향으로 정책을 펴는 게 더 좋지 않을까 생각이 든다.

오락가락해도 시장은 간다

2018년 8월 30일 자에는 **"맞벌이들, '전세대출 막으면 계속 월세 살란 거냐' 반발"**이 실렸다. 정부가 전세 보증 상품을 이용할 때, 소득 및 주택 보유 여부를 따지는 등 요건을 강화하기로 한 것에 대한 기사다.

8월 31일 자에는 **"정부, 종부세·공시가 인상·대출 규제 3종세트 준비"**라는 기사가 나왔다. 또 **"서울 아파트 주간 상승률 0.45% 역대 최고"**라는 기사가 실렸다.

같은 날 한겨레신문에는 **"아파트값 고공행진, 당정청 '종부세 강화' 고삐 쥔다"**가 실렸다.

9월 1일 자 조선일보에는 **"불안한 무주택자, 더 오를거 같은데 일단 사자"**에서는 투기지역을 지정하는 것이 정부가 집값 더 오를 곳을 콕 찍어 준 셈이라는 얘기를 싣고 있다.

9월 3일 자에는 **"임대주택 등록 권장하더니, 8개월 만에 뒤집은 정부"** 에서 "어떤 교수가 (임대사업자 세제 혜택은) 투기꾼에게 과도한 선물을 준 것"이라는 국토교통부 장관의 발언을 실었다. 장관은 "최근 임대사업자 등록의 혜택을 집을 새로 사는 수단으로 역이용하는 경향이 있는 것으로 판단된다"며 주택 임대사업자로 등록한 다주택자에 대한 세금 인센티브를 줄이기로 했다 한다.

같은 날 한겨레신문은 **"투기 논란에, 임대주택사업자 세제 혜택 줄인다"**라는 기사와 **"임대주택 정책 수정, 세입자 불안 막아야"**라는 칼럼을 실었다. 1년도 안 돼 큰 정책을 바꾸는 것이라 일관성이 없다는 비판을 받을 만하다고 한다. 임대주택 등록제의 수정을 계기로 정책의 일관성을 지키고 변화의 진폭을 줄여 억울한 피해자가 생기지 않게 해야 한다고 주장했다.

9월 3일 자 조선일보에는 **"서울 아파트 가격 상승폭 0.57%, 올 들어 최대"**라는 기사가, 9월 4일 자 한겨레신문에는 **"장하성, 부동산 보유세 올리되 거래세 인하 시사"**가 실렸다. 같은 신문에 **"집값이 민심이반 키울라, 이해찬 이번엔 '주택 공급 늘려야'"**도 실렸다.

9월 5일 자 한겨레신문에는 **"집값 안정 대책, 컨트롤 타워가 안보인다"**라는 칼럼이 실렸다. 국토교통부는 수도권 30만채 추가 공급계획을 발표하면서도 현재 공급 물량이 부족하지 않다는 입장이고, 기획재정부는 정부의 종부세 개편안이 적절한 수준이며 종부세가 집값 급등의 직접 원인이 아니라고 주장한 것에 대한 비판이다. 그러면서 정부 부처들이 일사불란하게 움직일 수 있게 컨트롤 타워를 만들 것을 제안했다. 같은 신문에서 **"집값 뛰자 불붙은 주택 대출, 21개월새 최대 증가"**를 실었다.

9월 5일 자 조선일보는 **"양도세 면제, 실거주 2→3년, '똑똑한 한 채 수요' 막을 수 있을까"**에서 정부가 규제 강화를 검토 중이라고 보도했다.

9월 6일 자는 **"분양원가 공개, 집값 상승 억제하려다 아파트 공급 되레 줄어들 부작용 우려"**에서, 장관이 시행령 개정을 통해 추진하는 방안을 검토 중이라 전했다. 같은 날 칼럼은 **"집값 잡아야 하는데 정부는 매일 중구난방"**이 실렸다. 확정되지 않은 대책들이 여기저기서 시리즈로 터져 나와 집값 상승을 부추기고 있다는 비난을 실었다. 즉 여권 내에서 부동산 정책을 종합적으로 관리하는 중심은 보이지 않고, 당·정·청이 따로따로인 점을 비판했다.

9월 7일 자 한겨레신문은 **"부적절한 장하성 실장의 강남 발언"**이라는 칼럼을 실었다. 장하성 청와대 정책실장이 인터뷰에서 "모든 국민들이 강남 가서 살려고 하는 건 아니다. 살아야 될 이유도 없고"라고 하면서 "나도 거기에 살고 있기 때문에 이렇게 말하는 거다"라는 말도 덧붙였다 한다. 자신은 시가 20억원 넘는 강남 아파트에 살면서 다른 이들에겐 "강남 살 필요 없다"고 말한다면, 그가 입안한 정책을 누가 신뢰할 수 있겠는가라고 비판했다.

같은 신문에서 **"신규 택지계획 불법 유출 논란에, 신창현 국토위원 사임"**이 실렸다. 국회 국토교통위원회 소속 여당 의원이 수도권 신규택지 정보를 유출한 사건이다. 그리고 **"양도세 중과로 매물 잠기고, '임대 등록제' 신종투자 변질"**이라는 기사도 실렸다.

같은 날 조선일보에는 **"'나의 미래에 내집은 없다' 절망하는 2030"**이라는 안타까운 기사가 실렸다.

9월 8일 자 조선일보에는 **"17억 강남 아파트 구매자 79%는 대출 한푼 안 받았다"**라는 기사가 실렸다. 비강남권에서 현금을 손에 쥐고 똘똘한 한 채를 찾는 손님이 몰리고 있다 한다. 여기서 한 전문가는 "정부는 대출만 규제하면 집값을 잡을 수 있을 것으로 보지만, 강남 고가아파트와 강북 외곽 아파트 시장을 들여다보면 그게 아니라는 결론이 가능하다"며 "월급 모아 집 사려는 실수요자가 대출 규제 정책의 최대 피해자인 셈"이라고 말했다.

으레 그렇듯 9월 10일 자에는 **"국토부, 집값 담합 조사 착수"**라는 기사가 실렸고, **"여보세요 서울이죠, 매물 나왔어요? 지금 돈 보낼게요"**라는 기사에서는 지방 부자들의 상경 투자를 다뤘는데, 집도 안 보고 서울 아파트를 계약한다는 내용이다.

같은 날 한겨레신문에서는 **"공시가 현실화, 구체 목표·시간표 제시해야"**라는 기사에서, 공시가격의 실거래가 반영률 목표치를 시세의 90% 수준 등으로 구체적으로 제시하라는 의견을 실었다. 현재 아파트의 공시가격 현실화율은 실거래가 기준으로 60~70% 수준, 단독주택은 40~50% 수준이다. 그리고 고가주택부터 부담을 올려야 한다는 내용을 실었다.

같은 신문에서 **"주택대출 막히자 문턱 낮은 '임대사업·전세 대출' 받아 투기"**라는 기사도 실렸다.

9월 11일 자 한겨레신문에서는 **"세입자 보호하려면 '전월세상한제' 등**

광기의 실험, 시장의 반격

정공법 써야"라는 기사가 실렸다.

같은 신문 9월 12일 자에는 "**집값 잡으려 '토지공개념' 꺼냈다**"가 실렸다. 이해찬 더불어민주당 대표가 11일 "토지공개념을 도입해놓고 20년 가까이 공개념의 실체를 만들지 않다 보니 집값이 폭등할 수밖에 없는 구조가 됐다"며 "이를 극복할 수 있는 종합적인 대책을 중앙정부가 모색하고 있다"고 밝혔다 한다.

한겨레신문 9월 13일 자에는 "**토지공개념, 정책 뒷받침으로 의지 보여라**"라는 칼럼을 실었다. 토지공개념을 현실화했어야 하는데도 역대 정부가 손을 놓고 있었다고 비판하면서 토지공개념 현실화를 집값 잡는 수단 정도로 여기지 말아야 한다고 주장한다. 즉 부동산시장의 안정 여부와 상관없이 토지에서 비롯되는 불로소득을 거둬 공익 목적에 쓴다는 일반 원리에 따라 장치를 마련하는 게 바람직하다는 것이다. 그러면서 부동산시장 불안기에 꺼냈다가 도로 집어넣는 식으론 곤란하다는 말로 마무리했다.

같은 신문에서 "**집값 불로소득 막을 근본 대책 '이재명발 국토보유세' 주목**"이라는 기사도 나왔다.

9.13 부동산 대책:
이젠 총력전이다!

"주택시장 안정대책"

이 대책은 관계부처 합동으로 발표한 '주택시장 안정대책'과 국토교통부가 작성한 '주택시장 안정방안'이라는 2개의 문건으로 정리되어 있다. 보고서가 2개인 만큼 내용도 많다. 관계부처 합동으로 작성한 대책을 보면 주택시장 동향에 대한 분석으로 시작한다. 서울과 일부 수도권 중심으로 단기간에 시장이 과열되고 있으며, 매물 부족 상황에서 투기 수요 등이 가세하며 시장 불안을 가중시킨다고 보았다.

추진 방향으로는 투기 수요 근절과 맞춤형 대책, 실수요자 보호라는 3대 원칙 아래 서민 주거와 주택시장 안정에 전력하겠다고 한다.

먼저 종부세와 관련해서는, 고가주택의 세율을 인상(과표 3억원 초과구간 +0.2~0.7%포인트)하고, 3주택 이상자와 조정대상지역 2주택자는 추가과세(+0.1~1.2%포인트)했다. 그리고 세 부담 상한도 상향(조정대상지역 2주택자 및 3주택 이상자는 150→300%) 시켰다.

다주택자와 관련해서는 2주택 이상 세대의 규제지역 내 주택 구입과, 규제지역 내 비거주 목적 고가주택 구입에 대한 주택담보대출을 금지시켰고, 조정대상지역의 일시적 2주택자에 대해서도 양도세 비과세기준을 강화(종전 주택 3→2년 내 처분)했다.

주택임대사업자와 관련해서는, 투기지역과 투기과열지구 내 주택담보 임대사업자대출을 LTV 40%로 제한하고, 임대업 대출 용도 외 유용에 대한 점검을 강화하기로 했다. 그리고 조정대상지역의 주택취득과 임대 등록시 양도세를 중과함과 동시에 종부세도 과세하기로 했다.

다음으로는 주택 공급을 확대한다는 내용이다. 즉 수도권에 공공택지를 30곳 개발(30만호)하고, 도심 내 규제완화 (상업지역 주거비율 및 준주거지역 용적률 상향 등)를 통해 공급을 확대하겠다는 것이다.

조세 정의와 관련해서는, 종부세 공정시장가액비율을 추가로 상향조정(현 80% → 연 5%포인트씩 100%까지 인상)하고, 공시가격도 점진적으로 현실화하기로 했다.

마지막으로 지방 주택시장과 관련해서는, 미분양 관리지역의 지정기준을 완화(5~10여 곳 추가 전망)하고, 특례보증을 도입하며, 분양물량 수급도 조절하기로 했다. 국토교통부의 보고서는 위의 내용을 좀 더 구체화시켜 서술하고 있다.

뜨거운 여론의 반응

　2018년 9월 14일 자 조선일보는 **"고가·다주택 22만 명에 종부세 올리고 대출 차단"**이 실렸다. 정부 대책을 소개하고, 시장 반응을 실었다. 서울 강남구(현 시세 25억원)와 마포구(13억원)에 각각 33평짜리 아파트 한 채씩을 가진 2주택자는 종합부동산세와 재산세를 합한 보유세를 지난해 850만원을 냈고, 올해 1,016만원을 내게 되는데, 내년에는 이 정책으로 인해 2,132만원으로 늘어난다고 소개했다. 한 전문가는 "집값이 곧바로 떨어지진 않을지 몰라도 당분간 다시 급등하긴 어려워 보인다"고 했고, 다른 전문가는 "실수요자에게는 거의 손을 안 댔고, 다주택자들은 늘어나는 보유세보다 중과되는 양도세가 더 무서워 계속 보유할 것"이라며 "효과는 기껏해야 2~3개월 갈 것"이라고 말했다 한다.

　"총액 37억 아파트 가진 2주택자, 종부세 393만원→1,353만원" 기사는 종부세 최고 구간에서 세율이 2%에서 3.2%로 올라간다고 소개했다. 제목으로 뽑은 사례에서 재산세 등을 포함한 보유세 전체로는 세 부담이 848만원에서 2,132만원으로 1,300만원가량 늘어난다고 분석했다. 보유 주택의 가격이 같아도 다주택자는 세 부담이 최대 23배까지 늘어난다고 한다. 김동연 경제부총리는 "종부세 개편으로 세금 부담이 많이 오르는 사람은 많지 않아서 조세 저항이 크지는 않을 것'이라며 "투기 수요를 억제하겠다는 정부의 취지가 국민 정서와도 부합한다"고 말했다 한다.

"다주택자, 서울 등 규제지역선 주택담보대출 금지"라는 기사도 실렸다. 임대사업자도 일반 주택담보대출처럼 LTV 40%를 적용받아, 8개월 만에 임대사업자 유도 정책을 사실상 원상 복귀시켰다고 평했다. 또 임대사업자가 투기지역과 투기과열지구 내 공시가격이 9억원을 넘는 고가 주택을 새로 구입하기 위한 주택 담보대출을 원천 금지시켰다는 내용도 소개했다.

"1주택자, 생활자금 대출받으려면 '집 안 산다' 각서 써야"라는 기사도 나왔고, "다주택자 봉쇄' 이번 대책 지휘자는 김수현 청 사회수석"도 실렸다.

"부동산, 당장 큰불은 잡겠지만 완벽한 불씨 제거는 못했다"는 기사에서는 전문가들이 전반적으로 "단기적으로는 시장에 강한 메시지를 줄 것"이라고 평했다 한다. 다만 시중 매물 품귀 현상과 주택 공급 부족 등 최근 집값 과열을 일으킨 근본적인 원인에 대한 해결책은 미흡하다는 의견이 적지 않았다. 전문가 대부분은 연말까지는 상승 폭이 둔화되며 관망세가 짙어지는 흐름을 보이다가 강화된 종부세가 적용되는 내년쯤이면 주택시장이 조정기를 맞을 것이라고 예상했다. 다만 중장기적으로 집값 안정효과가 지속될지는 불투명하다는 의견도 나왔다. 그리고 보유세 부담을 세입자에게 전가할 수 있다는 지적도 같이 실렸다.

9월 15일 자에는 **"18억 잠실 집 한 채 은퇴자, 보유세 올 501만원→4년 뒤 1,207만원"**이라는 기사가 나왔다. 집값이 뛰어도 소득 그대로인 연금 생활자 등의 충격을 완화시켜줘야 한다는 얘기다.

"다주택 대출 막았지만, 은행들 '집 몇 채인지 확인 방법 없어' 혼선"이라는 기사와 **"지역 따라 달라지는 종부세율, 전문가 '조세법률주의에 배치될 수도'"**라는 기사, **"김동연, 집값 담합 입법해서라도 대응"**도 실렸다.

"여, 집값 뛰면 더 센 조치, 야, 세금폭탄 정책으론 실패"라는 기사도 있다. 여당인 더불어민주당이 '투기세력과의 전면전'을 선포했다는 것이다. 여기서 설문조사를 소개하고 있는데, 먼저 현 정부 부동산 정책에 대해 '잘못하고 있다'는 응답이 61%, '잘하고 있다'는 16% 나왔다고 한다. '앞으로 1년간 집값이 오를 것'이라는 응답은 50%, '내릴 것'이라는 응답은 19%였다. 지난해 8.2 대책 발표 직후 갤럽 조사에서는 부동산 정책에 대한 긍정 평가가 44%였다고 한다. 분위기가 많이 나빠진 것이다. **"1주택자도 보유세 2~3배 뛸 수 있다"**는 기사도 실렸다.

9월 17일 자에는 **"1주택자 반발에, 9.13 대책 사흘 만에 수정"**이 실렸다. 청약 추첨제 물량 전체를 무주택자에게 우선 배정하겠다고 한 것에서 1주택자에게도 일부 배정하겠다고 한 것이다. 현재 대출이 전혀 없는 집 한 채를 가진 사람이 급하게 돈을 빌려야 하는 경우에까지 제한을 건 것에 대해서도 지나치다는 비판이 제기됐다. 용도와 무관하게 주택담보대출을 무조건 연간 최대 1억원으로 제한했기 때문이다. 어떤 시민이 "정부 논리는 직장을 옮기거나, 아이 진학을 위해서 이사를 가는 사람은 실소유자가 아니라는 것"이라며 "도대체 누가 그런 단순 무식한 생각을 정책으로 옮긴 것인지 이름이나 알고 싶다"고 말한 내용도 실려 있다.

같은 날 **"1주택자 보유세도 2~3배 상승, 은퇴자는 어쩌라는 건가"**라는 칼럼을 실었다.

9월 18일 자에는 **"1주택자 반발에도, 정부 집값 뛴 만큼 공시가에 반영 재강조"**라는 기사가 실렸고, **"부부 연봉이 1억 넘으면 전세대출 안된다? 된다?"**에서는 대책 발표 후 1주일이 되도록 세부지침이 나오지 않았고, 은행마다 답변이 달라 수요자가 혼란을 겪는 얘기를 실었다.

9월 20일 자에는 **"집 넓히려는 일시적 2주택자, 자칫하면 종부세 5배 폭탄"**이 실렸다. 9.13 대책의 허점을 짚은 것인데, 이사 등의 이유로 6월 1일 하루만 일시적 2주택자라도 세금 폭탄을 맞는다는 내용이다.

같은 날 **"절대 채택 안 될 미친 집값 해법"**이라는 칼럼에서, 9.13 대책은 다주택자를 투기꾼으로 몰고 세금으로 괴롭혀 매물을 내놓게 하겠다는 발상이라고 비판하고 있다. 최근의 '미친 집값' 사태는 매물 절벽이 길어지고, 공포에 사로잡힌 무주택자들이 앞다퉈 추격 매수에 나서면서 촉발됐다고 진단했다. 그래서 주택시장의 가격 왜곡을 해결하려면 거래절벽 문제를 풀어야 한다고 주장했다. 그러자면 다주택자들에게 일시적 양도소득세 감면 등 당근을 제시할 필요가 있는데, 이번 정부는 결코 선택할 수 없을 것이라 한다. 그리고 재건축 규제를 풀고 용적률을 높일 것을 제안하면서도 채택될 수 없을 것이라 하였다.

9월 21일 자에는 **"집 갈아타려는 1주택자, 2년 내 기존주택 팔면 대출받을 수 있다"**는 기사가 실렸다. 강력한 규제이고, 내용이 복잡하여 상당히 오랜 기간 여론은 반응하였다.

서민 '주택 사다리' 걷어찰 위험성

(2018년 9월 18일, 문화일보)

지난주 정부가 발표한 9.13 주택시장 안정대책은, 관계 부처가 합동으로 작성한 21쪽짜리 대책 문건에 '투기'라는 단어가 23번이나 등장할 정도로, 투기에 대해 강도 높은 대책이다.

이 문건의 최근 주택시장 평가 부분을 보면 '매물 부족 상황에서 투기 수요 등이 가세하여 시장 불안이 가중'되고 있다고 진단한다. 적절한 진단으로 보인다. 그러나 이러한 매물 부족 상황이 왜 발생했는지에 대해선 고민이 필요하다. KB에서 조사하는 지수를 살펴보면, 지난해 8.2 대책이 나오기 직전인 1~7월 서울 및 강남 아파트는 각각 2.22%, 2.67% 올랐다. 장기평균치를 고려하면 아주 높은 수준은 아니었다. 그러나 8.2 대책이 나온 이후인 지난해 9월부터 올해 8월까지 1년간 상승률은 8.71%, 14.01%를 기록했다. 정부가 강력한 대책을 쉴 새 없이 쏟아냈는데도 주택가격은 폭등했다.

다주택자에 대한 규제와 반강제적인 임대사업자 등록 때문에 지금 시장에는 매물이 씨가 말랐고, 재건축 규제 강화와 초과이익 환수로 인해 중장기적으로도 공급 여건이 녹록지 않은 상황이다. 여기에 금융위기 극복 과정에서 풀린 1,100조원이 넘는 부동자금과 지방 수요까지 가세해 지금 같은 폭등 상황이 벌어졌다. 국민을 위한 선의의 대책에 대해 의심할 여지는 없겠으나, 일련의 대책 때문에 시장이 더 꼬인 건 아닌지 반성이 필요하다.

그러나 이번 대책에서도 정부는 그 기조를 유지 또는 강화하고 있어, 시장 불안이 잘 해소될지 의심스럽다. 이번엔 다주택자뿐 아니라, 고가주택에 대해서도 종부세를 더 걷기로 해서 시장의 반응이 어떨지 걱정된다. 여러 연구 결과를 보면, 보유세 인상 시 일회적인 가격조정은 있으나 시장 안정에는 크게 도움이 안 되는 것으로 알려져 더욱 그렇다. 오랜 기간 집 한 채만 보유한 고령층에 이런 부담을 추가로 지우는 게 맞는지도 고민이다.

대출 규제는 지금도 강력한데 추가로 규제를 강화한 점과 전세자금에까지 규제를 강화한 것은 조금 걱정스럽다. 주택담보대출의 절반 정도와 전세자금대출의 상당 부분이 생계형 대출로 파악되는데, 일부 소수 투기꾼을 잡는다는 명분으로 규제를 강화하면 서민들이 피해를 보지 않을까 우려된다. 이번에 포함된 임대사업자에 대한 혜택 축소도 일부 투기 세력을 규제해야 한다는 명분은 십분 공감하나, 이들을 포함한 다주택자가 임대주택의 대부분을 공급한다는 현실을 감안하면, 임대주택 공급 축소가 걱정된다. 이들이 투자를 줄이게 되면 임대주택 공급도 줄어들고, 이로 인해 전월세 가격은 더 오를 가능성이 있기 때문이다.

그리고 주택에 대한 투자가 줄어들면 자연스럽게 건설 경기 위축과 저성장으로 연결되기 때문에 서민들 생활고는 더욱 가중될 것이다. 그나마 시장에서 기대를 거는 부문은 공급 부분이다. 정부가 오는 21일 공급 대책을 내놓을 것이라고 한다. 도심 내 그린벨트 등 규제 완화와 공공택지를 통해 공급을 확대하겠다는 것인데, 계획대로 된다면 중장기적으로 시장 안정화에 도움이 될 것으로 보인다.

정부가 세운 시장 안정이라는 목표에 대해서 그 누구도 이의를 제기하진 못할 것이다. 그러나 몇몇 투기꾼을 잡기 위해 청년·서민층이 피해를 보는 일은 절대 없어야 한다. 이들이 각자의 보금자리를 만들고, 자산을 축적해 중산층으로 그리고 더 높은 계층으로 이동할 수 있는 사다리를 걷어차서 거리로 내모는 일은 없도록 정책을 세부적으로 조율해야 할 것이다.

한겨레신문 9월 14일 자에 **"종부세 더 올리고, 대출 틀어막고, 고강도 처방"**이라는 기사가 나왔다. 정부 대책을 소개하면서, 이번 대책이 투기 심리를 어느 정도 가라앉히는 효과를 거둘 것이라는 평가다.

"똑똑한 한 채 세 부담, 시가 18억 집 10만원↑ 34억 집 357만원↑"이라는 기사도 나왔다. 여당의 강력한 요구에 따라 이번 부동산 대책에서 종전 정부안보다 더 강화하는 내용이 포함되었다고 평가했다. 한 전문가는 "지금 부동산시장 상황은 일부 다주택자가 아니라 온 국민이 지금 집을 갖지 않으면 피해를 본다는 심리가 작용하고 있기 때문"이라며 "그걸 압도할 정부의 의지를 보여줘야 하는데 여전히 다주택자의 투기 수요만 잡으면 된다는 안일한 생각을 벗어나지 못한 것 같다"고 지적한 것이 실렸다.

"'불안 심리 진정 효과' '광풍 막기 역부족' 평가 엇갈려"에서는 한 시민단체가 "정부 대책이 늦었지만 방향을 잘 잡았다"고 평가한 것을 실었다. 그리고 앞으로는 임대주택 등록제를 의무화하는 한편 토지에 대해서도 보유세를 높여야 한다는 의견이 실려 있다. 여전히 한계가 있다는 지적도 소개하면서, 다주택 여부를 떠나 모든 경제주체의 부동산 불로소득을 철저히 환수하려는 비상한 정책 대전환이 보이지 않는다는 비판도 있다.

한 전문가는 "양도세를 100% 가까이 올려서 시세 차익을 원칙적으로 전부 환수하거나, 보유세를 '국토보유세' 수준으로 크게 올리는 등 획기적인 발상이 필요하다"고 말했다. 다른 전문가는 "똘똘한 한 채라는 광풍을 막기엔 부족하다고 보인다. 불로소득은 철저히 환수한다는 강한 의지와 철학을 천명해야 하는데, 또 기술적인 발표에 그쳤다"고 비판했다한다.

지난 3월 청와대의 헌법 개정안 발표 이후 중단된 토지공개념 도입 논의에 들어가야 한다는 지적도 소개했다. 한 전문가는 "과열지역 주택에 대한 이번 종부세 인상은 토지공개념 실현의 작은 발걸음으로 볼 수 있다"며 "토지공개념을 불로소득 환수 차원으로 좁히지 말고 국민주거권, 지역균형발전 등을 포괄할 수 있는 원칙으로서 논의하고 발전시켜야 한다"고 말했다.

"**규제지역 안 2번째 집 대출 끼고 못하게, 3주택은 원천봉쇄**"에서는 대출 규제 내용을 소개했다. "**다주택자 새 임대주택 등록 때 양도세 중과한다**", "**종부세법 개정해야 하는데, '한국당 반대' 넘어서야**"라는 기사도 나왔다.

9월 15일자 한겨레신문에서는 "**종부세 폭탄론, 누구를 위한 주장인가**"라는 칼럼을 실었다. 자유한국당과 보수언론이 '세금폭탄 프레임'을 들고나온 것에 대한 반박이다. 9.13 대책으로 내년에 종부세가 오르는 사람은 22만명에 불과하고, 이 중에서 100만원 이상 늘어나는 사람은 2만 5,504명(2016년 과표 기준)에 불과하기 때문에, 대부분의 국민과는 상관없는 일이라고 한다. 재건축과 재개발 규제를 풀라는 주장에 대해서도 반대하며, 전월세상한제와 계약갱신청구권 등 세입자 보호 대책을 서둘러 시행하라고 촉구하고 있다. 정부·여당이 종부세 폭탄 프레임에 말려들지 말고 집값안정 대책을 흔들림 없이 밀고 나갈 것을 촉구하고 있다.

"**다주택자 '버텨보자' 매수자 '지켜보자', 일단 거래 뚝**"이라는 기사에서는 매물 잠김 현상을 다루고 있다. "**세금 폭탄론 맞서, 민주 '투기와의 전쟁' 공세적 여론전**"에서는 여당 의원들이 각종 방송에 출연하여 '투기세력과의 전쟁'을 설파하는 것을 실었다.

9월 18일 자 한겨레신문은 "**'분양권도 주택'이라는데, 은행 대출현장은 혼선**"이라는 기사가 실렸다. 분양권과 입주권 소유를 확인할 수 없어서 혼란이 생겼다는 것이다. 이에 국토부는 대책을 만들 계획이라 했다한다.

시장의 반응

2018년 9월 21일 자 한겨레신문은 "**매도자도 매수자도 '눈치 보기', 서울 집값 상승 폭 주춤**"이라는 기사가, 9월 29일 자 조선일보는 "**팔려니 양도세·복비 폭탄, 다주택자들 매물이 잠겼다**"가, 10월 5일 자에는 "**서울 아파트값 상승 폭 4주 연속 줄어들었다**", 10월 10일 자에는 "**부동산 거래량 95%나 줄었지만, 노도강엔 상승물결**" 기사가 실렸다.

10월 19일 자에는 "**실거래 신고 없다고, 국토부 '평당 1억은 거짓 가능성 커'**"에서 8월 서초구 반포의 "**아크로리버파크 24평형이 24억 5,000만 원에 팔렸다**"는 소문을 다루고 있다. 실거래 신고는 계약 후 60일 이내에 해야 하는데, 신고가 들어오지 않은 것을 봐서 그 거래는 없었을 가능성이 높다고 파악했다. 그러나 이 아파트의 다른 거래를 보더라도 3.3㎡당

9,090만원에 팔린 게 있어서 터무니없는 숫자는 아닌 것으로 보인다고 분석했다.

같은 날 "위기의 제조업 동남벨트(부산·울산·경남), 아파트값도 82주 추락"

10월 22일 자에는 "서울 집값 눌렀더니 대전·부천이 뛰어 올랐다"

10월 26일 자에는 "강남 3구 아파트 가격, 9.13 부동산 대책 6주만에 꺾였다"

10월 29일 자에는 "전국 땅값 10년 만에 3%대 상승, 경협 기대감에 파주·고성 급등"

11월 2일 자에는 "서울 강남처럼, 지방 부동산도 뗄 놈은 뛴다"

11월 5일 자에는 "서울 강남 재건축아파트값 낙폭 커, 경기·인천은 소폭 올라"

같은 날에 "서울 올 분양 58% 미뤄져, 공급 부족 경고음"

11월 7일 자에는 "실수요 견조한 서울·수도권, 집값 잠시 쉬어갈 뿐"

11월 9일 자에는 "날개 꺾인 강남, 60주 만에 서울 아파트값 상승세 멈췄다"

11월 13일 자에는 "지방 부동산, 깡통전세 속출"

11월 14일 자에는 "수도권 규제지역 '로또'같은 청약"

11월 16일 자에는 "서울 집값 주간 변동률, 61주 만에 마이너스로"

11월 17일 자에는 "정부의 압박에도, 다주택자 1년 새 14만명 늘어난 212만명", 그리고 같은 날에 "문정부 '집값 희비' 88만명 팔고 147만명 샀다"에서 2017년 11월 1일 현재 1년 전보다 더 많은 집을 보유한 사람이 무주택자를 포함(98만 1,000명)하여 147만명이고, 88만명은 주택을 처분해 소유주택수가 감소했다 한다. 이중 유주택자에서 무주택자가 된 사람도 53만 6,000명이나 됐다고 한다.

11월 24일 자에는 "서울 집값 2주째 하락, 경기·인천은 '풍선효과' 상승"이, 11월 26일 자에는 "**서울 아파트 전세가격 4주 연속 하락**"이, 11월 29일 자에는 "**4살배기가 4억대 아파트 두 채**"라는 기사가 실렸다. 국세청이 미성년자 225명 세무조사를 한다는 내용이다. 특기할 만한 것은 고액의 강의료를 받고 소득 신고를 하지 않았거나, 본인이 직접 부동산 거래에 뛰어들어 불법 전매나 다운계약서를 작성한 혐의가 있는 부동산 스타 강사와 컨설턴트 21명에 대해서도 세무조사에 착수했다 한다. 부동산 관련자에 대한 전방위적 압박이다.

같은 날, "**주택증여 올해 9만 건, 역대 최대**"

11월 30일 자에는 "**뚝뚝 떨어지는 집값도 민심 이탈 부추겨**"에서 부산의 하락과 미분양을 다루고 있다.

12월 1일 자에는 "**판교 오피스텔 청약 3만명 몰렸다**"

12월 3일 자에는 "**내년 서울 주택가격 상승률 확 꺾이지만 그래도 오른다**"에서 주택산업연구원의 전망을 실었다.

12월 4일 자에는 "**뚝뚝뚝, 석달새 3억, 전세 떨어지는 소리**"

12월 10일 자에는 "**내년 부동산 조정받을 것, 청약은 조급할 필요 없어**"

12월 17일 자에는 "**서울·수도권 아파트 가격 4년 만에 일제히 하락**"

12월 24일 자에는 "**강남 아파트 한 채 분양가로 강북선 두 채 받는다**"가 실렸다.

이렇게 기사가 나열되니 어지럽기도 하겠지만, 정부의 바람대로 하락하는 모양새는 분명한 것 같다. 그리고 다양한 풍선효과와 세금 폭탄을

광기의 실험, 시장의 반격

피하기 위한 노력 등도 엿보인다 하겠다.

진짜 약발이 있었나?

대책들이 워낙 많이 나와서 그래프에 표현하기가 힘들다. 그래서 영향이 컸던 정책들만 2018년 12월까지 표현했다. 월간 그래프의 경우, 여름까지 하락세를 보여줬지만, 7월부터 다시 급등세를 보여준다. 그러던 것이 고강도 정책이라 평가받는 9.13 대책이 나오자 기세가 확 꺾이게 된다. 어마어마하게 추세를 바꿔 놓은 것이다.

주간 그래프를 봐도 비슷한 추세다. 월간 상승률이나 주간 상승률 그래프에서 몇 가지 짚을 점이 있다. 대책이 나오면 시장은 바로 반응하지만 얼마 지나지 않아 상승폭이 더 커진다는 특징이다. 인위적으로 정부가 눌러놓긴 했지만 바로 튀어 오른다는 말은 정부 정책이 잘 먹혀들지 않는다는 의미이기도 하다. 뭔가 다른 원인이 더 크게 작용한다고 의심할 만하다. 수요억제책의 한계로 의심해볼 만하다.

또 하나의 특징은 표시된 대책 중 앞의 두 번은 강남구가 급상승한 반면, 9.13 대책 시점에는 서울의 상승률이 더 높은 점을 확인할 수 있다. 즉 강남구가 많이 오르면 잠시 쉬게 되는데, 이때 서울의 다른 지역이 따라 오르는 순환매적인 패턴이 나타난다고 추정할 수 있겠다. 빠질 때의 모습을 보면 강남구가 서울보다 더 큰 폭으로 빠지는 일반적인 패턴이 나타나고 있다.

특기할 만한 것은 기타 지방이다. 연말에 전국과 서울, 강남은 하락하는 패턴인데, 기타 지방만 반대 방향으로 움직이려 하는 것이다. 오랜 하락 끝에 저가 매수세가 조금씩 들어오는 모양새이다.

■ 아파트 매매가격지수 월별 상승률(2018년 12월까지)

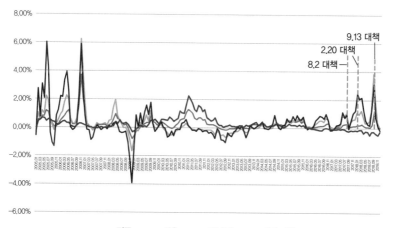

■ 아파트 매매가격지수 주간 상승률(2018년 12월까지)

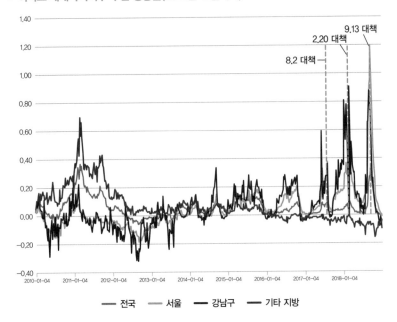

대책이 안 통하니, 압박이라도

정부에서 부동산 스타 강사와 컨설턴트에 대해 세무조사를 하는 등 정책이 잘 풀리지 않아서인지 압박을 이어갔다.

MBC 〈PD수첩〉에서 먼저 시작했다. 10월 23일에는 **'미친 아파트값의 비밀 1부'**를 방송했다. 집값 오르는 것을 가격이 오를 것이라 부추기는 몇몇 스타 강사들 때문이라고 비난하는 방송이다. 특정 지역의 아파트 가격 폭등에 대한 내용을 다루면서, 서울에서 내려와 계획적으로 올려놓았다는 주민의 말도 싣고 있다. 스타 강사가 강의를 할 때, 특정 지역을 다뤄서 올랐다는 얘기다. 마치 주식시장의 작전주 얘기를 보는 듯한 내용을 싣고 있다. 그리고 이들이 이 과정에서 돈을 벌고 있는 것 같다는 내용도 실었다. 이들이 몇십 명을 동원하여 버스를 타고 지역을 돌아다니면서 매입을 하여 집값을 폭등시킨다는 내용도 있다.

이에 대해 언급된 스타 강사들은 오를 곳을 찍었지, 찍어서 오른 게 아니라는 입장이라고 항변한다.

필자는 이런 움직임이 특정 단지에 대해서는 영향을 줄 수 있다고 본다. 그러나 주식시장의 작전 세력들이 전체 코스피 주가를 급등시키는 게 불가능하듯이, 이들 몇몇이 서울과 전국 집값을 올리는 것은 불가능에 가깝다고 본다. 그럼에도 불구하고 언론들과 정부는 항상 집값 상승의 주범을 수요와 공급 변화에 따른 현상으로 보지 않고, 특정 집단의 잘못으로 몰아가는 행태를 반복하게 된다.

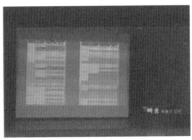

이 방송이 나오고 난 뒤, 10월 25일 자 국민일보에는 "○○○**와** ○○, PD수첩 '투기 조장 세력' 방송에 즉각 반박**"이라는 기사가 나왔다. 방송에 언급된 한 전문가는 "논점을 잘못 맞춘 시나리오"라고 반박했고, 다른 전문가는 "강의를 통해 중개업자를 연계하거나 그 어떤 수익사업을 하지 않는다"고 했다 한다.

여기서 해당 전문가는 "합리적인 투자법을 교육하고 있다. 전문 교육을 받아서 내 집 마련하는 것이 아파트 투기를 조장하는 세력이라는 말인지 되묻고 싶다"며, "미친 아파트값의 비밀'은 공급과 수요에 의해 가

광기의 실험, 시장의 반격

격이 결정되는 자본주의 경제체제에 있다. 공급량이 부족하기 때문에 아파트 가격이 상승할 수밖에 없는 것이 수요공급의 원리에 부합하는 것"이라고 설명했다 한다.

MBC 〈PD수첩〉이 10월 30일에 **'미친 아파트값의 비밀 2부'**를 방송했다. 정부가 부동산값을 막기 위해 노력하지만 집값이 떨어지지 않는 이유를 분석했다. 먼저 국회의원 중 다주택자가 많음을 지적하면서, 특히 야당 의원들이 더 그렇다는 점을 소개했다. 그래서 야당이 정부의 규제에 대해 지적을 많이 한다는 식이다. 이후 특정 의원들의 부동산 보유에 대해 보도하면서 부동산으로 돈을 많이 벌었다고 한다. 그리고 양도세가 과중하여 다주택자들이 팔지 않고 있는 현상도 설명하고, 이외에 임대사업자들에 대한 혜택으로 투기적 수요가 강해졌다는 얘기도 싣고 있다.

사실 이명박 정권 때나, 박근혜 정권 때처럼 집값이 떨어졌어도 이런 얘기를 할 수 있을까? 주객이 전도된 얘기다. 집값이 떨어지는 시기였다면 다주택자들이 어마어마한 손해를 보았을 텐데, 집값이 오르고 나서 주택을 많이 갖고 있다는 이유로 또 '마녀'가 된다. 같은 방송에서 또다시 스타 강사가 문제라고 몰아붙이면서 좌파 인사들의 발언을 계속해서 싣고 있다. 필자가 보더라도 현혹될 만하다.

이후 필자도 이런 움직임에 엮이게 되었다. KBS의 〈저널리즘 토크쇼 J〉다. 2018년 11월 4일 '언론 속 부동산 전문가의 실체 분석'에 필자의 이름도 거론됐다.

방송의 처음은 이렇게 시작한다. 아나운서가 "오늘 〈저널리즘 토크쇼 J〉 첫 번째 주제는 부동산 관련 내용입니다... (중략)... 오늘은 부동산 관련 기관이 내놓는 통계들, 또 부동산 전문가들의 코멘트, 언론이 어떻게 소화하고 어떻게 이용하고 또 어떻게 악용하는지 좀 짚어보는 시간을 가져보도록 하겠습니다. 먼저, 9.13 부동산 종합대책이 나온 지 이제 한 달이 넘었는데요, 언론 보도 양상이 달라졌는지를 살펴볼까요?'라면서 시작한다.

그러면서 '저널리즘 토크쇼 J'와 '민주언론시민연합'에서 9.13 부동산 대책을 다룬 보도에 등장하는 전문가 취재원을 분석해보니, 방송의 경우 87.5%, 신문의 경우 81.8%가 부동산 투자 전문가, 부동산학과 교수, 금융 투자 전문가와 같은 부동산 이해당사자들인 것으로 드러났다고 했다.

언론에 객관적·중립적인 전문가로 등장하는 부동산 전문가들 상당수는 인터넷방송 등에 출연해 투자 유망지역을 족집게처럼 찍어주거나 정부의 부동산 안정대책을 대놓고 반대하고 있다고 비난했다. 그리고 부동산은 끝없이 올라야 한다는 주장을 하는 이해당사자가 언론에 전문가로 등장해 정부의 정책을 평가하고, 시장을 전망함으로써 여론을 형성하고 이런 여론이 다시 정책에 반영되는 기막힌 현실을 고발한다고 한다. **거참!!!**

여기서 최경영 기자는 "그러니까 권대중 교수나 심교언 교수 같은 분

들은 저한테 직접 그렇게 말씀하셨어요. 본인은 자유시장경제주의자다, 정부의 규제 정책 대부분을 반대한다, 이렇게 명확하게 말씀을 하셨거든요. 그런데 왜 지상파 TV에서는 그걸 아버지를 아버지라고 부를 수 없는 것처럼 본인들이 중립적인 척하면서 사실은 독자와 시청자들이 상황을 객관적으로 판단하는 것을 방해하는 게 아닌가, 저는 그런 생각이 들더라고요."라고 얘기했다.

이 부분은 해명을 좀 해야겠다. 방송 얼마 전 최경영 기자가 필자한테 전화했다. 이름을 밝히고 나서 대뜸 "교수님은 시장주의자입니까"라고 질문을 했다. 그래서 속으로 잠깐 생각을 해보았다. 시장주의자의 반대말은 무엇일까? 반시장주의자와 공산주의자, 사회주의자, 개입론자, 국가주의자 등의 단어가 떠올랐으나 그건 아닌 것 같아, "네, 그렇죠"라고 대답을 했다. 그리고 다른 통화내용은 없었다. 그것이 자유시장경제주의자라는 말로 바뀐 것이다. 지금까지 필자가 쓴 칼럼을 조금이라도 보았다면 저런 소리는 하지 못할텐데 하는 생각도 들었다. 그리고 악의적 편집을 통해 부동산시장 전문가들 전체를 비난하는 영상을 만들었다.

필자도 여러 인터뷰를 해보았지만, 이런 식의 인터뷰와 이렇게 짧은 인터뷰는 지금까지 처음이자 마지막이었다. **거참!!!**

여기서 명확히 밝히고자 한다. "필자는 시장주의자다. 규제의 필요성도 항상 인정한다. 그러나 서민과 국민 경제를 힘들게 하는 규제는 항상 반대한다." 그리고 시장주의를 거부하는 분들도 자신이 어떤 주의자인지 밝히는 게 도리라고 생각한다. 아마 시장주의의 반대 단어를 공식적으로 찾기가 만만찮으리라.

세월이 지나, 중앙일보 2020년 11월 24일 자에 **"편향적 비판받았던 KBS '저널리즘 토크쇼 J' 갑작스레 종영, 왜?"**라는 기사가 실렸다. '저널리즘 토크쇼 J'는 신임 사장이 취임 후 '저널리즘 회복'을 내세우며 야심차게 추진한 프로그램 중 하나라고 한다. 하지만 프로그램의 친여 편향성이 숱하게 지적되며 논란의 중심에 섰다. 한 전문가가 "'저널리즘 토크쇼 J'가 보여주듯 KBS, MBC, 교통방송**TBS** 시사프로그램들은 친정부 편향 세력의 영향권 아래 있다"고 지적하기도 했다고 전했다.

11월 5일에는 KBS의 '한국언론 오도독'이라는 프로그램에서 **"'부동산 전문가'인가, '부동산투자 전문가'인가"**가 실렸다. 필자에 대해 비난을 하고 나서 최경영 기자 자신에게 본인을 '자유시장 경제주의자'라 불러 달라고 요청했다 한다. **거참!!!** 점입가경이다. 필자가 무슨 그런 요청까지. 그리고 다시 비난을 이어갔다.

11월 6일에는 tbs 〈김어준의 뉴스공장〉에도 나왔다고 한다. 여기서 사회자가 "그러니까 이게 부동산 전문가들이라고 소위 언론에 무수히 등장하잖아요. 그분들이 그런데 알고 보면 부동산값을 끌어올리는 생태계의 한 축이다, 이런 취지 아닙니까?"라고 물으니, 최경영 기자는 "그러니까 크게 세 그룹으로 나눌 수가 있을 것 같아요. 교수분들 중에서는 부동산학과 교수들. 본인들이 스스로 가장 많이 나오는 분들이 권대중, 심교언 교수 이런 분들인데 본인들이 스스로 저에게 그렇게 얘기를 했어요. 자신들은 자유시장경제주의자다. 정부의 대책에 대해서 대체로 다 반대한다. 그게 사상의 자유니까." 이제는 거짓말이 조금 진화하는 것 같다. "그게 사상의 자유니까"라는 말은 한 적이 없는데.… **거참!!!**

그리고 최경영 기자는 "심교언 교수 같은 경우는 이런 말까지 해요. 미국 같은 경우에 LTV가 130%까지 올랐다. 이게 무슨 말이냐면 10억짜리 집인데 13억까지 빌려준다"라는 얘기도 했다. 악의적 편집을 경험해 보는 순간이다. 그렇게까지 올리라는 말은 한 적도 없고, 그렇게 해서 미국이 망했다는 얘기를 많이 했다. 그리고 지금처럼 이렇게 엄격하게 하는 것은 아니라는 차원에서 얘기한 건데. **거참!!!**

독자 여러분도 잘 알겠지만, 2022년에는 생애최초주택구입이라던가, 신혼부부, 청년층에 대해서 LTV를 대폭 늘려 주자는 대선 공약들이 여야 구분 없이 나왔다.

12월 17일 KBS뉴스의 '한국언론 오도독'에서 **"서울 2달 만에 공급 부족? 아파트 공급 부족론의 허상"**을 다루었다. 역시 최경영 기자였다. 이 기사는 읽어볼 가치(?)가 있어 전문을 싣는다.

서울 2달 만에 공급 부족? 아파트 공급 부족론의 허상

(2018년 12월 17일, KBS)

요즘 서울 지역도 아파트 전셋값이 떨어진다는 기사들이 나온다. 매매가나 전셋값 하락 소식은 기본이고, 입주홍수, 역전세난이라는 단어까지 등장했다. 송파구 헬리오 시티 9,510가구 입주하면서 송파구뿐만 아니라 인근 위례신도시까지 전셋값이 떨어진다는 것이다. 내년 서울 아파트 입주물량이 5만 2천 가구를 웃돌아 2009년 이래 최다 수준이고, 2020년에도 4만 1천 가구를 넘어설 것으로 전망되고 있다는 부동산 114의 분석자료도 나왔다.

그런데 말이다. 불과 2달 전까지만 해도 언론은 공급 부족이라는 기사를 쏟아냈다.

특히 지난 10월 18일에는 주택산업연구원이 이런 주장을 하고 나왔다. 서울의 주택 공급은 충분한데 아파트 공급이 부족하다는 주장이었다. 서울의 아파트 수요가 연평균 4만호인데 연평균 공급량은 3만 1천호에 불과하니 매년 9천 호가량의 아파트가 부족하다는 분석이었다. 게다가 주택산업연구원은 지난해까지 6년간 약 5만 4천 호의 누적 공급량이 부족했다고 주장했다. 주택산업연구원의 이런 계산법에 따르면 서울의 아파트 수는 정말 부족하다고 판단할 수밖에 없게 된다.

불과 2달. 그동안 무슨 경천동지할 사건이 일어난 것도 아니다. 아파트 입주나 완공 예정 물량은 이미 데이터로 나와 있어서 정확한 수치를 알아내는 것은 어려운 일이 아니다. 그런데 왜 언론은, 언론에 등장하는 자칭 부동산 전문가들은 2달 전에는 공급이 부족하다고 이야기하다가 이제 와서는 전셋값 하락이 이어질 것이라고 예상하는 것일까?

사실은 이들도 잘 모르고 있기 때문이다. 공급은 비교적 정확히 알아낼 수 있지만, 수요는 짐작하고 추정하는 것뿐이다. 정확하기 힘들다. 수요에는 투기 수요, 투자수요, 실수요가 있다. 그런데 시장상황에 따라 아파트 가격이 떨어지면 사려는 사람 입장에선 아무래도 더 떨어질 것 같으니까 기다릴 것이고, 가격이 올라갈 것 같다 싶으면 불안한 마음에 집 살 시기를 앞당기거나 투기적 가수요가 발생하게 된다. 결국 수요라는 것에는 시장의 분위기, 즉 시장의 심리가 상당한 영향을 미치게 되는데 이걸 부동산 학자들이나 언론이 어떻게 정확히 측정할 수 있겠는가?

그런데도 늘 공급이 부족하다는 기사가 상대적으로 훨씬 많이 나오는 이유는 뭘까? 이런 주장을 하는 사람들을 살펴보자. 심교언 건국대 부동산학과 교수는 자유시장경제주의자라고 스스로를 정의하며 조선일보가 만든 인터넷방송에 나와 부동산 공급 확대를 지상과제처럼 주장해 온 사람이고, 주택산업연구원은 건설사들이 만든 이익단체인 한국주택협회, 대한주택건설협회 등이 공동 출자해서 만든 주택연구기관이다.

이른바 '조중동'이나 매일경제, 한국경제를 비롯한 한국의 상업 신문사들이 왜 광고성 부동산 기사를 그토록 많이 내보내는지에 대해서야 이미 많이 알려진 이야기다. 자신들의 수익원 대부분이 광고주에 의탁해 있는 언론사가 서민 독자들의 주거안정보다 건설, 부동산업 광고주들의 눈치를 더 보는 것은 어찌 보면 당연한 일인지 모른다. 그래서 서울 주택 공급 부족론은 일단 일정 정도 할인을 하고 들어야 한다. 정확한 예측에 기반했다기 보다는 자신들의 사업적 소망에 바탕을 둔 것일 수 있기 때문이다.

그 이후 집값 상승과 최근 공급에 올인하고 있는 정부를 보고 있자니… **거참!**

광기의 실험, 시장의 반격

1. 비정상의 정상화

1판 1쇄 인쇄 2022년 2월 21일
1판 1쇄 발행 2022년 2월 28일

지은이 심교언 **펴낸이** 이재유 **디자인** 유어텍스트
펴낸곳 무블출판사 **출판등록** 제2020-000047호(2020년 2월 20일)
주소 서울시 강남구 영동대로131길 20, 2층 223호(우 06072)
전화 02-514-0301 **팩스** 02-6499-8301 **이메일** 0301@hanmail.net **홈페이지** mobl.kr

ISBN 979-11-91433-49-4 (03320)